Ulrich Stöveken
Liebe!

Ulrich Stöveken

Liebe!

Acht Schritte zu einem erfüllteren Leben

Die Deutsche Nationalbibliothek verzeichnet diese Publikation
in der Deutschen Nationalbibliografie; detaillierte bibliografische Daten
sind im Internet über http://dnb.d-nb.de abrufbar.

Der Konrad Theiss Verlag ist ein Imprint der WBG

© 2014 by WBG (Wissenschaftliche Buchgesellschaft), Darmstadt
Die Herausgabe des Werkes wurde durch die Vereinsmitglieder der WBG ermöglicht.
Lektorat: Katharina Gerwens, Eichendorf
Satz: Vollnhals Fotosatz, Neustadt a. d. Donau
Einbandgestaltung: Harald Braun, Berlin
Gedruckt auf säurefreiem und alterungsbeständigem Papier
Printed in Germany

Besuchen Sie uns im Internet: www.wbg-wissenverbindet.de

ISBN 978-3-8062-2941-7

Elektronisch sind folgende Ausgaben erhältlich:
eBook (PDF): 978-3-8062-2996-7
eBook (epub): 978-3-8062-2997-4

Inhalt

1 Einleitung

Noch ein Buch über die Liebe? In welchem Roman, in welchem Film kommt sie denn nicht vor? Sie ist – so scheint es – allgegenwärtig, und dennoch wird sie von so vielen vermisst. Schon von klein auf suchen wir nach ihr, und manch einer hat die Suche irgendwann enttäuscht aufgegeben. Wer von uns könnte denn nicht etwas mehr Liebe im Leben gebrauchen? Die Religionen der Welt haben sie als Idee in ihre Systeme eingebunden, bedeutende Philosophen haben sich über sie den Kopf zerbrochen. Doch: Wer versteht sie, und wer verwirklicht sie tatsächlich in seinem Leben?

Für mich persönlich war Liebe lange nur ein vager Begriff. Ich hatte gelernt, dass ich der Frau meiner Träume mit dem magischen Satz „ich liebe dich", ein Geschenk machen konnte. Liebe bedeutete für mich, mit genau diesem Menschen zusammen sein zu wollen und hatte somit etwas mit Beziehung zu tun. Der Begriff Liebe aber blieb für mich unklar. Da halfen mir weder Philosophen noch Religionen. Zwar verspürte ich ein besonderes Gefühl, wenn sich mein Herz für einen anderen Menschen öffnete, konnte es aber nicht verstehen. Das Gefühl kam und ging, wie es wollte. Meistens jedoch war es sehr flüchtig. Dennoch sehnte ich mich nach diesem besonderen „Etwas", ohne es genau erklären zu können.

Ich suchte nach einer passenden Lebensweise, ich tat viel für gute Beziehungen und bemühte mich um Freunde, Partnerschaft und ein positives menschliches Umfeld. Mein Leben sollte nicht einfach so dahinplätschern. Gleichwohl blieb ein unerfülltes Sehnen mein ständiger Begleiter.

Vor dreißig Jahren war ich wieder einmal in Eile auf der Fahrt zu einem beruflichen Termin. Es war Herbst. Ich fuhr auf einer kleinen gewundenen Landstraße an frisch gepflügten Feldern vorbei. Es roch nach schwerer, feuchter Erde. Die rot-braun gefärbten herbstlichen Wälder leuchteten im warmen Sonnenlicht. Es wäre ein guter Grund gewesen, um anzuhalten und die Natur mit allen Sinnen wirklich zu erleben. Meine Augen aber waren auf die Straße geheftet. Ich musste die nächste Kurve so schnell wie möglich nehmen. Den Straßenrand fixieren, die Biegung der Fahrbahn dahinter einschätzen, so nah wie möglich am Randstreifen entlang in die Kurve gleiten, Gas geben, um die kurze Gerade dahinter wieder optimal auszunutzen. Dann die nächste Kurve ansteuern und die nächste, immer mit der Straße und der Uhr vor Augen, um pünktlich zu meinem Termin zu kommen. Da war kein Raum, um den Herbsttag zu genießen. Ich hatte noch nicht einmal gefrühstückt. Ein Apfel lag auf dem Beifahrersitz, aber bei dem Tempo war nicht einmal dafür Zeit. Die nächste Kurve beanspruchte meine volle Aufmerksamkeit. Wieder den Straßenrand fixieren, nah an die Seitenlinie heran und dann, so schnell es die Biegung zuließ, in die Kurve. Aber diesmal lag ein umgekippter Sattelschlepper hinter der Kurve. Auf meiner Spur! Die Gegenfahrbahn war mit Flaschen übersät. Speiseöl, wie ich später erfahren sollte. Zum Bremsen reichte die noch verbleibende Strecke auf meiner Fahrbahnseite nicht, das war klar. Also auf die Gegenfahrbahn ausweichen und dort bremsen. Doch die Bremsen reagierten nicht. Das Auto rutschte geradeaus weiter, direkt auf einen Baum am Straßenrand. Jeder Lenkversuch war ohne Wirkung. Der Wagen rutschte mit voller Geschwindigkeit auf den massiven Stamm zu.

In solchen Momenten dehnt sich die Zeit. Eine Sekunde wird zur Ewigkeit und gibt Raum für hundert Gedanken und Empfindungen. Ein ganzes Leben kann an einem vorbeiziehen. Der Geruch des Apfels auf dem Beifahrersitz wurde so intensiv, dass er mich ganz ausfüllte. Mein Leben, meine Lebendigkeit, meine Lebenslust hing an diesem Apfelgeruch. Es war das Köstlichste, was ich jemals gerochen hatte. Doch der Baum vor mir würde dem allen ein jähes Ende setzen. Meine hektischen Versuche, das Auto wieder auf die Fahrbahn zu lenken, waren vergeblich. Ich hatte das Empfinden, wie auf Schienen auf den Baum zu zugleiten. Dann schoss mir ein Gedanke durch den Kopf: Auf dem grasbewachsenen Seitenstreifen müssten doch die Räder wieder greifen. Wenn ich nun einfach versuchte, das winzige Stück Grass am Straßenrand zu nutzen, könnte ich den Wagen doch an dem Baum vorbei auf den Acker lenken …

Tatsächlich kam mein Wagen einige Meter später auf dem Acker zum Stehen. Mein erster Gedanke galt dem Apfel! Dieses Stück Lebenslust wollte ich jetzt nicht mehr hergeben! Ich fand ihn im Fußraum. Es dauerte etwas, bis ich begriff, dass ich den Sicherheitsgurt lösen musste, um aussteigen zu können, aber dann stand ich mit dem Apfel in der Hand draußen auf dem Acker. Meine eilige Fahrt war definitiv zu Ende. Ich ging über die aufgepflügte Erde zur Straße zurück. Der Lastwagenfahrer stand apathisch am Rand, neben dem Baum, an dem ich fast mein Leben gelassen hätte. Ein Stück Rinde fehlte. Meine Heckstoßstange hatte sie wohl beim Vorbeirutschen herausgerissen. Damals wurden Autos noch mit Stoßstangen aus Eisen gebaut. Ich stellte mich neben den LKW-Fahrer, brach meinen Apfel in zwei Teile und gab ihm einen davon. Wir standen da und kauten. Der Apfel gab mir den Geschmack des Lebens zurück. Ich roch die frische Erde und den herbstlichen Geruch des Laubes. Die Sonne wärmte meinen Körper, der mir so durchlässig erschien wie noch nie. Ich lebte! Und wie ich lebte! Ich war so wirklich, wie noch nie in meinem Leben! Das war das, wonach ich mich immer gesehnt hatte! Wirklich-Sein! So intensiv, so unmittelbar. Alles aufnehmen. Mit allem verbunden sein. Spüren. Leben. Lieben.

Eine Welle starker Gefühle erreichte mich. „Ich lebe und all dieses Leben um mich herum ist meine Wirklichkeit!" In diesem Moment lebte ich so wirklich, so intensiv und so verbunden wie noch nie zuvor. Das war Wirklich-Sein! Das war Verbundenheit. Das war Liebe. Liebe zum Leben, Liebe zur Natur, Liebe zu diesem apathischen LKW-Fahrer, selbst Liebe zu der unangenehmen Aufgabe, das Auto irgendwie wieder von diesem Acker herunter zubekommen.

Als ich dann mit großer Verspätung bei meinem Termin eintraf, war ein großer Teil dieser Liebe, dieses Wirklich-Seins schon wieder verflogen. Aber ich wusste: An der Unfallstelle hatte ich das Gefühl erlebt, nachdem ich schon immer gesucht hatte. Ich konnte es nicht in Worte fassen, nicht begreifen, was da mit mir geschehen war. Irgendetwas hatte mein Leben berührt und mich verändert. Ich hätte das Gefühl dieses winzigen Augenblicks zu gerne wieder für mich hergestellt. Es war so, als ob ich zum ersten Mal das eigentliche, das wirkliche Leben geschmeckt hatte. Und dann hatte es sich mir schon wieder entzogen.

Wirklich Sein! Liebe! Darum ging es! Diese Verbundenheit war so berührend.

In diesem einen Augenblick nach dem Unfall war ich so wirklich wie noch nie!

Womit ich nicht sagen will, dass ich vorher oberflächlich war! Schließlich meditierte ich regelmäßig und setzte mich mit philosophischen und spirituellen Gedanken auseinander. Ich hatte eine Zeit in einem Zen Kloster verbracht, kam aus einer sehr religiös christlichen Tradition und war es als ausgebildeter Künstler gewohnt, quer zu denken und zu handeln und als Therapeut damit vertraut, tiefere Hintergründe wahrzunehmen. Aber hier ging es um etwas ganz anderes als alles, was ich bisher gelebt hatte. Es ging um das Wirklich-Sein.

Dann kam der Tag, an dem dieses Wirklich-Sein für mich fassbarer wurde.

Ich war mit meinem uralten, orangefarbenen Bulli auf dem Weg zur französischen Atlantikküste. Anke, meine große Liebe, verbrachte dort ihren Urlaub und ich wollte ein paar intensive Tage mit ihr verbringen. Vor mir lag eine sehr lange Fahrt über kleine Landstraßen mit malerischem Panorama.

Ich hatte Zeit, musste nicht pünktlich irgendwo sein. Ich konnte durch den Sommer fahren, mich ausruhen, wo es mich zum Bleiben einlud und weiterreisen, wenn es mich vorantrieb. Nach einigen Stunden wurde mein Auto zum Backofen. Grade rechtzeitig glitzerte mir eine Kühle verheißende Wasserfläche entgegen. Meine Rettung! Ich parkte den Bulli und erreichte zu Fuß einen idyllischen kleinen See. Niemand außer mir schien diese Erfrischung entdeckt zu haben. Allein der Anblick war schon eine Abkühlung! Ich zog mich aus und war Sekunden später im Wasser. Welche Wohltat! Nach ein paar Schwimmzügen in dem klaren See stieß ich fast mit der Nase auf diese gelbe Plastikente. Weit und breit waren weder Erwachsene noch Kinder zu sehen. Deshalb beeindruckte die Plastikente mich auch so seltsam. Sie schien ganz für sich hier zu sein, ja, fast so, als habe sie seit meinen Kindertagen hier auf mich gewartet. Sie erinnerte mich. Sie ließ vor mir diese selbstvergessene Zeit entstehen, in der ich alles hinter mir lassen konnte, um ganz in meinem Spiel zu versinken. Als Kind war stets das wichtig, was ich grade in diesem Augenblick tat. Mit fünf Jahren konnte ich noch ganz im Moment leben. Da gab es in mir noch dieses uneingeschränkte Ja für den Moment, in dem ich mich gerade befand. Die gelbe Plastikente schien davon zu sprechen. Sie hatte dieses Wissen für mich hier auf dem See bewahrt. So habe ich sie auf meine Reise mitgenommen.

Mit der Spielzeugente auf dem Armaturenbrett ging die Fahrt weiter. Dieses kleine gelbe Ding war wie ein Wegweiser. Es war eine Erinnerungshilfe an die Ursprünglichkeit meiner Kindheit: Eine Zeit ohne Planungen, Absichten, Pflichten oder Verstellungen.

Wie ein Kind auf Entdeckungsreise fand ich während der weiteren Fahrt abgelegene Stellen für wundervolle Augenblicke des Verbundenseins. So konnte ich während einer Pause eine sonnenübergossene Waldlichtung genießen und den Duft der Blumen und Kräuter aufsaugen. Nach weiteren Kilometern auf den Landstraßen badete ich während der Mittagszeit meine Füße in einem klaren Bach und ein Tee in einem schattigen Gartencafe weckte meine Lebensgeister. Die Bedienung sprach erstaunlicherweise Englisch mit mir – ich spreche leider kein Französisch – und nach einer Weile saß sie an meinem Tisch, und wir sprachen über Glück und Liebe. Alles auf dieser Fahrt schien mir von Verbundenheit und Liebe zu erzählen. So verbrachte ich den gesamten Tag, nah und eins mit Allem und Jedem bis ich vollkommen gelöst und entspannt in den Abendstunden bei Anke ankam. Überglücklich uns wiederzusehen und unsere Nähe und Liebe feiern zu können, flogen wir uns in die Arme. Was für ein Tag!

Dies war mein beeindruckendstes Erlebnis, was Leben sein kann, wenn ich die Verbundenheit mit mir und mit dem, was mich umgibt, wähle, wenn ich eins bin. Einen ganzen Tag lang! Von morgens bis abends in Liebe mit allem! Ohne Unterbrechung!

Dieser Tag wurde meine Vision von dem, was Liebe sein kann.

Die kleine Plastikente ist mein Symbol für die Reise durch mein Leben geworden, nicht nur durch die verschwenderische Schönheit der französischen Landschaft, sondern auch für eine Reise zur Akzeptanz, zur Liebe und zum Eins-Sein.

Ich wollte diesen Tag wiederholen! Ich wollte dieses Eins-Sein erneut erleben und fragte mich ständig, was ich tun konnte, um dieses gute Gefühl zurückzuholen. Diese Frage wurde bestimmend für mein Leben! Ich habe danach gesucht, viel meditiert, viel nachgedacht und viel Selbsterfahrung betrieben. Dennoch wusste ich nicht, wie ich den Weg zurück zu dieser Verbundenheit und der Liebe gehen konnte.

In unerwarteten Momenten stellte sich dieses Gefühl von Eins-Sein wohl immer wieder scheinbar von selbst ein. Kürzer zwar, als an jenem denkwürdigen Tag, aber dennoch! Nach meinen Beobachtungen besuchte mich dieses Gefühl, wenn ich mich mit ganzem Herzen meinem Leben widmete, ohne Erwartungen, ohne Urteile, ohne Wollen. Meist waren diese Momente nur kurz. Wenn ich einem Menschen bei der Arbeit mein ganzes Herz schenken konnte, wenn ich meinem Sohn beim Spielen zuschaute, wenn ich meine Frau ohne alle Erwartungen in ihrer Großartigkeit wahrnehmen konnte, immer dann hatte ich für einen kurzen Moment dieses überwältigende Gefühl der Nähe, der Verbundenheit und des Wirklich-Seins. In solchen Augenblicken stimmte alles. Ich war dann einfach nur so, wie ich bin. Ich war in Liebe!

Es hat einige Jahre gedauert, bis mir dies bewusst geworden ist. Und weitere Jahre habe ich gebraucht, um mir klarzuwerden, wie ich diese Liebe herstellen kann. Denn es waren nicht meine Bemühungen um Wissen, Weisheit oder Erleuchtung, die mir dieses Wirklich-Sein oder die Liebe gebracht haben, es war allein meine Entscheidung für die Liebe in jedem Moment, in dem ich mich dazu traue. Mein Leben ist dadurch lebenswerter geworden! Auch wenn ich oft in alte Gewohnheiten zurückfalle und mich durch Arbeitsstress, Verpflichtungen, Erwartungen oder Ängste von dem Wirklich-Sein und der Liebe wegreißen lasse, weiß ich heute, wie ich dorthin zurückfinden kann.

Die Liebe in meinem Leben hat sich so sehr vergrößert, das sich jedes Risiko dafür lohnt. Die Liebe zu meiner Frau wächst genauso wie zu meinem Sohn oder zu den Menschen, mit denen ich arbeite. Aber das Schönste von allem ist, dass meine Akzeptanz und Liebe zu mir selbst so viel größer geworden sind.

Als Therapeut begegnen mir viele Menschen, deren Leben gerade aus den Fugen gerät, die sich selbst verloren haben oder die einfach mehr Tiefe in ihr Leben bringen möchten. Immer wenn diese Menschen zu sich oder zu Anderen Nähe finden, kommt Wirklich-Sein ins Spiel und von dort bis zur Liebe ist es nur ein kleiner Schritt. Diese Liebe bringt Tiefe, Verstehen, Akzeptanz und Lebendigkeit mit sich. Sie ist heilend für alte Wunden und stärkend gegenüber den neuen. Menschen, die in meiner Arbeit zu ihrer Liebe gefunden haben, sind mit Verstehen, einer kraftvollen Zuversicht und verheilenden seelischen Wunden nach Hause gegangen. Das hat zwar nicht für eine dauerhafte Veränderung gereicht, da uns der Alltag mit seinen Tücken sehr schnell wieder in altes Fahrwasser bringt. Dennoch ist die bewusste Erfahrung von Liebe eine wichtige Erinnerung daran, worum es in diesem Leben wirklich geht, was heilend ist und was Tiefe bringen kann.

Doch wie sollten meine Klienten auch im Alltag immer wieder zur Liebe finden, wenn das Alltagsleben ihnen genau das so schwer macht? So habe ich begonnen, zu forschen und in mich zu horchen. Was passiert und was tue ich, wenn ich ins Wirklich-Sein und darüber auch in die Liebe komme?

Wieder war es ein „Urlaubserlebnis", das mir weitergeholfen hat. Auf einer Bergkuppe in den Cevennen an einem Sommernachmittag lag ich träumend auf einer Wiese. Meine Gedanken schweiften zu dem Unfall von damals und den besonderen Erlebnissen des Wirklich-Seins. Andere Erlebnisse, in denen ich die Liebe berühren konnte, flossen dazu. Ich verglich alles miteinander. Plötzlich war es mir klar! Ich sah diese notwendigen Schritte zur Liebe so deutlich vor mir, dass ich sie nur noch aufschreiben musste. Ich sah, was ich tue, wenn ich liebe und ich sah auch, was mich wieder aus der Liebe hinausschleudert. In diesem Moment war ich überglücklich! Nun ging es nur noch darum, alles aufschreiben.

Erst zu Hause beim Durchlesen wurde mir die Bedeutung meiner Notizen klar. Ich hatte einen Acht-Schritte-Fahrplan zur Liebe in den Händen. Ich habe ihn sofort ausprobiert und er funktionierte! Immer wieder!

In meiner Praxis wollte ich das natürlich auch mit meinen Klienten erproben und siehe da, es funktionierte auch hier! Anfangs war ich noch sehr holperig in der Vermittlung meines Wissens, aber es führte zur Liebe! Nicht alle Menschen haben sich dafür entschieden, aber bei denen, die diese Schritte gewählt haben, hat es funktioniert.

Aus meinen Erfahrungen entwickelte ich einen Workshop, um diese acht Schritte anschaulich zu vermitteln. Auch in diesem Workshop kamen die Menschen mit diesen acht Schritten zu ihrer Liebe. Immer wieder!

Nach vielen Jahren mit dieser Arbeit traue ich mich jetzt, dies in einem Buch zu veröffentlichen. So können mehr Menschen diese acht Schritte zur Liebe kennenlernen. Ich empfinde eine tiefe Freude, das alles aufzuschreiben und weiterzugeben.

Noch einige wichtige Gedanken zur Verwendung des Buches:

In diesem Buch findest du einen Weg zur Liebe, der gangbar ist. Mit acht leicht zu verstehenden Schritten kannst du so viel Liebe in dein Leben bringen, wie du dir wünschst. Das ist kein leeres Versprechen! Viele Menschen sind den Weg schon gegangen. Du kannst dich für jeden einzelnen Schritt selbst entscheiden. Es kostet manchmal Mut, diese Entscheidung zu treffen, aber es lohnt sich! Auch wenn du nicht alle Schritte machen möchtest, wirst du wertvolle Erkenntnisse aus diesem Buch ziehen, da dir verständlich wird, bei welchem Schritt auf dem Weg zur Liebe du zögerst. Mit diesem Wissen kannst du dein Leben in die Hand nehmen und Entscheidungen treffen, die dich mehr mit dir und der Liebe in Kontakt bringen. Du kannst dir für den Schritt, bei dem du zögerst, Hilfe suchen, um leichter zu deiner Liebe zu finden.

Viele Übungen in diesem Buch begleiten dich auf deinem Weg, um dich liebevoll zu unterstützen. Du wirst so möglicherweise berührende Erfahrungen machen und dich selbst noch besser kennenlernen. Wenn du psychisch belastet bist, vielleicht in therapeutischer Behandlung oder mit einem großen Thema auf den Schultern unterwegs bist, solltest du dir vorher einen fachlichen Rat einholen. Dann ist es besonders wichtig, die Übungen in Begleitung einer vertrauten Person zu machen.

Das weitere Lesen wird einige deiner Lesegewohnheiten auf eine Belastungsprobe stellen, vor allem dann, wenn du es gewohnt bist, ein Buch vom Anfang bis zum Ende in einem Rutsch durchzulesen. Dieses Buch wird dich vielleicht über einen längeren Zeitraum begleiten. Du wirst es gelegentlich für ein paar Tage zur Seite legen, um über das Gelesene nachzudenken. So kann es durchaus ein paar Monate dauern, bis du alles gelesen hast. Entwicklungen brauchen manchmal diese Zeit.

In den Beispielen erzähle ich sehr persönliche Geschichten, weil ich glaube, nur durch Offenheit zur Liebe zu finden. Das gilt für mich beim Schreiben genauso wie für dich beim Lesen und Ausprobieren.

Dieses Buch basiert auf meinen Erfahrungen und Erkenntnissen, wie auf gelerntem und erarbeitetem Wissen. Eingebungen und Ideen über die Zusammenhänge des Lebens ließen in mir ein anschauliches Bild von der Liebe entstehen. Keine der Ideen sind wirklich neu. Ich fand sie ebenso in alten Schriften wie auch in neuesten wissenschaftlichen Forschungen. Ich habe nur ein Bild geschaffen, um eine Vorstellung der Liebe zu verdeutlichen. Ich stelle kein unumstößliches Dogma auf, an das sich jeder halten muss. Einiges wird sich verbessern lassen, einiges bleibt zu kritisieren. Ich stelle diese Thesen auf, weil ich sie so erlebe. Solltest du, lieber Leser, andere Erfahrungen und Einsichten haben, lass dich mehr von dir selbst leiten, als von meinen Ideen. Ich möchte auf einen gangbaren Weg aufmerksam machen. Nimm selbst wahr, fühle selbst und trete selbst mit deiner Seele in Kontakt.

Ich wünsche dir, lieber Leser, viel Spaß beim Ausprobieren der acht Schritte und beim Neuerleben deiner Liebe.

2 Was ist Liebe?

Definition eines unterschiedlich erlebten Phänomens

Wenn wir einen Weg zur Liebe finden wollen, müssen wir zunächst über eine schwierige Hürde springen. Was ist Liebe überhaupt? So viele Menschen haben sie in Liedern besungen, in Gedichte gekleidet oder Romanen beschrieben. Philosophen haben unterschiedliche Versuche unternommen, sie zu definieren, Religionen haben sie in ihr Glaubenssystem eingebunden. Jeder spricht von ihr und doch meinen wir nicht zwangsläufig das Gleiche. Nicht einmal die Fähigkeit sie wahrzunehmen, ist bei allen Menschen gleich ausgeprägt. Wir erleben heftige Gemütszustände beim „Verlieben" und suchen vielleicht nach „DER" Liebe. Wir sind enttäuscht von ihr oder haben Angst, uns dabei zu verlieren. Wir sehnen uns nach ihr oder bewundern diejenigen, die sie scheinbar gefunden haben. Was wir davon hören, ist so unterschiedlich, wie die Menschen selbst.

– Was ist Liebe in einer Partnerschaft?
– Was bedeutet Liebe zwischen Eltern und Kindern?
– Was ist Liebe unter Freunden?
– Was bedeutet es, sich selbst zu lieben?
– Was ist universelle Liebe?
– Was ist bedingungslose Liebe?
– Ist die Liebe auf eine Partnerschaft beschränkt?
– Welche Idee von Liebe lässt sich tatsächlich auch leben?

Halten wir doch einmal inne für die Frage, was Liebe für uns selbst bedeutet und wie andere sie vielleicht definieren. Jeder darf an der eigenen Vorstellung festhalten und den eigenen Weg weitergehen. Dieses Buch vertritt nur eine Sichtweise, aber vielleicht eröffnet es weitere Möglichkeiten, die Liebe auszudehnen oder neu zu erfahren.

Wenn wir uns in diesem Buch verstehen wollen, brauchen wir eine Definition von Liebe, auf die sich viele Menschen einlassen können.

Aus den Beobachtungen meines eigenen Lebens und den Schilderungen meiner Klienten, aus Nachforschungen und Fachgesprächen hat sich für mich eine Definition der Liebe herauskristallisiert. Sie hielt bisher all meinen Überprüfungen stand, ist praktikabel, einfach zu verstehen und eine sehr nützliche Orientierungshilfe.

Der Ausgangspunkt für Liebe ist Wahrnehmung

Dafür brauche ich Besinnung, auf das, was wirklich ist. Wahrnehmen ist ein sehr subjektiver Vorgang, der stark von unseren Erfahrungen, unseren Meinungen und Weltanschauungen geprägt ist. Jeder von uns nimmt seine Wirklichkeit durch einen persönlichen Filter auf. Das heißt: Wir sehen genau das, was wir von der Welt denken. Um der objektiven Wirklichkeit so nah wie möglich zu kommen, müssen wir auf Bewertungen, soweit es geht, verzichten. Jede Einteilung in gut oder schlecht vermindert die Wahrnehmung, ebenso wie Erwartungen sie einschränkt.

Ein Beispiel: Ich begegne einem Menschen und schaffe es, in dieser Begegnung meine Vorurteile oder Einschätzungen weitestgehend loszulassen. Dabei enthalte ich mich so gut es geht jeder Bewertung. Wenn mir das gelingt, nehme ich wahr, wie dieser Mensch geht und steht, wie er redet und sich verhält. Ich betrachte ihn mit einem offenen Interesse an seiner Person. So kann ich ihn wirklich wahrnehmen.

Eine notwendige Zutat zur Liebe ist Akzeptanz

Ich komme der Liebe näher, wenn ich bereit bin, die volle Wirklichkeit wahrzunehmen und das Wahrgenommene zu akzeptieren, ohne es verändern zu wollen.

In diesem Moment begreife ich einen Menschen so, wie er ist, wenn ich mich entschließe, alles, was ich an ihm wahrnehme, zu akzeptieren. Wertfreie Wahrnehmung und Akzeptanz können unser Leben sehr verändern. Um jedoch aus dieser inneren Haltung Liebe werden zu lassen, braucht es noch eine weitere Zutat:

Wenn ich mich dazu entscheiden kann das, was ich wahrgenommen habe, nicht nur so zu akzeptieren wie es ist, sondern es auch genau so zu wollen, ist die Tür zur Liebe geöffnet. Dann will ich das, was wirklich ist! Ich brauche mich nicht länger durch Veränderungswünsche von mir oder anderen Menschen abzugrenzen. Ich kann jegliche Trennung aufheben und mich verbinden. Der Mensch mit seinem Verhalten, mit seinem Aussehen, seinem Denken und Reden wird von mir nicht nur akzeptiert, ich will auch, dass er so ist, wie er ist. Er braucht nichts zu verändern und ich brauche nichts zu verändern. Es gibt keine Grenze mehr zwischen uns, die Nähe verhindern würde.

Das Wollen verbindet mit dem, was wir wahrgenommen und akzeptiert haben. Es macht Eins-Sein, oder Wirklich-Sein erlebbar.

Ohne mich vom Anderen abzugrenzen oder Schutzmechanismen aufzubauen kann das Gefühl entstehen, mit dem, was ich wahrgenommen habe, in Verbindung zu sein, ja sogar zu verschmelzen. Und genau dieses Verschmelzen erleben wir als Liebe.

> Liebe ist **Wahrnehmen, Akzeptieren** was ich wahrnehme, **Wollen** was ich akzeptiere und **Verbindung** mit dem, was ich wahrgenommen, akzeptiert und gewollt habe.

Wenn wir ein solches Verschmelzen erleben, singt unser Herz, jubelt unser Geist. Wir sind verbunden und nicht mehr getrennt. Wir sind zurück in der Einheit, aus der wir mit der Geburt herausgefallen sind. Wir entwickeln uns über die Grenzen unseres Denkens hinaus und leben unsere Größe statt unser Beschränkt-Sein. Wir wachsen über uns hinaus.

Liebe ist bedingungslos, akzeptierend, annehmend und tragend. Liebe beginnt dort, wo ich mich so wahrnehme, wie ich wirklich bin und mich dazu entscheide, auch den anderen im Wirklich-Sein zu sehen. Liebe beginnt mit dem Loslassen von Erwartungen und der Hinwendung zur Wahrnehmung und Akzeptanz der Wirklichkeit. Es ist ein wundervoller Weg, der aber auch Mut kostet, weil wir uns dabei selbst begegnen. Was wir damit erreichen, ist weit mehr, als nur eine funktionierende Partnerschaft. Wir dringen in den Kern dessen vor, was wir sind und was auch die Welt ist: Liebe!

Jede Liebe hat ihre eigene Farbe, je nachdem, bei wem oder bei was du sie erlebst. Die Liebe in einer Partnerschaft erscheint anders als die Liebe zu entfernteren Menschen, aber die Grundlagen der Liebe sind immer die gleichen. Mit diesem Buch will ich keine Dogmen verbreiten, sondern einen gangbaren Weg zur Liebe vorstellen. Es gibt keinen „richtigen" oder „falschen" Weg. Aber es gibt für jeden Menschen einen Weg, der funktioniert. Bedeutend sind nur deine bewusste Wahrnehmung und die darauf fußende Endscheidung, deinen Weg zu gehen. Es ist normal, nicht immer in Liebe zu leben und es ist normal und menschlich, nicht immer und mit jedem Liebe teilen zu wollen. Insofern kann es hilfreich sein, sich von der inneren Forderung zu lösen, ein ideales Leben zu führen oder ausschließlich Liebe zu leben. Es geht hier nicht um moralische Werte, sondern um Hilfestellungen für ein erfüllteres Leben in Liebe.

3 Visionen

Die Welt, in der wir leben, unterstützt nicht gerade ein Bemühen um die Liebe. Wenn wir mehr Liebe in unser Leben bringen und unsere Welt zu einem liebevolleren Ort machen wollen, brauchen wir eine große Vision von dem, was Liebe sein kann und welche Kraft ihr innewohnt. Wenn wir gemeinsam träumen und bereit sind, mutig für diese Vision einzutreten, kann sich weit mehr verändern als nur die eigene Partnerschaft.

Ich habe einen Traum! In diesem Traum leben wir alle in einer Welt, die von der Liebe bestimmt wird.

In diesem Traum gehe ich über die Straße und begegne den Menschen mit Warmherzigkeit und Neugierde. Ich fahre Auto und erlebe achtsame Gesten zwischen den Autofahrern. In allen Geschäften werde ich freundlich bedient, weil die Angestellten ihren Beruf lieben. Ich träume von Menschen aus unterschiedlichen Kulturen oder Religionen, die sich interessiert und freundlich begegnen, weil das Neue eine Bereicherung darstellt und keine Bedrohung. Ich stelle mir vor, beim Einkauf zu wissen, dass ich die besten und gesündesten Lebensmittel bekomme, weil die Produzenten und Ladenbesitzer es lieben, etwas Gutes weiterzugeben. In diesem Traum wird allen Kindern mit großer Liebe gesagt, dass sie wundervoll, schön, klug und begabt sind. Sie wachsen in liebevollen Kontakten und mit Begegnungen, die nähren, stärken und begleiten.

Ich stelle mir vor, Liebe zu geben und Liebe zu bekommen, die meine Wunden heilt und die Wunden der Welt, weil ich mich dadurch angenommen fühlen kann, so wie ich bin.

Ich stelle mir vor, mich so anzunehmen, wie ich bin und meinen Körper, meinen Geist und meine Seele als das großartige Geschenk zu würdigen, das mich ausmacht. Ich stelle mir vor, dass alle Menschen sich mit der Welt, mit Anderen und der Natur verbunden fühlen und wir uns deshalb darum bemühen, nichts und niemanden zu schaden. Ich stelle mir vor, mich an der Kraft zu erfreuen, die ich habe, weil ich der Liebe vertraue, weil ich anderen vertraue und mir selbst vertrauen kann.

Ich stelle mir vor, welche Energien wir alle freisetzen können, wenn wir aufhören gegeneinander zu kämpfen und misstrauisch, neidisch oder ängstlich zu sein. Stattdessen würden wir unsere Kraft gemeinsam auf das richten, was wir wirklich wollen!

Ich habe einen Traum, den ständigen Kampf mit meinem Nachbarn aufzugeben und stattdessen wohltuende Begegnungen zu erleben.

Wenn wir uns umsehen, bestimmt aber nicht grade die Liebe unsere Welt.
Mein Nachbar beispielsweise hat die unangenehme Angewohnheit, unaufgefordert in meinem Garten aufzutauchen, wenn ich dort entspannt arbeiten möchte. Hände in den Taschen, Brust rausgestreckt, ertönt seine barsche Stimme: „Wann kommt denn wohl endlich mal das Holz hier weg?", oder auch „Putzt ihr eure Fenster überhaupt mal?", „Der Wagen hat hier aber nichts zu suchen. Wenn der nicht bald wegkommt, dann ruf ich bei der Polizei an." Es gibt noch andere ebenso unerfreuliche Variationen. Viele Menschen kennen solche Nachbarn und wissen, wovon ich spreche. Ich habe mich redlich bemüht, klärende Gespräche zu führen, – was auch kurzfristig funktionierte – komme aber trotzdem kaum dagegen an, eine Abneigung gegen ihn aufzubauen. Wenn ich ihn nur von Weitem auf der Straße sehe, versuche ich, ihm auszuweichen, warte oft sogar einen Moment, bis er weg ist. Ich schließe auch die Gartentür ab, obwohl ich ein Freund offener Türen bin, nur um diesen Begegnungen zu entkommen. Ich könnte diese Liste noch weiterführen. Was mir aber noch zusätzlich passiert, ist noch viel schlimmer. Ich beschäftige mich dauernd mit ihm! Das verdirbt mir manchmal dauerhaft die gute Laune und verhindert einen nahen Kontakt zu mir selbst und zu andern. Das ist ein hoher Preis!

Ich bin nicht bereit, diesen Preis zu zahlen!

Aber was wäre die Alternative? Wegziehen? Noch mehr Grenzen ziehen oder selbst mit Drohungen reagieren? Das sind alles keine verlockenden Lebensaussichten.

Wie wäre es, wenn ich mich hier für die Liebe entscheide?

Was würde die Liebe tun?
Sobald ich das denke, kommt die Wahrnehmung ins Spiel. Ich stelle fest, der Nachbar ist nicht „böse", er will mich nicht einmal verletzen. Er ist nur ungeschickt und unsensibel, aber nicht wirklich hinterhältig! Auch wenn ich mir klarmache, dass der Nachbar mich nicht willentlich verletzen will, empfinde ich die Begegnungen als sehr unangenehm. Ich tauche mit meiner Wahrnehmung tiefer in mein Leben ein und mache mir bewusst, dass ich es bei diesem Nachbarproblem mit einer Wunde zu tun habe, die mich schon lange begleitet. Es ist die alte Erfahrung, missachtet zu werden. Meine Grenzen, mein Garten, meine Persönlichkeit bekommen nicht den Respekt, den ich brauche. Ich fühle mich verachtet und klein gemacht. Diese Erfahrung geht bis weit in meine Kindheit zurück und es wäre an der Zeit, mich darum zu kümmern, anstatt davor wegzulaufen. Leichter gesagt als getan! Seitdem mir dies klar geworden ist, rumort es in mir. Erinnerungen und alte Wunden kommen hoch und mit ihnen viel Schmerz, aber auch Klarheit und Verstehen meiner Geschichte.

Nun komme ich mir näher! Was für ein Gewinn! Viele Dinge beginnen, sich zu lösen. Ich sehe plötzlich Zusammenhänge anders und sollte meinem Nachbarn für dessen „Übergriffe" eigentlich danken. Er hat mich auf alte, unverdaute Erinnerungen gebracht. Na ja, Dankesagen fällt mir doch noch ein bisschen schwer! Aber wie wäre es, ihm das nächste Mal mitzuteilen, dass es mir etwas ausmacht, wenn er mit mir so redet, und dass ich an einem guten Miteinander mit ihm interessiert bin. Ich bin gespannt, was dann passiert. Meinen „Gewinn" aus der liebevollen Betrachtungsweise habe ich aber schon jetzt. Ich sehe mich nicht mehr so sehr in Abwehr bei dem nächsten Kontakt mit ihm. Ich stelle mir vor, dass er auf meine Anmerkung etwas verstört reagieren wird, aber ich bin sicher, dass er darüber nachdenkt. Das ist die erste Veränderung, die die Liebe bringen kann.

Mit Liebe lebe ich den Traum, die Menschen, mit denen ich zu tun habe, so zu sehen und zu lieben, wie sie sind. Ich bewerte und verurteile niemanden, nur weil er mir fremd oder unverständlich erscheint; noch begegne ich Anderen geringschätzig, weil sie sich anders geben oder kleiden, als es mir vertraut ist.

Mit Liebe lebe ich den Traum, meinen Sohn zu unterstützen, ihn seinen eigenen Weg wählen zu lassen, wo auch immer er hinführen mag. Ich bin stolz auf seine Großartigkeit und liebe ihn für das, was er ist: ein eigenständiger Mensch mit eigenen Ideen, Fähigkeiten, Vorstellungen, Wünschen und Nöten.

In einem Leben in Liebe kommen Eltern glücklich und zufrieden zu ihren Kindern nach Hause, weil sie einer Arbeit nachgehen, die sie ausfüllt. Die Arbeitsatmosphäre war liebevoll und unterstützend, und aufgetankt mit dieser Energie, begegnen sie nun ihren Kindern. Alle freuen sich auf diesen Feierabend. Niemand ist vom alltäglichen Kampf ausgebrannt und reagiert nur noch gestresst auf die Kontaktwünsche der Familie.

In einer liebenden Partnerschaft sehe ich meine Frau so, wie sie ist. Ich will sie nicht verändern, stelle keine Erwartungen und Forderungen, sondern lebe in Begeisterung und Dankbarkeit über das, was ich Großartiges in ihr sehen kann; ihre Tiefe in Herzensfragen, ihre unbeschreibliche Großzügigkeit, ihre verschwenderische Schönheit und ihre atemberaubende Liebesfähigkeit. Wenn da nicht auch die offene Zahnpastatube wäre und das Geschirr im Waschbecken und das falsche Wort, und dieser Blick, und, und, und … In meinem Traum von einem Leben in Liebe blicke ich liebevoll auf diese Eigenheiten und Störfelder in der Partnerschaft und sehe sie als das, was sie sind: *meine* Störfelder, *meine* Erwartungen, *meine* Enttäuschungen, *meine* Angst und *meine* Möglichkeit, mich zu entdecken.

Ich glaube es wäre eine Welt machbar, in der ein Unternehmen all seine Beschäftigten als einen gemeinsamen Organismus begreift und dieser Gesamtheit so begegnet, dass jedes einzelne Teil gesund und wohlauf bleibt.

In dieser Welt der Liebe würde es Politiker geben, die am Wohl Aller interessiert sind, weil sie verstehen, dass wir alle miteinander verbunden sind, wie

Organe in einem Körper. Es gäbe Politiker die wüssten, dass es keine Feinde gibt und dass die Menschen, die anders sind, uns an unsere eigenen Schwächen und Ängste erinnern.

In dieser liebenden Welt gäbe es ein Rechtssystem, das alles daran setzte, den Menschen zu verstehen der Unrecht getan hat und ihm begreiflich machte, welche Auswirkungen seine Tat hat und wie er die Verantwortung dafür übernehmen kann.

Mit Liebe sind Pädagogen in der Lage, die Stärken eines jeden Schülers zu sehen und zu fördern und Störungen als das zu begreifen, was sie sind: ein Ruf nach Aufmerksamkeit und Liebe.

In einer Welt der Liebe nehmen wir Menschen die Natur als unsere Lebensgrundlage wahr. So sind wir voller Dankbarkeit für all das, was sie uns gibt.

In einer solchen Welt möchte ich leben! Diese Welt ist machbar, wenn ich den Mut dazu aufbringe, mich der Liebe zuzuwenden. Die Liebe fängt bei mir an und hört niemals auf. Ich kann Teil von ihr werden oder mich ausschließen. Diese Entscheidung treffe ich, an jedem Tag, in jeder Minute, mit jedem Atemzug.

4 Acht Schritte zur Liebe und wie du dieses Buch benutzen kannst

Gebrauchanleitung

Liebe Leserin, lieber Leser,
in diesem Buch findest du einen Weg, der dich in acht Schritten erfolgreich zur Liebe führen kann. Viele Menschen haben diesen Weg bereits beschritten. Es ist gar nicht so schwer! Was du dazu mitbringen solltest ist Aufmerksamkeit im Alltagsleben und gelegentlich auch Mut, denn du wirst deinen eigenen Gefühlen begegnen.

✍ Entscheidend ist nur deine Entscheidung für die Liebe!

> Praktische Übungen werden dich durch dieses Buch begleiten. Sie dienen dazu, das Gelesene erfahrbar zu machen und gleichzeitig zu üben und lebendig umzusetzen. Wir lernen schneller durch Erfahrungen. Erfahrungen behalten wir nicht nur im Kopf, sondern auch im Herzen.

Wahrnehmungsfähigkeit und die Entscheidung, sich selbst zu begegnen sind für diesen Weg zur Liebe unabdingbar. Wahrnehmen kannst du besser, wenn du deine Bewertungen beurlaubst.

Zeit solltest du dir außerdem nehmen. In Hektik und Stress nehmen wir unsere Umgebung nur sehr reduziert wahr. Gehe immer nur einen Schritt nach dem anderen. Beginne mit dem ersten und lebe ihn. Probiere ihn im Alltag aus. Mach die entsprechende Übung vielleicht ein paar Mal. Erst dann wendest du dich der nächsten Übung zu. Setz dich nicht unter Druck. Lass dir ruhig eine ganze Woche Zeit, oder länger, wenn du magst. Erscheint ein Schritt dir schwer, oder fällst du wieder in alte Muster zurück, so freu dich darüber, wie bewusst du das alles wahrnimmst und wie spannend das Leben ist. Nimm die Herausforderung an, ohne in den Kampf zu gehen.

Akzeptanzbereitschaft brauchst du für die acht Schritte auch. Das klappt nicht immer, und es ist auch nicht so schlimm, wenn es dir mal nicht möglich ist. Wenn du mit der bewertungsfreien Wahrnehmung beginnst, ist das mit der

Akzeptanz schon etwas leichter. Überfordere dich nicht. Du brauchst nur deine grundsätzliche Bereitschaft zur Akzeptanz, mehr nicht.

🖐 Akzeptanz beginnt damit, zu akzeptieren, dass es schwer ist, zu akzeptieren!

Vertraute Menschen, die dieses Buch mit dir gemeinsam lesen und mit dir die einzelnen Schritte ausprobieren, sind eine Bereicherung. Ihr könnt euch austauschen und gegenseitig unterstützen. Das macht es viel einfacher!

Die meisten Menschen werden dieses Buch jedoch allein lesen. Wenn du dir dann einen Menschen zum Austausch oder für einige der Übungen aussuchst, solltest du bei deiner Wahl folgendes im Blick behalten:

– Dein Gegenüber hat sich mit der Liebe und diesem Buch noch nicht so auseinandergesetzt wie du.
– Dein Gegenüber benutzt nicht die gleiche Ausdrucksweise wie du, nachdem du dieses Buch gelesen hast.
– Dein Gegenüber hat vielleicht Angst, dass du dich zu sehr verändern könntest.
– Dein Gegenüber scheut sich möglicherweise vor tieferen Gefühlen.
– Dein Gegenüber hat vielleicht einen religiösen oder weltanschaulichen Hintergrund, gegen den du durch deine Erfahrungen mit diesem Buch auf Konfrontationskurs gehst.
– Dein Gegenüber ist es vielleicht nicht gewohnt, die eigene Wahrheit (siehe Schritt 7) so offen auszusprechen. Das kann ein Schock sein!

Wenn du diese Punkte bedenkst, kannst du bedachter wählen und wirst im Umgang mit den Menschen, die du dir ausgesucht hast, verständnisvoller sein. Deine Partnerin oder dein Partner ist nicht immer die beste Wahl, wenn es um ein Gegenüber für die Übungen geht. Selbst bei einem Gedankenaustausch können offene Beziehungsfragen, ungeklärte Erwartungen und Schwierigkeiten in der Kommunikation belastend sein. Zum Üben ist es in der Anfangsphase daher sinnvoll, möglichst unbelastete Situationen zu wählen.

Es ist leichter, sich gemeinsam mit Gleichgesinnten auf den Weg zur Liebe zu machen, sich gegenseitig zu unterstützen, sich auszutauschen, oder einfach nur voneinander zu wissen. Auch ein Erfahrungsaustausch nach den Übungen ist erfreulicher, wenn dein Gegenüber mit den Inhalten des Buches vertraut ist und du nicht erst alles erklären musst. Es gibt eine zusätzliche Möglichkeit des Erfahrungsaustausches:

Zu diesem Buch findest du im Internet eine Website, auf der du dich mit Menschen austauschen kannst, die gerade die gleichen Passagen gelesen und die gleichen Übungen gemacht haben wie du. Das kann für dich unterstützend sein! Du findest diese Website unter www.liebesovielduwillst.de

Wenn du einen Schritt nicht machen kannst, solltest du nicht frustriert aufgeben. Nimm die Herausforderung an und versuche es weiter! Lass dir helfen und gönne dir die Unterstützung. Mit jeder Herausforderung bekommst du ein klareres Bild von den Hindernissen, die dich von der Liebe abhalten. Dieses Wissen kannst du für dich nutzen! So taumelst du nicht mehr unbewusst über den Weg zur Liebe, sondern nimmst wahr, was du selber tust. Denn das, was du erlebst, sind die Auswirkungen deiner Gedanken, Entscheidungen und Handlungen. Verabschiede dich von den Sätzen wie: „Ich kann das nicht" oder „Ich bin eben nicht für die Liebe geschaffen". Du bist mittendrin! Es kostet nur etwas Mut! Investiere deinen Mut, höre, sieh und fühle!

Dies sind die acht Schritte im Überblick. Ich werden sie dir nacheinander vorstellen und dich mit meinen Gedanken begleiten:

1. Du hast die Wahl zwischen Sicherheit oder Liebe.

2. Tausche den Gedanken „ich will geliebt werden" gegen die Einstellung „ich liebe"..

3. Verabschiede dich von deinen Erwartungen.

4. Finde dein Bedürfnis und entlasse die Anderen aus dieser Verantwortung.

5. Nimm deine Gefühle wahr, sie sind die Sprache deiner Seele.

6. Schenke dir Akzeptanz – liebe dich selbst.

7. Wie du Nähe zu dir und Anderen herstellen kannst.

8. Verschenke dein Herz an die Welt.

Du hast die Wahl zwischen Sicherheit oder Liebe

Unser Leben besteht nicht in dem Maße aus Zufällen und Schicksalsschlägen, wie wir uns das vorstellen. Die meisten Ereignisse, die über uns hereinbrechen, sind Auswirkungen unserer Entscheidungen. Wir entscheiden uns ständig, jeden Augenblick unseres Lebens, meist unbewusst, meist automatisch. Welche Kleidung trägst du und warum? Welchen Weg zur Arbeit wählst du und warum? Welchen Menschen wendest du dich zu, oder von welchen Menschen wendest du dich ab. Bewusst wird dir diese Wahlmöglichkeit oft erst dann, wenn du in einem Entscheidungskonflikt stehst. Musst du dich beispielsweise zwischen zwei Menschen entscheiden, beginnst du nachzudenken und in die Zukunft zu schauen, um unangenehmen Erfahrungen vorzubeugen. Die folgende Übung macht das auch bei kleinen Alltagsentscheidungen erlebbar.

Übung

Nimm ein Blatt Papier und einen Stift und schreibe auf, welche Entscheidungen du in letzter Zeit getroffen hast. Schreibe alle untereinander auf, die du in deiner Erinnerung wahrnehmen kannst. Halte bei der Fünften inne. Das reicht für die Übung. Schreibe dann hinter jede Entscheidung, die du getroffen hast, eine mögliche Alternative, die noch bestanden hätte.
Jetzt lese alle fünf noch einmal nacheinander und überlege, warum du jeweils genau diese Entscheidungen getroffen hast.
Schreibe das in Stichpunkten dahinter.
Was hast du dabei erfahren?
Schreibe auch das auf, oder noch besser, teile es jemandem deines Vertrauens mit.

Wir treffen so viele Entscheidungen, dass es uns überfordern würde, alle immer bewusst wahrzunehmen. Die Hintergründe für diese Entscheidungen sind so vielfältig wie das Leben selbst. Wenn wir uns die Mühe machten und die Gründe unserer Entscheidungen bis ins letzte Detail erforschten, würden wir feststellen, dass wir uns nur zwischen zwei Polen entscheiden.

Auf der einen Seite steht das Bedürfnis nach Unversehrtheit im Körperlichen und Seelischen, wir wollen keine schmerzhaften Erfahrungen machen. Es geht um unsere Sicherheit. Wählen wir diesen Pol, so wenden wir Verhaltensweisen an, mit denen wir uns vor möglichen Verletzungen schützen und uns außerdem aus einem nahen seelischen Kontakt zurückziehen. Wir bauen innere und äußere Wälle um uns herum auf.

Auf der anderen Seite steht das Bedürfnis nach Verbindung oder Liebe. Die Liebe ist hinter seelischen Schutzwällen jedoch nicht erlebbar. Liebe braucht eine akzeptierende, ehrliche und offene Haltung.

🐾 Sicherheit und Liebe sind gegensätzliche Pole.

Unser ganzes Leben pendeln wir zwischen diesen beiden Polen und schaffen uns auf die unterschiedlichste Weise Sicherheiten. Manche Schutzmechanismen sind so subtil, dass wir sie gar nicht als Sicherheiten wahrnehmen. Es sind Gedanken und Handlungen wie:

Ich bin vorsichtig, bevor ich etwas von mir mitteile.

Ich achte auf das, was die Andern tun und passe mich dem besser an!

Ich brauche eben lange, um jemandem zu vertrauen.

Ich bin nicht liebenswert, nicht schön, nicht intelligent genug, um das zu erleben, was ich möchte.

Ich, will nicht dann etwas von mir geben, wenn andere dies erwarten.

Ich kann ohne dich nicht mehr sein.

Interessant, was dieser Mensch mir mitteilt, aber ich weiß es besser.

Alle wollen mich nur manipulieren, da bleibe ich besser bei meiner Meinung.

Wenn ich mal glücklich bin, kommt garantiert etwas Schlimmes hinterher.

Das sind nur einige Beispiele der Gedanken und Meinungen, die uns bei unseren Entscheidungen leiten. Sie sollen Sicherheiten schaffen, um einer Angst, einer Furcht, einer Trauer oder einem Schmerz vorzubeugen.

Es ist erstaunlich, wie oft wir uns Sicherheiten zu schaffen suchen! Manchmal ist das auch sinnvoll. Im Straßenverkehr beispielsweise ist Sicherheit lebensnotwendig, im Arbeitsleben kann sie auch sinnvoll sein. Ein Sicherheitsbedürfnis ist nichts Falsches! Im zwischenmenschlichen Kontakt allerdings sollten wir uns die Frage stellen, ob ein starkes Sicherheitsbestreben uns nicht doch eher hindert als fördert.

☝ *Du hast die Wahl zwischen den gegensätzlichen Polen Sicherheit oder Liebe! Es gibt kein Dazwischen, keine Gleichzeitigkeit, nur ein Entweder – Oder.*

Wenn ich mich für die die Liebe entscheide, muss ich auf die Sicherheit verzichten. Es ist nicht möglich, beides zur gleichen Zeit zu leben. Wenn du jetzt die Sicherheit wählst, kannst du nicht im gleichen Augenblick die Liebe leben. Das ist schwer zu akzeptieren, weil die Meisten so gerne beides zur gleichen Zeit hätten. Stelle ich meine Sicherheit in den Vordergrund oder mache sie gar zur Bedingung, so ist es mir unmöglich, mich öffnend und akzeptierend auf die Liebe einzulassen. In dem Augenblick, in dem du in deiner Beziehung die Sicherheit wählst, wirst du deinem Partner oder deiner Partnerin nicht gleichzeitig in Liebe begegnen können. Wenn du später keine Sicherheit mehr brauchst, kannst du dir die Liebe vielleicht wieder zurückholen. Die Frage ist nur, wie viel Sicherheit willst du für dich und wie viel davon verträgt deine Beziehung.

Eine Klientin beschreibt mir ihre Begegnungsmuster mit Männern. Sie lernt einen Mann kennen, er ist nett, gut aussehend, zuvorkommend, intelligent und sensibel. Genau so, wie sie es sich wünscht! Sie treffen sich das erste Mal allein und verbringen einen wundervollen Abend. Ein paar Tage später sitzt sie bei mir in der Praxis und zerbricht sich den Kopf: Ob er wohl der Richtige für sie ist, ob er sie nicht enttäuschen wird, ob er bei ihr bleibt? Die Sicherheitsfragen eben. Die nächste Verabredung mit diesem Mann ist ein Fiasko. Sie ist sehr zurückhaltend und vorsichtig, er ist irritiert, da er nach dem guten Kontakt der ersten Begegnung nun diese Distanz spürt. Sie verabreden sich erneut, doch auch nun steht die Sicherheit im Vordergrund und lässt keine Nähe aufkommen. Ein weiteres Treffen kommt niemals zustande, weil er kein Interesse mehr hat. So erhielt meine Klientin über einen Zeitraum von 15 Jahren ständig die Bestätigung, dass sie sowieso immer enttäuscht und verlassen wird und es deshalb sehr wichtig ist, auf die eigene Sicherheit zu achten. Da liegt der Schluss nahe, dass es für sie eben keine Männer gibt.

Wie könnte die gleiche Situation aussehen, wenn diese Frau sich nicht für die Sicherheit, sondern für die Liebe entschiede? Würde sie ihre Sicherheitssuche nach einer dauerhaften Partnerschaft für eine Weile beurlauben, könnte sie sich ihrem Gegenüber für eine wirkliche Begegnung öffnen. Interesse an und Neugier auf diesen anderen Menschen stünden dann im Vordergrund. Und selbst wenn dieser Mann nicht ihr Lebenspartner wird, so kann doch eine tiefe Begegnung stattfinden, die sich zu erleben lohnt! Beide könnten sich für das Wagnis der Offenheit entscheiden und so viel von sich zeigen, wie sie sich trauen.

✍ Wir schenken in erster Linie nicht dem andern unsere Liebe, sondern wir schenken sie uns selbst.

Wir haben selbst sehr viel davon, in Liebe zu leben. Das ist nicht ohne Risiko möglich und nicht ohne Schmerzen. Ohne das es beabsichtigt wurde kann beispielsweise schon ein Wort eines nahen Menschen alte Schmerzen wachrufen. Ein Missverständnis, eine vergessene Verabredung oder eine unbedachte Geste wirkt in der Offenheit und ungeschützten Begegnung zu einem nahen Menschen besonders schmerzhaft. Im Schmerz begegnen wir uns selbst. Liebe gibt mir die Chance, mir selbst und dem Anderen dabei nah zu sein. Schalten wir in den Sicherheitsmodus, verlieren wir die Nähe zu unserem Gegenüber und zu uns selbst.

Wenn ich nicht bereit bin, das Risiko einzugehen, mir selbst mit allem, was ich bin, zu begegnen, bleiben als Alternative nur die Sicherheit und die Angst. Dann bestimmt eben die Angst mein Leben. Ich werde damit zu einem Wesen, das nicht selbst bewusst entscheidet, sondern über das die Angst entscheidet. Dann liefere ich mich der Angst, dem Schicksal oder anderen Menschen aus. Das ist ein weiterer Grund, mich noch mehr zu schützen.

Du kannst dich entscheiden! Wählst du Sicherheit oder Liebe? Wählst du das Getrenntsein oder das Verbundensein? Wählst du Misstrauen oder Begegnung, Vorsicht oder Lebendigkeit? Du kannst nicht beide Pole gleichzeitig haben!

Sicherheit ist ein Gedankenmodell. Tatsächlich gibt es sie nicht! Auch wenn wir uns absichern, erleben wir Dinge, die wir als schmerzhaft, traurig oder ärgerlich empfinden.

Um uns in Sicherheit zu wiegen, entwickeln wir eine ganze Reihe von Schutzmechanismen, das sind Verhaltensweisen und Vorkehrungen, die verhindern sollen, dass wir einem bestimmten Schmerz erneut begegnen. Diese Schutzmechanismen haben mehrere unangenehme Auswirkungen. Sie kosten uns sehr viel Lebensenergie, sie sind nur selten erfolgreich und sie produzieren genau das, was sie eigentlich verhindern sollen. Ein Beispiel kann dies besser verdeutlichen:

Ein Schulkamerad aus alten Tagen war immer lustig, hatte immer einen Witz auf Lager, konnte jede langweilige Lateinstunde mit einem spontanen Gag auflockern. Er war gern gesehener Gast auf jeder Party. Als ich ihn auf einer Klassenfahrt näher kennenlernte, wurde mir bewusst, wie einsam er war und wie viel Angst vor Ablehnung er hatte. Nur deshalb machte er so oft den Clown und war der Spaßvogel der Gruppe. Wem es aber um einen wirklichen Kontakt ging, um ein persönliches Gespräch, der mied ihn. Das passte einfach nicht mit seinem ständigen Lustigsein zusammen. So war er grade da, wo es um wirkliche Nähe ging, ausgegrenzt.

Das geschieht so mit allen Schutzverhaltensweisen. Vielleicht kannst du es in deinem eigenen Leben nachvollziehen. Etwas einfacher ist es noch, das im Leben eines anderen Menschen zu beobachten. Mit Abstand fällt es uns leichter, hinzuschauen!

Mit der folgenden Übung machst du den ersten der acht Schritte zur Liebe.

Übung

Denke einige Minuten darüber nach, welche Sicherheitsvorkehrungen in deinem Umgang mit anderen Menschen einen großen Platz einnehmen. Suche dir etwas Aktuelles aus.
- Beschreibe kurz auf einem Blatt Papier, wie du dich absicherst, was du dafür tust, in diesem Punkt deines Lebens Sicherheit anzustreben.
- Lies es dir laut vor.
- Jetzt stelle dir konkret vor, diesen Schutz einmal fallenzulassen.
- Wann willst du das tun?
- Welche Situation kann das sein?
- Was könnte schlimmstenfalls passieren?
- Was kann bestenfalls passieren?
- Halte jede Antwort schriftlich fest.
- Lies dir die Antworten laut vor. (Wenn du noch etwas wagemutiger bist, stell dich beim Vorlesen vor den Spiegel.)
- Dann entscheide dich, in einer leichten Situation auf deinen üblichen Schutz zu verzichten. Jetzt – oder irgendwann heute, oder morgen. Schiebe es nicht auf die lange Bank.
Wenn du es tatsächlich in deinem Leben ausprobiert hast, schreibe noch einmal auf das Papier, was du erlebt hast. Schreibe nicht, wie du das Erlebte bewertest, sondern stelle nur die Wahrnehmung deiner Erfahrung dar. Wie fühlt es sich an?
Diese Übung kannst du sooft wiederholen, wie du magst.

Kannst du jetzt die Sicherheit für eine Weile beurlauben und dich für die Liebe entscheiden?

Tausche den Gedanken „Ich will geliebt werden" gegen die Einstellung „Ich liebe"

Alle brauchen Liebe!
Liebe ist etwas Wunderbares! Liebe verbindet uns. Liebe lässt uns innerlich wachsen. Darum möchten Menschen geliebt werden.

Wenn die Liebe nicht zu bekommen ist, suchen wir nach Ersatzformen wie Aufmerksamkeit, Anerkennung, Dazugehörigkeit, körperliche Stimulation oder anderes. Wir lassen schon als Babys nichts unversucht, um diese Liebe oder den Liebesersatz zu bekommen.

Als Erwachsene wollen wir ebenso gemocht werden und dazugehören. Wir wollen mit unserer ganzen Person geliebt werden. Dafür tun wir alles, was uns Erfolg verspricht. Wir strengen uns an, oder spielen eine Rolle. Wir tun das, wovon wir glauben, andere würden es mit Liebe oder deren Ersatzformen würdigen.

Die Art und Weise, wie wir nach Liebe suchen, ist sehr verschieden. Manchmal lassen wir uns auch nur auf die vielfältigen Ersatzformen der Liebe ein. Für die Einen ist es Anerkennung und Bewunderung, für andere Macht. Auch können Sex, Aufmerksamkeit oder Geschenke als Ersatz für Liebe gelten.

Beruflicher Erfolg, Schönheit, Intelligenz, Fleiß oder Ansehen sind weitere Mittel, mit denen wir uns um die Liebe oder deren Ersatzformen bemühen. Die eigentliche Aussage hinter all diesen Anstrengungen ist aber oft in dem einfachen Satz zu finden: „Ich möchte geliebt werden! Mir fehlt Liebe!"

Ein Mangel an Liebe ist kaum auszuhalten. Wir suchen nach Liebe oder deren Ersatzformen. Wir suchen nach Menschen, die uns Liebe geben könnten. Wer liebt mich? Wer kann mir geben, was ich brauche? Daran schließt sich – ewusst oder unbewusst – die Frage an: Was muss ich tun, um Liebe zu bekommen? Vielleicht verbringen wir den Großteil unseres Lebens damit, der Liebe oder deren Ersatzformen hinterherzulaufen.

Es beginnt schon morgens beim Aufstehen: Meine Termine bestimmen, dass ich mich so kleide, wie es für die Menschen um mich herum passend sein könnte. Ich verhalte mich so, dass ich dazugehöre und nicht aus dem Rahmen falle. Aber auch das 'Aus-dem-Rahmen-Fallen' kann eine Anstrengung sein, wenn ich zu der Gruppe der ‚Aus-dem-Rahmen-Fallenden' gehören will. Wie viel tue ich dafür, mich liebenswert zu zeigen? Um mir darüber klar zu werden, sollte ich mir folgende Frage stellen: Was tue ich und wie verhalte ich mich, wenn ich allein bin und wie verhalte ich mich, wenn andere in der Nähe sind? Mein Zuhause wäre unaufgeräumter, meine Kleidung manchmal praktischer, mein Tagesablauf hätte mehr Pausen und Besinnungszeiten, ich würde weniger arbeiten oder zumindest immer nur die Arbeit tun, die ich jetzt gerne tue, ich würde mich nicht mehr verstellen, weniger Rollen spielen. Warum sollte ich dann noch lächeln, wenn mir zum Weinen zumute ist? Warum sollte ich meine Lust auf ein heißes Wannenbad verschieben, wenn mir jetzt gerade kalt ist? Es mag vielleicht weit hergeholt klingen, dies alles auf den Wunsch nach Liebe zurückzuführen, dennoch liegt darin aber meines Erachtens der tiefere Hintergrund für viele unserer vertraut gewordenen Handlungen.

Die Arbeit

Im Berufsleben funktionieren wir angemessen, um von Arbeitskollegen, Geschäftspartnern, Kunden, Klienten oder Patienten positiv wahrgenommen zu werden. Wir möchten einen guten Eindruck machen und würden daher niemals auf den Gedanken kommen, dass auch dieses Verhalten mit der Sehnsucht nach Liebe zusammenhängt. Ersetzen wir allerdings die Sehnsucht nach Liebe durch den Wunsch, geachtet zu werden, passt es wieder ganz gut.

Auch hinter dem Wunsch nach Erfolg kann sich die Suche nach Liebe verbergen. Wie oft stellen wir uns im Berufsleben anders dar, als wir uns gerade fühlen? Und das alles, um gut zu wirken! Selbst als Therapeut und Seminarleiter erlaube ich mir manches Mal nicht, mein Wirklich-Sein zu zeigen. Ich bin enttäuscht oder berührt von etwas und schlucke es runter. Ich habe schon einmal in einer Situation großer existenzieller Sorgen so getan, als ob es gerade super liefe. Ich will den Eindruck erwecken, ich habe alles im Griff und bin auf der ganzen Linie erfolgreich. Ein kindlicher Teil von mir denkt sich heimlich dabei: „Dann müssen sie mich doch toll finden."

Die meisten Menschen haben im Beruf schon einmal diese persönliche Maskerade, dieses kräftezehrende Bemühen oder Kämpfen durchgemacht. Stress und Krankheiten zeugen davon. „Ich will erfolgreich sein!" „Ich will weiter beschäftigt sein!" „Ich will mehr Geld verdienen!" Oder eben: „Ich will geliebt werden!"

Stell dir vor, du müsstest dich in deiner Arbeit nicht mehr verbiegen. Stell dir vor, du arbeitest nicht mehr für dein Ansehen. Alles was du arbeitest, tust du nur, weil du es gerne tust! Wie wäre deine Arbeit dann?

Die Familie

In der Familie ist es nicht anders. Auch hier strengst du dich möglicherweise an für Wünsche wie: „Ich will geliebt werden!" oder „Ich will geachtet werden!" „Ich will akzeptiert werden!" Dabei spielt es keine Rolle, ob du als Kind mit deinen Eltern in einer Familie lebst, oder ob du dich als ein Elternteil in deiner Familie betrachtest.

Als Kind hast du versucht, die Erwartungen deiner Eltern zu erfüllen, um geliebt zu werden, oder du hast um deine Akzeptanz, um deine Grenzen gekämpft. Diese Bemühungen ziehen sich dann weiter durch dein Leben. Jeder hat seine eigene Geschichte. Was hast du getan, um als Kind geliebt, oder zumindest nicht ständig kritisiert zu werden?

Wenn du selber Elternteil bist, erlebst du noch eine andere Seite. Was machst du, um eine gute Mutter, ein guter Vater zu sein? Ich bin selber Vater, und ich bin das sehr gerne. Manches Mal habe ich mich abgemüht, um meinem Sohn all das zu bieten, was ich als Kind nicht erleben konnte. Um niemanden zu enttäuschen habe ich dabei nicht auf meine Grenzen geachtet und mich übernommen. Auch das drückt aus: „Ich will geliebt werden!"

Da ist die Mutter, die sich für ihre Familie aufopfert, auf ihren Beruf und ihre Träume verzichtet. Da ist der Vater, der einer Arbeit nachgeht, die ihm nicht liegt; aber er muss seine Familie ernähren und will ein guter Vater sein. Da sind Eltern, die auf ein eigenes Leben verzichten und die ihre Liebesbeziehung für die Familie aufgegeben haben – nein, eigentlich dafür, alles richtig zu machen, um deswegen geliebt zu werden.

Was tust du in deiner Familie, um geliebt zu werden?

Stell dir vor, du brauchtest dich in deiner Familie nicht aufzuopfern, du brauchtest deine Bedürfnisse und Träume nicht aufzugeben, du brauchtest deinen Weg nicht zu verlassen! Keiner in der Familie müsste das tun! Wie würde dein Leben in deiner Familie aussehen?

Die Beziehung

In der Beziehung lebe ich immer wieder den Satz „Ich will geliebt werden!". Ein jeder von uns kennt so viele Bemühungen, sich liebenswert zu machen! Ich beispielsweise höre zu, obwohl ich selbst überlastet bin und eigentlich Ruhe brauchte. Ich fahre in Skiurlaub, obwohl ich lieber am Meer wäre. Ich bemühe mich, zuverlässig und vertrauenserweckend zu sein, obwohl mich die Abenteuerlust packt.

Hinzu kommen viele kleine Dinge, die wir unterschwellig in Beziehungen einbringen, um Liebe zu bekommen. Wir passen uns an ohne es zu merken, wir verzichten auf unsere Eigenheiten und Vorlieben. Aus zwei Individuen wird ein Paar, und in dieser Anpassung tun sich beide manchmal schwer, sich noch als zwei eigenständige Wesen zu betrachten. Wir wollen die Liebe vom Partner und drücken diesen Wunsch auf unterschiedlichste Weise aus. Folgende Appelle tauchen immer wieder in Beziehungen auf:

„Gib mir doch …"

„Ich gebe dir alles, was du möchtest, wenn du dafür …"

„Ich brauche dich doch so sehr, da kannst du doch …"

„Ich opfere mich doch gerne für dich auf …"

„Wenn du mich wirklich liebst, dann …"

All diese Sätze drücken das Gleiche aus: „Ich will geliebt werden!" Auch angepasste Verhaltensweisen oder energische Kämpfe haben diesen Hintergrund und können schnell zu Fallgruben für die Liebe werden, aus denen man nur schwer wieder herausfindet.

Auch hier lohnt es sich, dir die Formen, mit denen du nach Liebe rufst, bewusst zu machen!

Stell dir vor, in deiner Liebesbeziehung muss sich keiner mehr selbst aufgeben, und dennoch ist Liebe da!

Die Partnersuche

In der Partnersuche wird der Wunsch, geliebt zu werden besonders offensichtlich, da hier bewusst wird, dass uns etwas fehlt. Die Partnersuche hat das Ziel, diesen Mangel durch das Miteinander mit einem anderen Menschen aufzulösen. Deshalb bemühen wir uns bei der Suche darum, den besten Eindruck von uns zu vermitteln.

Ich stehe am Strand. Eine attraktive Frau geht vorbei. Wir nehmen uns gegenseitig wahr. Sie verändert ihren Gang. Ich ziehe meinen Bauch ein. Was hier lustig klingt, nimmt manchmal anstrengende und selbstverleugnende Formen an.

Die Angst vor dem Mangel lässt die Partnersuche bisweilen in eine Art Prüfungsstress ausarten. Wie soll ich mich verhalten? Was soll ich anziehen? Was soll ich erzählen?

Wir nehmen bei den Treffen eine besondere Haltung ein. Wir versuchen, jemand zu sein, der besser, liebenswerter, charmanter, witziger, klüger und souveräner ist, als wir uns fühlen, und das alles nur, um die von uns ungeliebten Seiten zu verdecken.

Selbst wenn ich nicht auf Partnersuche bin, verfalle ich in die Verhaltensmuster der Suche. Ich gebe mich attraktiv, spiele eine Rolle, sobald ich interessanten Menschen begegne. Ich sammele Blicke und Gesten, die mir sagen, dieser Mensch hat mich wahrgenommen und findet mich interessant. Flirten kann mächtig Spaß machen. Wenn wir uns dafür aber anders darstellen müssen, als wir uns grade fühlen, kann es auch sehr anstrengend werden. Das Wirklich-Sein kommt dabei schnell abhanden.

Ganz zu schweigen von dem Aufwand, den Hoffnungen und Enttäuschungen, dem Warten und dem Zweifeln, die mit der Partnersuche einhergehen können.

Genauso anstrengend kann das Distanzieren von diesem Flirtgeschehen sein, indem sich jemand extra unattraktiv macht, grimmig oder überheblich in die Welt schaut, nur um zu verdeutlichen: „Ich beteilige mich nicht an dieser Art, nach Liebe zu suchen!"

Stell dir vor, du musst dich nicht mehr bemühen, sondern kannst einfach nur du selbst sein und bist dennoch in liebendem Kontakt!

In der Gesellschaft

Stell dir vor, Politiker, Wirtschaftslenker, Stadtplaner und andere einflussreiche Menschen würden nicht mehr darauf aus sein, möglichst viel Gewinne für sich zu erzielen, um ihre Art des „Ich will geliebt werden" zu leben.

Stell dir vor, sie würden ihre Aufgaben mit Achtsamkeit für die Menschen übernehmen und ihre Liebe an die Welt weitergeben, anstatt sie auszunutzen! Was würde sich verändern, wenn wir alle das tun würden, jeder in seinem Lebensbereich!

Stell dir vor, du bekommst nicht nur etwas von der Gesellschaft, in der du lebst, sondern du hast auch die Kraft, ihr etwas zu geben sie mitzugestalten, damit sie ein besserer Ort für unser Leben wird.

Was tust du dafür, von anderen geliebt, geachtet, bewundert oder gemocht zu werden?

Um deutlich zu machen, wie viel Energie, Zeit und Persönlichkeit du dafür einsetzt, um geliebt zu werden, schlage ich eine Übung vor:

Übung

Diese Übung begleitet dich über einen ganzen Tag! Du brauchst dazu ein Stück Schnur von etwa 50 cm Länge.

Beginne gleich nach dem Aufstehen. Beobachte deine Handlungen und Entscheidungen, ohne sie zu bewerten.

Wann tust du etwas dafür, um Liebe, Anerkennung, Freundschaft, Respekt oder das Gefühl des Dazugehörens zu bekommen?

Verändere deine Handlungen nicht! Lebe ganz normal weiter.

Du behältst die Schur den ganzen Tag bei dir und knüpfst jedesmal einen neuen Knoten hinein, wenn dir ein Verhalten um „geliebt" werden zu wollen, bewusst wird. Du sollst spüren, wie die Schnur in deine Tasche im Laufe des Tages immer verknoteter und sperriger wird.

Jeder einzelne Knoten steht für den Satz „Bitte liebe mich"!

Wie viele sind bis zum Schlafengehen zusammengekommen? Wie verknotet ist die Schnur am Ende des Tages?

Löse dann einen Knoten. Er steht für eine bewusste Situation des „Ich will geliebt werden".

Wähle die Situation, die dir am nächsten ist. Stell sie dir in deiner Erinnerung noch einmal vor. Was hast du getan, gesagt, gedacht, um dich liebenswert zu machen?

Was wäre geschehen, wenn du das nicht gemacht hättest, sondern statt Liebe (Anerkennung, Respekt usw.) zu erwarten, selbst Liebe gegeben hättest? Wie hätte das in der Situation konkret aussehen können? Stell dir die gleiche Situation noch einmal mit der Entscheidung und der inneren Einstellung des „Ich liebe!" vor. Was tust du, sagst du, denkst du?

Welche Auswirkung könnte das haben?

Schreib deine Gedanken auf oder besprich sie mit einer vertrauten Person.

Wenn du ganz mutig bist, probiere es gleich am nächsten Tag aus! Und wundere dich nicht, wenn dein Gegenüber sich wundert!

Wenn du all dem Streben nach Geliebt-Werden-Wollen überdrüssig bist, schlage ich eine ganz neue Richtung für dein Leben vor:

Warte nicht mehr darauf geliebt zu werden! Streng dich nicht mehr an, um geliebt zu werden! Verstelle dich nicht mehr, um Liebe zu ergattern! Verleugne dich nicht mehr! Spiele keine Rolle mehr!

✑ Liebe selbst aus vollem Herzen!

Nimm die Liebe in deine Hand! Du kannst Liebe verschwenden, ohne dass sie weniger wird!

✑ Entscheide dich für die Lebensweise: „Ich liebe!"

Liebe bedeutet jetzt nicht mehr: wo kann ich etwas bekommen und auch nicht, was muss ich geben, um geliebt zu werden? Liebe heißt dann, sein Herz zu öffnen und Liebe zu verschenken. Dadurch wird es dir möglich, die grandioseste Seite deines Selbst zu leben. Deine Liebe, mit der du dich selber Eins machen kannst mit dem Andern.
Dein Leben bekommt eine ganz andere Ausrichtung! Du bist von nun an damit beschäftigt, deine Freunde zu lieben, deinen Partner oder Partnerin, deine Familie, dich selbst, das Leben, die Natur, deine Umgebung, deine Arbeit! Was für ein wundervoller Ansatz! Statt auf Liebe zu warten und dich mit Erwartungen, Pflichten und Selbstverleugnungen abzumühen, lebst du aktiv Liebe!

Das ist immer und überall möglich! Du brauchst dich nur dafür zu entscheiden! Es ist unglaublich, was passiert, wenn du es in die Tat umsetzt.

Ich weiß selbst, dass das nicht in allen Lebenslagen leicht geht und auch nicht mit allen Menschen spielerisch abläuft. Aber es ist möglich! Fang da an, wo es einfacher ist. Mute dir nicht gleich am Anfang zu viel zu. Probiere es mit einem Freund, einer Freundin oder in der Partnerschaft. Wo auch immer, mit wem auch immer, aber beginne immer mit dem ersten Schritt. Nimm nicht gleich zwei auf einmal. Hierzu soll dir folgende Übung helfen.

Übung

Nehme dir heute eine Situation deines Leben vor, in der du auf Liebe wartest, in der du geliebt werden willst.
– Schreibe einen Satz auf oder spreche ihn laut aus: „Ich wünsche mir so sehr, von XXX geliebt/geachtet/gesehen etc. zu werden."
– Jetzt verändere diesen Satz in: „Ich verschenke meine Liebe an XXX, ohne eine Rückforderung zu stellen. Ich liebe XXX bedingungslos und spreche das aus."

Als Beispiel sage ich dir meinen Satz.
Ich wünsche mir, von meinem Sohn geliebt zu werden. Ich wünsche mir sein Interesse an nahen Momenten mit mir. – Ich tausche dieses „Ich will geliebt werden!" gegen „Ich liebe", indem ich seine Großartigkeit sehe und ihm zeige,

dass ich sie sehe. Ich sage ihm, was mir an ihm so gut gefällt. Ich schenke ihm meine Liebe, anstatt seine zu fordern.
- Wie kannst du deine Liebe verschenken?
- Du kannst auch nur mit dem Satz „Ich liebe" im Herzen in diese Begegnung gehen, ohne dir etwas vorzunehmen.
- Was verändert sich in deinen Handlungen und in deiner Einstellung mit diesem Satz? Fühle in deinem Herzen diese Veränderung.
Spüre auch deine Angst, das Geliebt-Werden-Wollen aufzugeben. Vielleicht nagt auch der Zweifel an dir, nicht zurückgeliebt zu werden.
- Was bleibt dennoch für dich, wenn nur du liebst?
- Nimm dir vor, den Satz „ich liebe" in die Tat umzusetzen.
- Was tust du dafür?
- Lass dein Lieben Realität werden!

Schreibe wieder auf, was geschehen ist, nachdem du „Ich liebe" statt „Ich will geliebt werden" in deinem Leben ausprobiert hast, oder tausche dich mit einer vertrauten Person darüber aus.

Ich wünsche dir viel Freude bei diesem wundervollen Schritt! Wenn du ihn konsequent lebst, erübrigen sich alle weiteren Schritte. Dieser eine würde schon reichen, um dich immer wieder in die Liebe zu bringen. Doch es gibt noch sechs weitere Hilfen, dorthin zu gelangen.

Verabschiede dich von deinen Erwartungen und mach dich reich durch Akzeptanz

Wenn wir ein Bedürfnis empfinden, können Wünsche zu Erwartungen werden. Wir wünschen, wir hoffen, wir wollen, wir müssen haben. Erwartungen können an andere gerichtet sein, an die Umwelt oder an uns selber. Im Hintergrund lauert oft die Vorstellung, nicht genug zu bekommen, nicht genug zu haben, nicht genügend zu sein. Durch diese Vorstellung von Mangel entsteht ein Erwartungsdruck. So geraten wir in eine Suche nach etwas, was nicht da ist, anstatt das wahrzunehmen, was da ist, was wir haben und was wir sind. Erwartungen erschweren die Wahrnehmung der Wirklichkeit. Wir sehen die Welt mit ängstlichen Augen, die allein auf den Mangel gerichtet sind. Das behindert die Öffnung für die Liebe.

Eine gute Alternative wäre Akzeptanz.

Wie wäre ein Leben, wenn wir es so akzeptieren, wie es gerade ist? Wie wäre es, im Einklang mit sich selbst und den Menschen um sich herum zu leben? Kein Warten, Hoffen und Suchen mehr. Als Alternative die Wirklichkeit wahrzunehmen, zu akzeptieren, was die Wirklichkeit bietet und all das zu lieben!

Menschen können die unglaublichsten Dinge erleben, wenn sie sich darauf einlassen.

Ich selbst habe in dieser Akzeptanz schon wundervolle Begegnungen erlebt, Stunden, die mich mit Lebendigkeit und Liebe erfüllen – wenn ich nicht in meine Erwartungshaltung verfalle. Ein Beispiel: Ich bin gerne mit meiner Frau zusammen. Unsere Arbeit und die Familie brauchen aber viel Zeit und Aufmerksamkeit. Da gerät die Beziehung manchmal ins Hintertreffen. Deshalb nehmen wir uns feste Beziehungszeiten; einen Abend in der Woche, manchmal einen Tag, sehr selten auch einmal zwei ganze Tage. Diese Momente sind so selten und kostbar, dass wir sie planen. Manchmal verreisen wir und übernachten in einem Hotel. Ich möchte an diesen Tagen gerne alles nachholen, was ich in den letzten Wochen zusammen nicht leben konnten. Ich möchte tiefe, lange Gespräche, ich möchte ausgiebige Zärtlichkeit und lustvolle Begegnung. Ich möchte die Zeit und die Umgebung genießen und das alles in einer gelösten Atmosphäre. Und genau damit ist das Drama schon programmiert, denn ich belade diese Tage mit so vielen Erwartungen, dass Enttäuschungen nicht ausbleiben können. Ich weiß nicht, wie meine Frau es macht, ihre Erwartungen so zu bezähmen. Ich habe sie in den 25 Jahren unserer Beziehung fast nie enttäuscht gesehen. Das ist offensichtlich meine Rolle in unserer Partnerschaft. Auch wenn sie manchmal von meinen großen Erwartungen genervt ist, trägt sie es mit einer überirdischen Gelassenheit. Ich hingegen habe meinen Koffer randvoll mit Erwartungen gepackt und merke oft erst später, dass ich nicht nur mit diesem Erwartungskoffer, sondern auch mit meiner Frau unterwegs bin. Werden wir ein schönes Hotelzimmer haben? Hat sie das Kleid mitgenommen, in dem ich sie so gerne sehe? Werden wir uns gut verstehen? Werden wir unsere Zeit genießen? Und natürlich ist das Hotelzimmer nicht so, wie ich es mir wünsche. Meine Frau hat das wunderbare Kleid zwar eingepackt, zieht es aber nicht an, und ich frage sie auch nicht, weil sie sowieso schon genervt von meinen Erwartungen ist. Ich nehme eigentlich nichts anderes wahr, als meine Enttäuschung. Wie eine ätzende Säure zersetzt sie alle Verbindungen und überzieht jede Wahrnehmung mit einem schwarzen Film. Dann sitzen wir endlich abends zusammen in einem Restaurant. Ich bin angefüllt mit dieser Enttäuschungssäure. Glücklicherweise ist das Restaurant gut und das Essen auch! Ich bin wenigstens mit etwas zufrieden! Jetzt kommt die Zeit der Besinnung. Ich merke meine Spannung, ich merke das Genervtsein meiner Frau und langsam dämmert mir, was ich da wieder veranstaltet habe. – Mein Gott, wie dankbar bin ich, dass meine Frau es mit mir aushält! Ich sehe sie dankbar an und lächele über meine Veranstaltung. Jetzt reden wir uns alles von der Seele. Sie erzählt, wie sie sich gerade fühlt. Ich berichte von meinen Enttäuschungen. Wir haben beide gelernt, nicht den anderen dafür verantwortlich zu machen, sondern einfach von uns zu erzählen. Das ist entspannend. Keiner muss den Partner retten, glücklich machen oder auffangen. Wir reden, ohne unser Gegenüber für etwas verantwortlich zu machen. Wir schütten uns unsere Herzen aus. Was geht in mir vor? So sprechen wir über alles! Dabei kommen auch unsere Gefühle an die Oberfläche. Ich nehme mich wieder wahr und ich nehme meine Frau wieder wahr. Ich kann sie wieder so sehen und lieben, wie sie ist. Ihr geht es ebenso. Unsere Herzen öffnen sich wieder für das Menschliche in uns. Nicht selten sitzen wir nach solchen Gesprächen mit Tränen in den Augen in einem Restaurant. Da bleibt es nicht aus, dass uns von den Nachbartischen verstohlene Blicke zugeworfen werden. Uns ist es egal. Wir können uns wieder so wahrnehmen, wie wir sind.

Die Besinnung auf die Wahrnehmung hat uns hierhin gebracht. Ich habe mich gesehen und angenommen und ich habe meine Frau so akzeptiert, wie sie ist. Diese Schritte haben uns zu uns selbst und zum Anderen zurückgeführt. Wir haben ein kleines Wunder erlebt. Das Wunder der Liebe. Dieses Wunder haben wir selber bewirkt, da wir uns für die Akzeptanz entschieden haben, anstatt unseren Erwartungen nachzuhängen.

Erwartungen haben oft mit der Angst zu tun, nicht genug zu bekommen oder nicht genug zu sein (um Liebe zu bekommen oder deren Ersatzformen, wie Anerkennung, Erfolg, Begehren usw.). Die Angst macht eine Öffnung des Herzens nahezu unmöglich und kann sich zu einem Zustand aufbauen, der bedrohlich wirkt. Erwartungen trüben den Blick auf das Wirklich-Sein; so nehmen wir alles nur noch unter dem Vorzeichen des Mangels wahr.

Mach dir doch einmal zur Verdeutlichung klar, an welchen deiner Mitmenschen du welche Erwartungen stellst. Besonders spannend könnte das bei jenen sein, von denen du schon mal enttäuscht wurdest. Mach dir deine versteckten und heimlichen Erwartungen bewusst. Was kommt da alles zusammen? Wenn du es auflistest, wird dir das Ausmaß noch deutlicher. Wie viele Energien kosten dich deine Erwartungen und wie anstrengend sind sie für deine Mitmenschen? Was verhindern sie in deinem Leben? Vielleicht lachst du einmal über dich selber, wenn du dir all das klar machst. Mir hilft das beim Abstand nehmen.

Wir wollen alle glücklich sein! In der amerikanischen Verfassung ist das Streben nach Glück als ein Grundrecht festgeschrieben. Wer einmal in den USA war, hat gesehen, welche wahnwitzigen Züge dieses Streben nach Glück annehmen kann: Größenwahn, Konsum und Überfluss auf der einen Seite, Armut, Elend und Umweltzerstörung auf der anderen. Die Verfassung hat vermutlich etwas anderes damit gemeint. Jeder hat seine persönliche Ansicht vom Glück, seine eigenen Ziele und begibt sich individuell auf die Suche danach. Gemeinsam ist uns allen aber die Unerfüllbarkeit, solange wir im Außen suchen. Ein anders Wort dafür ist Sucht.

Solange ich etwas erwarte, betrachte ich mein Gegenüber, mich selbst oder meine Umgebung unter dem Aspekt, wie ich es gerne hätte. Das Leben und alles, was geschieht, sollte meinen Erwartungen entsprechen; nur dann muss ich keine Entbehrung fürchten.

Unter diesem Blickwinkel nehme ich an meinem Gegenüber nur das wahr, was er oder sie nicht ist; ich bin blind für die Möglichkeiten und Qualitäten meiner Mitmenschen. Das Gleiche veranstalten wir auch mit uns selber. Wir sehen oft eher, was wir nicht sind, anstatt das, was wir sind. Viel zu oft richtet sich unser Blick so auf die Unzulänglichkeiten und den Mangel! Das kann nicht akzeptierend sein! Es verhindert Liebe!

Von Geburt an sind wir mit dem Zustand des Mangels vertraut. Den Mangel an Nahrung erleben wir als Hunger oder Durst; einen Mangel an Liebe jedoch nehmen wir oft nicht bewusst wahr und suchen deshalb nach Ersatzformen. Wir fühlen uns nicht komplett und versuchen, das Fehlende aufzufüllen. Die Lösung erscheint uns beim anderen Menschen zu liegen. Dieser andere kann uns das geben, was wir brauchen. Wahlweise kann es auch der Konsumgegenstand oder die Umgebung sein, die unsern Zustand des Mangels verschwinden lassen soll. Grundlage dieser Suche im Außen ist vielfach ein tief verwurzelter Glaubenssatz, den wir kaum noch wahrnehmen, weil er für uns so selbstverständlich geworden ist: Aus „Ich bin nicht genug!" (um Liebe zu bekommen) wird manchmal auch: „Ich habe nicht genug!"

Was ich nicht sehen will, ist:

Es ist alles für die Liebe da! Ich habe nur das Vertrauen verloren, dass ich die Liebe in mir habe. Ich bin genug.
Ich muss nicht das Meer besitzen, um darin zu baden. Ich kann es einfach erleben.

Triff die Entscheidung, eine deiner Erwartungen loszulassen! Beginn mit einer! Nimm dir nicht vor, keine Erwartungen mehr zu haben! Das ist kaum zu schaffen!

Übung

Nimm dir eine Erwartung vor, die du handhaben kannst, etwas nicht zu Schweres. Halte es in einem Satz auf einem Papier fest:
„Ich erwarte von _____ , dass _____ "
Beispiel: „Ich erwarte von meinem Partner, dass er meine Angst versteht."
Beschönige nichts und minimiere nichts. Hier darfst du erwarten. Brems dich nicht!
Dann geh einen Schritt weiter:
Finde heraus, was DIR fehlt, wenn du das von dem andern Menschen erwartest. Du bist deinem Mangel, deiner Entbehrung auf der Spur! Schreibe jetzt dazu einen Satz auf:
„Mir fehlt _____ "
Beispiel: „Mir fehlt die Akzeptanz und Erlaubnis für meine Angst."
Ich betone es noch mal: MIR fehlt ..... und nicht ich vermisse an dem anderen Menschen!

Dann bist du bereit für den dritten Satz, den du wieder aufschreibst:
„Ich entlasse dich _____ (Name) aus der Verantwortung, mir _____ . (Erwartung) zu geben."
Beispiel: „Ich entlasse dich, lieber Partner, aus der Verantwortung, mir meine Angst zu erlauben."

Was erlebst du jetzt, wenn du deinen Mangel siehst und spürst und ihn nicht auf jemand anderen überträgst? Versuche, das Erlebnis nicht gleich wieder zu überdecken, indem du es überbrückst. Spüre diesen Mangel und lebe mit ihm, solange du es aushältst, vielleicht ein paar Minuten oder sogar Stunden. Welchem Gefühl begegnest du? Erlaube dir dieses Gefühl. Male ein Bild dazu oder schreibe darüber. Erzähle es und teile es mit einem Menschen deines Vertrauens.
Bist du dir näher gekommen? Wie schwer ist es, dies Gefühl zu akzeptieren? Wenn es zu schwer ist, überfordere dich nicht und gehe zurück zum Anfang der Übung und versuche es mit einer noch leichteren Erwartung. Jetzt schreibe noch einen Satz auf:
„Ich habe für mich im Augenblick dazugewonnen, _____ "
Beispiel: „Ich habe für mich dazugewonnen, dass mir klar wird, wie wenig ich meine eigene Angst verstehe und akzeptiere und wie sehr ich das auf meinen Partner übertrage."

Wie kannst du dem Menschen, um den es ging, mitteilen, dass du ihn aus der Verantwortung für deine Erwartung entlässt? Wenn du es weißt, so setze es in die Tat um! Und erwarte nicht, wie er oder sie reagieren soll. Versuche stattdessen zu akzeptieren und zu verstehen.

Nimm deine Beziehungen und Kontakte wahr. Wo kannst du noch Erwartung durch Akzeptanz ersetzen? Versuche zu akzeptieren, was du fühlst, anstatt etwas von dir zu erwarten. Versuche zu akzeptieren, was in dem Anderen vorgeht, anstatt etwas zu erwarten. Ändere es nicht, weder bei dir, noch bei anderen. Wenn Trauer und Schmerz wach werden, gib diesen Gefühlen deine Akzeptanz.

Entscheide dich für die Akzeptanz und gegen die Erwartung. Erwarte nicht, dass es dir immer und überall gelingen wird.

Finde dein Bedürfnis und entlasse die Anderen aus dieser Verantwortung

Durch einen Mangel (z.B. Nahrung) erleben wir uns als unvollständig. Wir empfinden ein Bedürfnis (z.B. Hunger) und versuchen, dieses Bedürfnis zu befriedigen, um uns wieder ganz zu fühlen. Lebenserhaltende Notwendigkeiten wie Nahrung, leibliche Sicherheit, Unterkunft oder Schlaf, sind existenzielle Bedürfnisse. Aber auch Liebe oder die Erfahrung des Angenommen-Seins kann vom Standpunkt des Kleinkindes als existenzielles Bedürfnis erlebt werden. In

den ersten Lebensjahren sind wir bei der Befriedigung unserer Bedürfnisse auf Eltern oder andere Personen angewiesen. Bleibt die Befriedigung aus, erlebt das Kind eine Not. Handelt es sich um eines der existenziellen Bedürfnisse, wird es als lebensbedrohliche Not erfahren.

Bedürfnisse sind wichtig, um das eigene Dasein zu spüren und zu erhalten. Wenn wir die Spannung erleben, die von einem Mangel in uns ausgeht, versuchen wir diesen Mangel auszugleichen. Durch die Befriedigung unseres Bedürfnisses spüren wir uns wieder mehr als Ganzes. Das ist ein wichtiger Vorgang, um in das eigene Wirklich-Sein zu kommen.

Bei den biologischen Vorgängen sagt uns der Körper, dass beispielsweise Flüssigkeit oder Nahrung fehlt und wir verspüren Durst oder Hunger. Wir führen uns das Nötige zu und schaffen so wieder das Gefühl, vollständiger zu sein. So erhalten wir unsere Lebensfunktionen. Diese Prozesse sind mit ganz frühen Erfahrungen gekoppelt, bei denen wir erfolgreich Bedürfnisse befriedigen konnten. Sie haben sich in unserem Denken als gewohnte Wege festgesetzt.

Neben den lebenserhaltenden, biologischen Bedürfnissen kennen wir eine große Anzahl sozialer und emotionaler Bedürfnisse wie Zugehörigkeit, Anerkennung oder Liebe. Es ist bisweilen schwer, diese von den biologischen Bedürfnissen zu unterscheiden. So kann es sein, dass wir etwas essen, obschon der Körper es gar nicht braucht.

Unser Gefühl vermittelt eine Art der Unvollkommenheit, einen Mangel sowie das Empfinden, nicht ganz zu sein. Die vertrauten Denkwege vermitteln uns: Mangel kann durch essen beseitigt werden. Doch in Wirklichkeit heißt das ursprüngliche Bedürfnis nicht Hunger, sondern beispielsweise Nähe. Gesteuert werden solche Gedanken unbewusst und von verschiedenen Einflüssen. Eine wesentliche Rolle dabei spielen unsere gewohnten Wege und Glaubenssätze. Was, glauben wir selbst, fehlt uns? Welche Bedrohung geht von dem Mangel aus? Wie weit lassen wir den Gedanken an Mangel überhaupt zu? In welchem Maße beherrscht er uns?

Die nächste Übung kann das Erleben von Mangel erlebbarer machen.

Übung

- Welches Bedürfnis kannst du jetzt grade bei dir spüren?
- Wenn du durch die Frage ins Nachdenken kommst, stoppe das einfach. Ich frage noch einmal nach:
- Welches Bedürfnis kannst du jetzt grade SPÜREN? Wie fühlt es sich an? Wo fühlst du es?
- Drücke es erst einmal ohne Worte aus! Benutze ein Geräusch, einen Ton um es in die Welt zu lassen. Füge eine Geste hinzu, oder eine Bewegung.
- Lege deine Hand auf den Körper, wo immer sie zu dem, was du spürst, passend liegt.

– Erst dann sprich es für dich laut aus, oder schreibe einen Satz dazu auf.
– Was passiert, wenn dir dein Bedürfnis bewusster wird?
– Schreibe einen Satz dazu auf und lies ihn dir laut vor.

Um dieses Thema zu verdeutlichen, nehme ich ein Beispiel aus meinem Leben. Ich brauche Streicheln! Meine Frau nicht. Nicht dass sie nicht auch gerne berührt wird. Sie liebt unser Kuscheln und genießt es, wenn ich beim Spazierengehen meinen Arm um sie lege. Aber das meine ich nicht. Ich BRAUCHE Streicheln! Ich brauche die absichtliche Berührung meiner Haut. Ich verzehre mich danach! Jeden Tag! Jede Stunde eines jeden Tages! Ich habe Sehnsucht nach ihren Händen auf meinem Körper, ihrer Haut an meiner Haut. Ich sauge diese Berührungen auf. Ich fühle mich lebendiger, energiegeladener und glücklicher dadurch. Ich verzehre mich nach diesen liebevollen Berührungen. Genauso gerne berühre und streichele ich sie. Es ist ein Fest der Sinne, jeden Zentimeter ihres Körpers mit meinen Händen und meinem Herzen immer wieder neu zu entdecken. Sie genießt das auch, – manchmal. Aber sie braucht es nicht! Nicht so wie ich. Ich glaube, nicht ohne das zu können, glaube zu vertrocknen, wenn ich es nicht bekomme. Ich kann gar nicht genug davon bekommen – und ich bekomme auch nie genug!

Jetzt habe ich also mein Bedürfnis klar beschrieben. Eigentlich brauche ich nur noch dafür zu sorgen, dass mein Wunsch erfüllt wird. Dann werde ich glücklich sein!

Leider mache ich die Erfahrung, dass das nicht funktioniert. Wenn ich keinen Erfolg damit habe, mein Bedürfnis befriedet zu bekommen, beschäftige ich mich mit dem Gedanken: „Was muss ich anders machen, damit ich bekomme, was ich brauche?" Bekomme ich aber tatsächlich die gewünschten Streicheleinheiten, so hält sich meine Freude nur eine kleine Weile. Anschließend brauche ich mehr! Ich bin nicht wirklich satt und, wie meine Frau auch ganz richtig sagt, bin ich nie satt zu bekommen.

Es beginnt mit dem Wunsch: „Ich möchte gern gestreichelt werden."
Die nächste Steigerung ist meine Erwartung: „Du sollst mich streicheln!"
Daraus kann eine Sucht werden: „Ich kann nicht ohne dein Streicheln!"
„Ich möchte …." wird zu „ich brauche …" und steigert sich zu „ich muss haben."

Viele Menschen kennen diese Spirale der Bedürfnisse vom Wunsch über die Erwartung bis hin zur Sucht. Es ist nicht leicht, sich das einzugestehen. Deshalb schauen wir lieber auf die Süchte der Anderen. Aber wenn wir genauer in uns forschen, werden wir die ein oder andere dieser Steigerungen auch bei uns selbst entdecken. Vielleicht ist es auch nur eine gesteigerte Erwartung, oder wir nennen es Gewohnheit, um es netter auszudrücken. Ich kenne dieses ‚Nicht-mehr-Loskommen' von Gewohnheiten oder Alltagszwängen, wie z. B. Arbeitshektik,

Fernsehen, Computer, Süßigkeiten, soziale Kontakte, usw. Aber es gibt auch zerstörerische Formen dieser Bedürfnisspirale wie übermäßiges Essen, übermäßiger Konsum von Drogen, Alkohol oder Zigaretten. Auch gesellschaftlich tolerietere Verhaltensweisen wie Eifersucht oder Beziehungssucht können dazugehören. Diese Spirale ist wie ein Sog, aus dem man nur schwer herauskommt. Welche Bedürfnisspirale kennst du in deinem Leben?

Übung

Forsche in deinem Leben nach dieser Steigerungsform vom Wunsch über die Erwartung hin zur Sucht. Auch wenn du glauben solltest, keiner „Sucht" verfallen zu sein, sei dir sicher, du bist es. Es darf auch nur ein „Süchtchen" wie Kaffeetrinken für diese Übung sein. Verurteile dich nicht dafür, sondern nimm es mit einem wohlwollenden Ah-ha! Zur Kenntnis.
Schreibe die Steigerungsformen in Sätzen auf:

Vom: „Ich möchte gern _____ "
über das: „Ich brauche _____ "
bis zum: „Ich muss _____ haben.

Lies dir jeden Satz laut vor und schau dich dabei im Spiegel an!
Was passiert mit dir?

Deine Reaktionen sind normal und ganz menschlich. Alle Menschen haben Bedürfnisse.

Doch meist handelt es sich gar nicht um unser ureigenstes Bedürfnis. Das, was wir uns wünschen, was wir wollen, was wir brauchen und von dem wir glauben, nicht ohne es leben zu können, ist an eine andere Person gerichtet, an uns selbst oder auch an eine Sache oder Begebenheit. Jemand soll mir etwas geben, mit mir etwas machen. Ich kann nur glücklich sein, wenn ich jetzt dieses oder jenes bekomme oder tue. Oder ich kann nur an dem Ort glücklich werden, an dem ich jetzt gerade nicht bin.

Wünsche, Erwartungen und Süchte sind Fantasien über das, was uns glücklich machen könnte. Sie richten sich oft nach dem, was wir schon einmal als erfolgreiche Bedürfnisbefriedigung erlebt haben. Wir stellen uns vor ein Bedürfnis zu haben, weil wir meinen nicht komplett zu sein. Ja, ich habe bewusst den Ausdruck benutzt: WIR GLAUBEN. Wir meinen sogar, die Dringlichkeit durch und durch spüren zu können. Dann muss es sich ja wohl um ein Gefühl handeln. Dennoch möchte ich diesen Zustand nicht als Gefühl bezeichnen, weil er von unserem Denken gesteuert wird: „Ohne dieses oder jenes kann ich nicht auskommen, kann ich nicht leben, kann ich nicht glücklich werden." Dass dies nur ein Glaube, eine Illusion ist, wird deutlich, wenn uns bewusst wird, dass wir durchaus ohne dieses oder jenes von außen Kommende leben könnten. Hier ist ein einfaches Beispiel:

Ich sehe diese wunderschöne Couch, ein perfektes Möbel für mein Wohnzimmer. Das alte Sofa ist verschlissen und peinlich, wenn Gäste kommen. Die Couch dort im Möbelgeschäft ist genau die, die ich schon immer haben wollte. Kaum denke ich das, schon haben die Argumente ihren großen Auftritt: Wenn die Freunde kommen, kann ich ihnen eine schöne Atmosphäre bieten. Die Couch ist einfach bildschön. So preiswert komme ich nie wieder an ein so schönes Stück heran. Usw. Jeder von uns kennt das. – Aber: In den Ferien fahre ich gerne zum Campen. Dort sitze ich auf einfachen Campingstühlen. Alles ist dann aufs Notwendigste reduziert, und ich fühle mich sehr wohl. Befreit von überflüssigem Ballast sauge ich den Duft der Natur ein und freue mich, viel weniger zu haben, um das ich mich kümmern muss. Keine Couch, keinen Fernseher, keine neuen Möbel, dafür aber den Himmel über mir, den Geruch des Meeres, ein gutes Gespräch mit netten Menschen, die übrigens ihre Campingstühle selbst mitbringen. Was ist entspannender und erholsamer, als sich – befreit von allen Erwartungen – einfach dem hinzugeben, was da kommen mag.

Wofür aber steht dann die Couch? Warum *brauche* ich sie so dringend? Warum beschäftige ich mich so viel damit?

All diese Dinge sind vielfach Platzhalter, für Bedürfnisse, die wir noch nicht wahrnehmen. Mit Recht wird so mancher Leser anmerken, in diesem Beispiel gehe es ja nur um Konsum, während es im eigenen Leben um wirklich wichtige Dinge geht. Gerade bei diesen anscheinend wichtigen Ersatzbedürfnissen kämpfen wir umso verbissener mit Argumenten, damit das Bedürfnis befriedigt wird. Oft stehen diese Bedürfnisse jedoch für etwas anderes, etwas viel Ursprünglicheres.

Wir verlieren bei diesem Kampf um unsere (scheinbaren) Bedürfnisse den Kontakt zur Liebe. Wir machen mit unseren Bedürfnissen das Gleiche wie im vorangegangenen Schritt mit unseren Erwartungen. Wir konzentrieren die Wahrnehmung auf das, was nicht da ist, auf den vermeintlichen Mangel. Wir glauben, wir bekommen nicht genug, wir haben nicht genug, wir sind nicht genug. Und wenn wir so denken, nehmen wir nicht mehr wahr, was tatsächlich ist, was wir alles bekommen und wer wir sind. Wir berauben uns der Möglichkeit zu lieben, da wir unsere ganze Aufmerksamkeit auf den Mangel richten und davon ausgehen, dass es für uns nicht genug Liebe – oder wahlweise – nicht genug Anerkennung, Erfolg, Sicherheit, Luxus, Essen usw. gibt.

Es gibt jedoch die Möglichkeit, aus der Bedürfnisspirale auszusteigen!

↪ Hinter jedem Wunsch, jeder Erwartung und Sucht
steht dein ureigenes Bedürfnis.

Den Begriff „Ureigenes Bedürfnis" habe ich gewählt, um ihn von den anderen oft verwirrenden Bedürfniszuständen abzugrenzen, denn das Ureigene Bedürfnis hat nur etwas mit einem selbst zu tun. Zum besseren Verständnis mache ich jetzt eine kleine Reise von der beschriebenen Bedürfnisspirale zum

Ureigenen Bedürfnis. Dazu komme ich auf meinen Wunsch, gestreichelt zu werden, zurück.

Beginnen wir mit dem Satz: „Ich brauche dein Streicheln!" Zunächst helfen mir Wahrnehmung und Akzeptanz weiter. Ich spüre mein Sehnen nach Hautkontakt und gebe mir mein Wohlwollen dafür: „Ja, ich darf diesen starken Wunsch haben, gestreichelt zu werden!" Jetzt stelle ich mir die Frage, warum ich diesen starken Wunsch habe. „Was habe ich davon, wenn ich gestreichelt werde?" Das ist die entscheidende Frage, die ich mir ehrlich und tiefgehend beantworten muss. Das fällt mir zu diesem Beispiel leicht: „Ich spüre mich mehr, fühle meine Haut, meine Körpergrenzen wieder. Die Hände meiner Frau tun mir gut, weil sie mir zeigen, dass ich berührbar bin. Ich erlebe die Nähe zu ihr unmittelbar und erinnere mich besser daran, dass sie mich mag, dass mein Körper liebenswert ist, dass ich liebenswert bin." Das ist noch nicht so aufregend neu bis jetzt. Deshalb geht es weiter mit der Frage: „Was fehlt mir, wenn dieses Bedürfnis nicht von meiner Frau befriedigt wird?" Dazu nehme ich die gleichen Antworten wie zuvor. „Ich spüre mich nicht gut. Ich fühle meine Haut und Körpergrenze nicht wirklich. Ich bin im Zweifel, ob ich liebenswert bin. Mir fehlt Nähe!"

Das ist schon eher bedeutsam für mein Leben!

Ich habe mein Ureigenes Bedürfnis gefunden und kann es benennen: Ich möchte meinen Körper spüren und Nähe zu mir haben.

Ich wollte diese Nähe von meiner Frau bekommen, weil ich dachte, sie selbst nicht herstellen zu können!

An genau dieser Stelle wirken die Glaubenssätze: „Ich habe nicht, oder ich kann selbst nicht … und brauche vom Andern!" und die machen mich passiv und bringen mich in die Rolle eines Bittstellers oder in die Anpassung.

Mein Gedanke steht zwischen mir und der Nähe. So begebe ich mich immer wieder in die Abhängigkeit, um meine Bedürfnisse gestillt zu bekommen. Ich wälze meine fehlende Nähe zu mir selbst auf meine Frau ab. Sie soll mir da raushelfen. Sie soll mich satt machen. Das stellt mich aber höchstens für einen kurzen Moment zufrieden, weil ich derjenige bin, der die Nähe nicht hat und nicht aufbaut. Ich stehe zwischen mir und der Nähe. *Ich* verhindere sie, weil *Ich* sie in diesen Momenten nicht lebe, weil *Ich* sie mir nicht gebe, weil *Ich* mich nicht traue, vielleicht auch, weil sie *mir* gelegentlich Angst macht!

Jetzt kann ich mich entscheiden! Ich kann meine Frau und jeden anderen aus der Verantwortung für mich entlassen und stattdessen selber handeln!

Wie setze ich das in die Tat um?
Dafür erinnere ich mich ganz einfach wieder an die oben verwendeten Sätze.

Was kann ich tun, um mich wieder zu spüren?
Ich nehme mich wieder wahr in meinem Körper, halte inne mit meinen Ablenkungen und fühle mich.

Wie kann ich meinen Körper, meine Haut wieder mit Wohlwollen fühlen?
Ich berühre mich selber mit der Aufmerksamkeit und Neugierde, mit der Liebe und Zärtlichkeit, die ich mir von meiner Frau wünsche. Meine Finger gleiten wissend und liebevoll über meine Haut, bis mir ein freudiger Schauer über den Körper läuft. Wenn das nicht klappen sollte, kann ich mich liebevoll der Frage widmen, warum ich mich so von meinem eigenen Körper distanziere.

Wie kann ich meine Körpergrenzen wieder akzeptierend wahrnehmen?
Ich gebe mir das, was ich jetzt wirklich brauche, gebe es mir so, wie ich es brauche.

Wie kann ich mir selbst die Anerkennung und Liebe geben, die ich sonst immer von anderen haben möchte?
Ich schaue mich an, ich berühre mich, ich rieche mich, ich fühle mich, und ich danke mir für diesen wundervollen Körper, der mir diese außergewöhnlichen Erfahrungen auf dieser Erde ermöglicht, auch wenn er Macken hat und schmerzt und manchmal nicht so funktioniert, wie ich möchte. Ich nehme mich mit meinen Stärken und Schwächen war und akzeptiere mich.

Ich habe es ausprobiert! Es funktioniert! Und viele Menschen, die es auch ausprobiert haben, machen die gleichen Erfahrungen. Es ist ein wundervolles Gefühl, sich so intensiv zu spüren und – welches Bedürfnis auch immer – in die eigene Hand genommen zu haben.

Einwände könnten laut werden, dass es doch nicht das Gleiche ist, ob ich mich selbst streichele, oder ob das ein anderer tut. Ja, das stimmt! Natürlich ist eine Berührung durch einen anderen Menschen neuer, ungewohnter und aufregender als eine Berührung mit der eigenen Hand – aber hier geht es um meine Aufmerksamkeit für mich selbst.

Wir selbst verweigern uns genau die Liebe und Aufmerksamkeit, die wir vom andern haben wollen. Geben wir sie uns aber, so erleben wir unser blaues Wunder!
Manchmal wird auch eingewandt, dass wir dann ja niemanden mehr brauchen und jeder für sich leben könnte. Das ist richtig, so *brauchen* wir andere weniger für unsere Bedürfnisse, aber:

Stell dir vor, du teilst dein Ureigenstes Bedürfnis mit einem anderen Menschen und dieser Mensch tut das Gleiche! Was für eine Nähe kann bei diesem Teilen von Bedürfnissen entstehen!
Vergleichen wir den Unterschied zu dem üblichen Tauschhandel der Sehnsüchte, der nach folgendem Muster abläuft: „Ich befriedige deine Bedürfnisse, dann befriedigst du meine".

Mit dem Ausstieg aus der Spirale der Bedürftigkeiten finde ich zu meinem Ureigenen Bedürfnis und damit zu einem tiefen Wirklich-Sein. Ich fühle mich ganz mit mir verbunden. Es ist ein Fest der Liebe, mein Ureigenes Bedürfnis mit meiner Frau zu teilen. Oder auch mit der ganzen Welt, je nachdem, um welches Bedürfnis es sich handelt.

Jetzt möchte ich dich einladen, das Gleiche selbst auszuprobieren:

Übung

Beginne mit der Wahrnehmung deiner Bedürfnisse, egal ob du dich gerade im Zustand des Wunsches, der Erwartung oder gar der Sucht befindest. Lass dir mindestens zwei Minuten Zeit, deinem momentanen Bedürfnis nachzuspüren. Wo befindest du dich innerhalb der Bedürfnisspirale? Formuliere schriftlich einen Satz mit:
„Ich hätte gern ..." oder: „Ich brauche ..." oder auch: „Ich muss ... haben."

Gib dir selbst Akzeptanz für deinen Bedürfniszustand, egal, was du aufgeschrieben hast. Sprich dann deinen aufgeschriebenen Satz mit einem vorangestellten Ja, aus:
„Ja, ich hätte gern ... „Ja, ich brauche ...." „Ja, ich muss ... haben."

Nimm deinen eigenen Gedanken an Mangel wahr. Wofür steht der aufgeschriebene Satz?
Was hast du davon, wenn dir dein Bedürfnis erfüllt wird? Gehe nach dieser Antwort in dich und forsche nach dem Mangel, der hinter dem Bedürfnis steht. Frage dich, ob es in deiner Antwort nicht noch eine tiefere Wahr-Nehmung gibt. Schreibe auf, was DIR fehlt, was DU nicht zu haben glaubst:
„Ich vermisse _____ "

Entlasse den anderen Menschen aus der Verantwortung für dein Bedürfnis! Verabschiede dich von dem Glaubenssatz, dass du selbst nicht genug hast, dass du dir nicht das geben kannst, was du brauchst. Löse dich wenigstens für ein paar Minuten von diesem Gedanken und sage dir stattdessen: „Ich gebe mir selbst!"

Spüre dein Ureigenes Bedürfnis! Jetzt hast du einen entscheidenden Teil von dir gefunden! Du kannst dich zufriedenstellen. Du kannst zu dir kommen und leichter Einswerden. Wie kannst du dir selber das geben, was du wirklich zum Einssein, zum Lieben brauchst? Schreibe einen Satz dazu auf:
„Ich gebe mir selbst, indem ich _____ "

Erfülle dir selbst dein Ureigenes Bedürfnis! Gib dir die Aufmerksamkeit, die Zärtlichkeit, den Respekt, die Akzeptanz und die Liebe, die du von anderen haben wolltest. Trau dich, begeistert von dir zu sein! Trau dich, gut zu dir zu sein! Gönne dich dir selbst!

Teile deine Erfahrungen mit einem Menschen deines Vertrauens, oder schreibe sie auf.

Das ureigene Bedürfnis spricht nur von dir und ist weder an andere noch an anderes gebunden. Wenn Du dich um dein Ureigenes Bedürfnis kümmerst, verbindest du dich mit dir, das, was vorher zerrissen war, wird wieder vereint. Mit dem ureigenen Bedürfnis findest du zu dem zurück, der du eigentlich bist.

Du bist noch nie von Liebe und Nähe getrennt gewesen. Das ist gar nicht möglich! Du bist immer in Kontakt mit irgendetwas, mit deiner Umgebung, mit anderen Menschen, mit der Luft, die du atmest oder dem Boden, auf dem du stehst, solange du auf der Welt bist. Aber es reicht zu denken, ich bin einsam, und schon erlebst du es so. Dann bist du wirklich getrennt. Nicht nur von andern Menschen und deiner Umgebung, sondern – und das ist weitaus schlimmer –: von dir selbst! Denn dann bist du nur noch mit deinen Panikgedanken beschäftigt. Dein Ureigenes Bedürfnis kann dir helfen, zum Einssein zurückzufinden. Alles, was du dazu brauchst ist, der Mut, dich von dem Glaubenssatz, „ich kann mir doch nicht selber etwas geben" abzuwenden. Doch das kannst du! Versuche es! Auch wenn es nur in winzig kleinen Schritten klappt, hast du dennoch einen Riesenerfolg! Du entscheidest, ob du dich von deinen Ureigenen Bedürfnissen abschneidest, oder ob du sie dir ermöglichst. Du selbst entscheidest, ob du dich in Liebe bringst oder auf andere wartest, die sie dir bringen sollen. Nutze eine Kraft, die stärker ist als jeder Gedanke, jeder Glaubenssatz: Finde dein ureigenes Bedürfnis. Es sagt dir, was du für dich tun kannst.

- **Nimm dein Ureigenes Bedürfnis wahr.**
- **Verabschiede dich von der Abhängigkeit anderer Menschen und Dinge.**
- **Entscheide dich für deine Fähigkeit, dir selbst Nähe, Verbundenheit und Liebe durch Wahrnehmung, Akzeptanz und Wohlwollen zu geben.**

Denke es! Sprich es aus! Fühle es! Und handele danach!

Nimm deine Gefühle wahr, sie sind die Sprache deiner Seele

Um lieben zu können, brauchen wir die Seele. Der Verstand allein ist dazu nicht fähig. Er kann die Seele dabei nur notdürftig vertreten, denn im Gegensatz zu ihrer schier unbegrenzten Kapazität ist er mit der Liebe hoffnungslos überfordert. Wir erfahren unsere Seele durch bestimmte Gefühle, wobei Gefühle sehr unterschiedlich definiert werden können. In diesem Zusammenhang sprechen wir von den seelischen Grundgefühlen: Liebe, Freude, Trauer und Schmerz, die als akzeptierte Erfahrung des Selbst oder des Außen erlebt werden.
Im Gegensatz dazu gehören Empfindungen oder Affekte, die durch eine verneinende Gedankenhaltung entstehen, hier nicht zu den seelischen Grundgefühlen. Die Seele spricht mit uns durch die Liebe, die Freude, die Trauer und den Schmerz.

Diese Seelensprache ist unermesslich komplexer als unsere Sprache. Begnadete Künstler versuchen seit Menschengedenken, den Ausdruck der Seele nachzuahmen, doch haben sie nie mehr als nur einen Anklang davon zustandegebracht. Wir können uns durch seelische Gefühle in einem Maß mit uns selbst, mit Anderen und der Welt verbinden, das niemals mit dem Verstand zu erreichen ist. Der Verstand verschafft vielleicht eine Hoffnung auf Sicherheit, Berechenbarkeit und Überblick, aber die seelischen Gefühle lassen uns über die engen Begrenzungen des Denkens hinauswachsen. Der Verstand kann rechnen, logisch schlussfolgern und wissenschaftlich Forschung betreiben, aber nur die Seele mit ihren Gefühlen erreicht die Verbindung im Eins-Werden mit der Liebe.

Ich kenne beide Welten! Meine ganze Kindheit und Jugend habe ich fast ausschließlich in der Welt des Verstandes verbracht. Komplexe Gedankenwelten, Angst und Schutz waren mein Lebensmittelpunkt. Mein kindlicher, und später mein erwachsener Verstand haben mir geholfen, sichere Strategien zu finden, um mich vor dem Schlimmsten zu schützen. Ich konnte Lieblosigkeit, Übergriffe und Gewalt zwar nicht verhindern, aber ich konnte versuchen all das nicht mehr zu spüren. So habe ich meine seelischen Gefühle fortgeschickt und eingefroren. Ich hätte gern die angenehmen Seiten behalten, doch das war nicht möglich. In dem Moment, in dem ich ein seelisches Gefühl unterdrückte, verabschiedeten sich alle anderen gleichermaßen. Ich verlor den Kontakt zu meiner Seele. Ich lebte zwar, aber nichts bewegte und erreichte mich mehr im Innern. Ich habe zwar den Schmerz nicht mehr gespürt, aber dafür Trauer, Freude und Liebe eingebüßt. Mit Jugendfreunden an einem heißen Ferientag im See zu baden, war einfach nur kühl und nass. Bei dem Vergnügen und dem Spiel der Anderen, war ich Zaungast.

Dennoch leuchtete mir in dieser seelischen Dunkelheit ein kleines Licht entgegen. Irgendwo weiter weg, gab es noch etwas, eine Sehnsucht, eine unerreichte Tiefe. Erst als junger Mann habe ich meinen Weg zu diesem Licht gefunden. Auch heute noch muss ich diesen Weg immer wieder neu gehen, um in Kontakt mit meiner Seele zu kommen. Was ich aber seitdem hundertprozentig weiß ist dieses: es lohnt sich! Jetzt kann ich an einem heißen Tag ins Wasser springen und fühle es mit einer Lebendigkeit, die bis ins Herz dringt. Heute kann ich mit Menschen zusammen sein und mit jeder einzelnen Zelle Verbindung spüren. In Liebe oder in Schmerz. Das ist der Himmel auf Erden! Das ist Liebe!

Aber zwischendurch entferne ich mich immer wieder von meinen seelischen Gefühlen und existiere sicher, aber leb- und lieblos. Seit ich den Unterschied kenne, möchte ich so schnell es geht zurück zur Liebe.

Die Sprache der seelischen Gefühle erzählt immer wieder von der Liebe. Wer gelernt hat, auf sie zu achten, findet in jedem Moment den passenden Weg zur Liebe:

✍ Nicht überall, wo Gefühl draufsteht, ist auch ein seelisches Gefühl drin!

In diesem Buch werden Liebe, Freude, Trauer und Schmerz als seelische Gefühle definiert, die sich von der Vielzahl anderer Empfindungen – die wir auch gern als Gefühl bezeichnen – abgrenzen. Angst, Schuld, Verzweiflung oder Eifersucht sind durchaus starke Empfindungen und können spürbare körperliche Prozesse auslösen.

Dennoch sind diese Empfindungen lediglich Reaktionen auf Gedanken, mit denen wir etwas ablehnen und/oder Distanz herstellen. Nach meinem Verständnis sind seelische Gefühle immer akzeptierend. Sie bringen den Menschen mit dem tiefsten Aspekt seines eigenen Selbst in Kontakt.

Ich möchte dies an einem Beispiel verdeutlichen.

Stell dir vor, ein Mensch, mit dem du viel erlebt und geteilt hast, verabschiedet sich aus deinem Leben. Du hast diese Freundschaft oder Partnerschaft gerne gelebt. Jetzt ist sie nicht mehr da! Dieser Schmerz ist ausschließlich seelisch zu spüren. Wenn du ihn zulässt und dich verabschiedest, trauerst du. Trauer ist ein seelisches Gefühl. In der Trauer bist du eng mit dir und den Erlebnissen dieser Freundschaft verbunden. Möglicherweise fließen Tränen, oder du lebst deine Trauer auf andere Art. Das verbindet dich.

Ganz anders ist es, wenn du den Schmerz nicht an dich heranlassen willst. Deine Nichtakzeptanz führt dich fort von deiner Seele und vernetzt dich mit der Gedankenwelt deiner Schutzmuster. Du bist vielleicht enttäuscht, wütend, verzweifelt oder depressiv. All das sind Zustände, die wir auch als Gefühl bezeichnen. Doch in diesen Zuständen bist du nicht in Kontakt mit deiner Seele. Es sind allein gedankengesteuerte Reaktionen auf deine Ablehnung. So stürzt du dich vielleicht in Verzweiflung über den Verlust des betreffenden Menschen. Du willst das Ende nicht und du willst die Trauer nicht, denn damit müsstest du akzeptieren, dass etwas zu Ende ist. Verzweiflung schützt dich zwar vor dem Schmerz oder der Trauer, aber sie bringt dich auch in Distanz zu dir. In dir selbst entsteht ein Riss. Wenn diese Zustände lange anhalten oder heftig sind, werden sie sehr unangenehm. Sie verursachen wiederum Schmerz. Und den möchtest du ebenfalls vermeiden. Dabei hilft dir die Angst. Wenn du vor der nächsten Freundschaft oder Partnerschaft Angst aufbaust, bist du gewarnt und wirst dich hüten, eine ähnliche Situation zu wiederholen. Du entwickelst Vermeidungsstrategien. Manchmal entwickelt sich so eine Eigendynamik, die du nicht mehr bremsen kannst. Dann entsteht eine Angst vor der Angst vor der Angst …. Vielleicht hast du Ähnliches schon einmal erlebt, oder kennst jemanden, bei dem du es beobachten konntest.

Jeder Mensch hat eine Vielzahl von Schutzmustern oder Empfindungszuständen. Hoffnungslosigkeit, Wut, Verurteilung, Schuld, Verzweiflung oder Misstrauen sind nur einige davon. Du erkennst sie daran, dass du damit etwas von dir fernhalten willst! Sie entstehen durch die Ablehnung eines der seelischen Gefühle.

Wenn du beispielsweise den Abschiedsschmerz und die Trauer ablehnst, empfindest du stattdessen Verzweiflung. Du weinst dann auch, bist aber nicht in Kontakt mit deiner Seele oder mit dir, sondern verharrst in der Ablehnung. Du erleidest die Trennung, aber du akzeptierst den Abschied nicht. Diese Zustände sind immer auch mit einer wahrgenommenen oder nicht wahrgenommenen Angst verbunden. Den größten Teil unseres Lebens verbringen wir in dieser Welt der Nichtakzeptanz und der dazugehörigen Empfindungszustände. Sie schaffen Distanz zu dir und zu anderen und erschweren die Liebe.

Ein seelisches Gefühl ist immer akzeptierend und seelisch fühlbar. Du kannst dich damit selbst annehmen, denn sonst wäre es kein seelisches Gefühl. Das heißt nicht, dass es immer angenehm ist, aber es ist verbindend und bringt dir Nähe.

Ich möchte ein vereinfachtes Schaubild vorstellen, um einen Überblick meiner Erfahrungen zu geben. Es dient nur der Verdeutlichung:

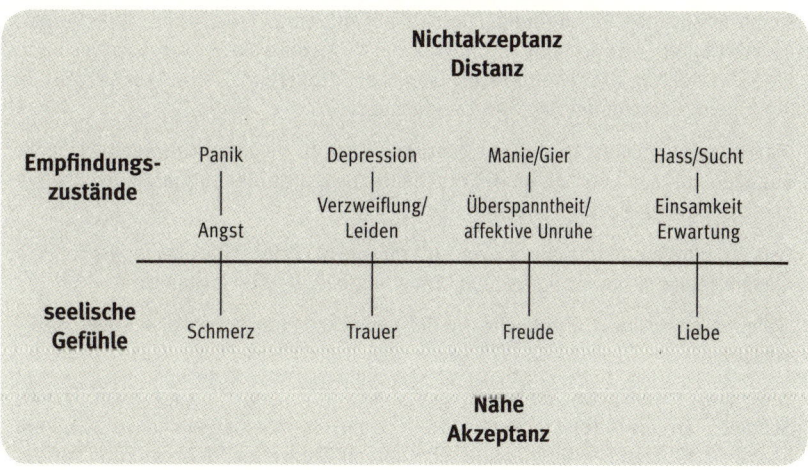

In diesem Schaubild ist zwischen dem Akzeptanz- und dem Nichtakzeptanzbereich eine deutliche Trennlinie zu sehen. Sie steht für die Trennung zwischen den seelischen Gefühlen und den vielfältigen Schutzmustern. Im Bereich der Akzeptanz sind wir uns selbst und der Außenwelt nah, im Bereich der Nichtakzeptanz regieren Angstreaktionen und abwehrende Verhaltensweisen und bringen uns in Distanz zu uns selbst und zu anderen. Um die Trennlinie zu überschreiten und Nähe und Liebe zu leben, bedarf es nur deiner Wahrnehmung und deiner Akzeptanz. Du musst nichts verändern oder bewirken. Es genügt, wenn du deinen Empfindungszustand oder deine Schutzmuster ehrlich wahrnimmst und dich für die Akzeptanz entscheidest. Sofort wird ein seelisches

Gefühl auftauchen, das dich mit dir in Kontakt bringt. Wenn du dich entscheiden kannst, dieses Gefühl anzunehmen, bist du dir nah. Wenn du dir dann noch das Wohlwollen für dieses Gefühl geben kannst, bist du in Liebe. Entscheidend ist allein nur deine Entscheidung.

Das seelische Gefühl, das dir dann begegnet, ist nicht immer angenehm. Wenn du auf einen tiefen und alten Schmerz triffst, ist es zuweilen schwer, akzeptierend zu bleiben. Du gewinnst zwar die Nähe und Tiefe zu dir, und du kannst dich mit dir und Anderen verbinden, aber manchmal kann es auch zu schmerzhaft sein. Es ist keine Niederlage, sich in dieser Situation in eine Schutzhaltung zurückzuziehen und auf Liebe zu verzichten. Du entscheidest!

Ich möchte dir dazu wieder eine Übung anbieten. Sie kann eventuell sehr intensiv sein. Sorge für einen geschützten Rahmen.

Übung

Du brauchst für diese Übung 15 Minuten, wenn du sie das erste Mal machst. Begib dich dazu in eine Situation, in der du nicht abgelenkt wirst.

Nimm jetzt einen Empfindungszustand bei dir wahr: Frustration, Wut, Angst, Verzweiflung, Enttäuschung, egal, was bei dir gerade aktuell ist. Verabschiede jede Beurteilung. Benenne diesen Empfindungszustand. Jetzt. Tauche ganz in ihn hinein. Entscheide dich, ihn zuzulassen!

Was passiert mit dir in diesem Zustand? Kämpfe in diesem Augenblick nicht dagegen an! Ja, so bist du jetzt! Entscheide dich, dies hier und jetzt zuzulassen! Entscheide dich für die Akzeptanz!

Was für eine Empfindung oder was für ein Gefühl erlebst du? Du musst jetzt in diesem Moment nicht anders sein. Entscheide dich, dies zuzulassen!

Welches seelische Gefühl wird in dir geweckt? Entscheide dich, dies zuzulassen!

Lebe dieses seelische Gefühl für einige Minuten. Lass dich ganz auf Trauer, Schmerz, Freude oder Liebe ein. Dann atme dreimal tief ein und mit einem hörbaren Seufzen wieder aus und lebe deinen Tag weiter. Wenn du dich mit der Akzeptanz bei dem, was du in dieser kleinen Übung erfahren hast, schwer tust, versuche es mit einem leichteren Beispiel.

Du brauchst nichts weiter zu tun, als dir selbst Wahrnehmung und Akzeptanz zu schenken. Wo auch immer du bist, wie auch immer du dich fühlst, was auch immer du in deinem Leben gerade veranstaltest. Du kannst es immer wieder ausprobieren. Es geht dabei nicht darum, die tiefen Hintergründe auszuleuchten, sondern schlicht um den einen Schritt vom Nichtfühlen hin zum Fühlen.

Sich den schwereren Gefühlen wie Schmerz und Trauer zu widmen, kostet Mut. Oft tauchen Bilder vergangener Situationen auf, die wir lieber vergessen würden. Aber was wir durch Akzeptanz und Wahrnehmung gewinnen, ist ein lebendigeres Leben in der Gegenwart. Dazu gehören der Schmerz und die Trauer ebenso wie Freude und Liebe.

Wenn wir nur eines unserer seelischen Gefühle unterdrücken, schicken wir in gleichem Maße auch alle anderen weg! Wir können uns also höchstens entscheiden, wie viel wir fühlen oder nicht fühlen, jedoch nicht, welche seelischen Gefühle da sein dürfen und welche nicht.

Wenn ich mich verliebe, oder aus einem anderen Grunde gerade sehr glücklich bin, öffne ich mich mit dem Gefühl der Freude. Damit mache ich die Tore für sämtliche seelischen Gefühle auf und spüre alles intensiver. Mein Erleben ändert sich! Ich kann die ganze Welt umarmen und die ganze Welt umarmt mich! Aber da alle seelischen Gefühle an den Tag kommen, werden vielleicht auch die Trauer oder ein alter Schmerz lebendig. Ich habe lange gebraucht, das zu verstehen und es anzunehmen. Ich kenne noch entsprechende Sätze aus meiner Kindheit: „Wenn es einem zu gut geht, wird man dafür bestraft!" – Also darf es einem nicht gut gehen – das ist eine verbreitete Devise, wenn es um Gefühle geht. Als Alternative könnten wir einfach alle seelischen Gefühle in unser eigenes Leben einladen.

Manchmal, wenn ich meiner Frau ganz nah bin, kommen mir die Tränen. Ich weiß dann oft gar nicht warum. Wir nehmen uns in den Arm und sind beide berührt. Es ist ein Moment von großer Nähe und Verbundenheit, den ich heute einfach begrüßen kann, ohne mich über die Tränen zu wundern. Die Freude und die Liebe dieser Verbindung haben den Weg für tiefe Gefühle geöffnet. Akzeptanz war der Schlüssel. So können zum Beispiel auch der Schmerz und die Trauer über die abwesende Liebe in meine Kindheit an die Oberfläche kommen.

Alles, was dich in Kontakt mit seelischen Gefühlen bringt, ist dabei hilfreich! In welcher Situation konntest du in deinem Leben schon einmal Gefühle zulassen? Wo oder mit wem geht das leichter? Ist es die Abschlussszene in einem Film? Kannst du besser berührt sein, wenn du einen Sonnenuntergang siehst? Ist es eine bestimmte Musik? Oder geht es leichter, wenn du das herzliche Lachen von Kindern hörst? Nutze es! Sieh dir Filme an oder lese Bücher, höre deine Musik! Triff dich mit Menschen, die dich unterstützen! Seelische Gefühle brauchen Zeit zum Verweilen. Ein paar Minuten nur innehalten in der Hektik. All das braucht einen Schutzraum. Wenn ich traurig und irgendwo in der Fremde bin, gehe ich manchmal auf einen Friedhof. Dort kann man ungestört melancholisch sein und keiner schaut einen schräg an. Vielleicht lässt sich auch ein Ort für die Freude finden, wenn es dich überkommt. Sich jedoch auf dem Marktplatz zu einem Freudentanz zu entschließen, hat wohl eher was mit einer Mutprobe zu tun, als mit seelischen Gefühlen. Wenn du dagegen in deinem sicheren Zimmer bist oder für dich in einen Wald gehst oder am Strand deine Kleidung abwirfst und dich mit Gebrüll in die Wellen stürzt, brauchst du nichts zu befürchten. Vielleicht hilft dir auch grade die Anwesenheit eines Menschen, damit du mit deinen Gefühlen nicht allein bist. Das kann besonders dann hilfreich sein, wenn du mit großen Ängsten zu tun hast und etwas wackelig im Leben stehst. Manchmal helfen die Teilnahme an Workshops und das Zusammensein mit Menschen, die auch ihre seelischen Gefühle leben wollen.

Suche all diese Situationen in deinem Leben auf, um dich leichter in seelische Gefühle zu bringen. Wenn du einen Film siehst, der dich berührt, finde heraus, was genau dich dabei an dich selbst erinnert, was du kennst oder vermisst und dann weine oder lache über dich. Tu das, sooft du es kannst, oder erinnere dich immer wieder daran! Es lohnt sich, denn du gewinnst somit immer wieder ein kleines Stück von dir zurück! Nimm dir das seelische Gefühl, was dich am leichtesten in Kontakt bringt. Bei mir ist es lange die Trauer gewesen, aber es spielt keine Rolle, welches seelische Gefühl du empfindest. Vergleiche dein Leben in diesen seelischen Gefühlen, mit deinem Leben ohne. Du kannst dich entscheiden. Wenn du die seelischen Gefühle willst, brauchst du nur Akzeptanz und deine Wahrnehmung zur Hilfe nehmen!

Wenn du so die Sprache deiner Seele wieder wahrnimmst, kannst du dich daran machen, auch die schwierigeren Blockierungen deiner seelischen Gefühle anzugehen. Angst spielt dabei oft eine zentrale Rolle.

Angst

Die Angst ist die Gegenspielerin der Liebe. Angst ist ein notwendiger Schutz, aber sie behindert den Kontakt zu seelischen Gefühlen. In Momenten der Angst ist die Liebesfähigkeit blockiert. Die Angst kommt nicht einfach über uns. Auch wenn es oft den Anschein hat. Wir erschaffen die Angst in uns. Sie erfüllt eine nützliche Funktion. Wir brauchen sie, um einem Schmerz auszuweichen. Solange wir den Schmerz nicht in unserm Leben haben wollen, bleibt die Angst bei uns und kann ein Eigenleben entwickeln. Mitunter steigert sie sich in Panik oder Zwänge, die uns dann überhaupt nicht mehr dienlich sind. Wenn wir unsere Ängste verstehen lernen und den Schmerz dahinter erkennen, können wir uns leichter wieder für die seelischen Gefühle entscheiden. So öffnen wir uns auch immer wieder den Weg zur Liebe.

Ich möchte die Funktion von Angst wieder an einem Beispiel verdeutlichen: Mich befällt beim Schreiben immer wieder die Angst, vollkommen unfähig zu sein und nur dummes Zeug zusammenzuschreiben. Dann versuche ich angestrengt, alles besonders gut zu machen und lande in Kopfwelten, die mich meilenweit von meinem Herzen entfernt im geistigen Niemandsland zurücklassen. So bringe ich erst recht nichts zustande, und das heizt die Spirale der Angstgedanken an.

Was genau geschieht da? Wenn ich zurückdenke, erinnere ich mich an meine Schulzeit. Ich war Legastheniker. Rechtschreibung war der reinste Horror für mich. Aufsätze bekam ich regelmäßig mit einer Fünf zurück. Ich wusste manchmal einfach nicht, wie man ein bestimmtes Wort schreibt, oder ich verdrehte die Buchstaben innerhalb eines Wortes. So verlor ich viel Zeit mit Nachdenken und versuchte, alternative Worte zu finden, um das Problem zu umgehen. Dadurch verschraubten sich meine Sätze oft in komplizierte Strukturen. Meinen Aufsatz bekam ich dennoch mit demütigenden Kommentaren wieder. In unserer Kultur gilt man als dumm, wenn man die korrekte Rechtschreibung nicht beherrscht. Und dumm, so fühlte ich mich dann auch. Aber das alles begann schon weit vor der Schulzeit. Zuerst war da ein Schmerz. Es war der Schmerz, Liebe nicht zu erfahren, wo ich sie am dringendsten gebraucht hätte. Statt Unterstützung bekam ich Hohn oder Erniedrigung. Das war für mich gleichbedeutend mit: „Wenn du so dumm bist, kann dich kein Mensch lieben." Diesen Schmerz wollte ich nicht ertragen! Es schien mir unerträglich, mich so klein und gedemütigt zu fühlen! Die unbewusste Entscheidung, das mit allen Mitteln zu verhindern war naheliegend. Dazu entwickelte ich eine Angst, die mich vor diesen Momenten der Bloßstellung warnte. Ich entwickelte Angst vor Situationen, in denen meine Schriftsprache auf der Probe stand. Das steigerte sich in Panik, wenn ich an die Tafel musste, um etwas anzuschreiben. Dabei ging es längst nicht mehr um den Sachverhalt, den ich aufschreiben musste, sondern nur noch darum, wie mein Schreiben auf die andern in der Klasse wirkte. Konnten sie sehen, wie dumm ich war? Und tatsächlich muss ich wohl so manches Mal diesen Eindruck gemacht haben. Ich stand da vorne, wusste nicht weiter, habe gehadert und war so fieberhaft mit meiner Angst beschäftigt, dass ich das eigentliche Thema gar nicht mehr wahrnehmen konnte. Es war die Hölle!

So trieb mich die Angst, die mich eigentlich vor der Erniedrigung schützen sollte, noch tiefer in die Demütigung und erzeugte wiederum einen Schmerz. Diese Muster nehme ich noch heute manchmal an mir wahr. Die Angst sollte mich vor der schrecklichen Erfahrung schützen, nicht geliebt zu werden, aber gleichzeitig produzierte sie diese Erfahrung immer wieder aufs Neue. Das ist immer so! Bei mir und bei jedem anderen.

Ein wundervoller Pädagoge, mein Kunstlehrer Rolf Busch, half mir da heraus. Er animierte mich dazu, die Leitung der Schülerzeitung zu übernehmen! Aus dem dummen Legastheniker wurde ein „Chefredakteur" und später ein Vorstand der Landesjugendpresse. Ich habe seitdem noch vieles geschrieben!

Es ist möglich, aus dem entfremdenden Schutzmuster der Angst auszusteigen, indem man sich die eigene Angst bewusst macht und den dahinter verborgenen Schmerz nicht mehr vermeidet, sondern akzeptiert.

✍ Eine Angst bleibt lebendig und mächtig, solange wir nicht bereit sind, den ihr zugrunde liegenden Schmerz zu akzeptieren!

Solange wir versuchen den Schmerz zu verbannen, brauchen wir dafür die Angst. Aber mit der Angst begleiten uns auch alle nicht akzeptierten Empfindungszustände wie Enttäuschung, Verzweiflung, Rückzug und Gefühllosigkeit weiter.

Die nächste Übung kannst du dazu nutzen, selbst aus deinem Angst – Schutz Kreislauf auszusteigen und wieder zu einem bejahenden, seelischen Gefühl zu finden.

Übung

Denke an eine Angst oder ein Vermeidungsverhalten aus deinem Leben. Wähle eine kleine Angst, die überschaubar ist und nicht zu bedrohlich. Du übst erstmal!

Spüre dieser Angst nach und suche dir einen Stein, der sie repräsentieren kann. Noch besser ist es, eine Handvoll Modellierton zu nehmen, um diese Angst mit geschlossenen Augen in den Ton zu formen. Aber ein Stein oder Ähnliches tut es auch. Außerdem brauchst du noch einen Stift und Schreibpapier.

Du liegst in einem ruhigen Raum auf dem Boden, Stift und Papier ist griffbereit an deiner Seite.

Lege den Stein oder die Tonmasse auf deinen Körper, und zwar dahin, wo diese Angst am meisten zu spüren ist.

Mit diesem fühlbaren Gegenstand an deinem Körper wende dich deiner Angst zu. Verscheuche sie jetzt nicht, sondern erlaube ihr, wach zu werden. Auch wenn es ungewohnt und etwas albern wirkt, frage deine Angst, warum sie da ist! Sie wird dir antworten!

Frage deine Angst weiter: „Vor was schützt du mich?" Merke dir die Antwort und schreibe sie auf den Zettel neben dir.

Dann frage dich noch einmal, was passieren würde, wenn genau das einträfe, vor dem du so Angst hast?

Was begegnet dir dann?

Welcher Schmerz tritt dann in dein Leben?

Wenn du Ton zur Hand hast, kannst du diesem Schmerz auch wieder eine Form geben.

Benenne ihn und schreib einen Satz dazu auf.

Sprich den Satz laut aus, dann hörst du dich selber dabei.

Jetzt kommt der wichtigste Punkt:

Entscheide dich, diesen Schmerz in dein Leben zu lassen! Du musst ihn nicht mögen, aber erlaube ihm, da zu sein!

Spüre deinen Schmerz und erinnere dich, wie lange er dich schon in deinem Leben begleitet. Wie alt warst du ungefähr, als du diesem Schmerz zum ersten Mal begegnet bist?

Schreibe dann einen Brief an das Wesen, das du warst, als der Schmerz entstand. Dann lies dir diesen Brief laut vor.

Erlaube dir die aufsteigenden Gefühle und lebe sie! Das bist du! Damit bist du wundervoll und liebenswert! Damit bist du selbst!

Warum der Schmerz?

Der Schmerz ist ein seelisches Gefühl. Er ist eine der Grunderfahrungen unseres Lebens.

Wir werden damit geboren. Wenn wir auf die Welt kommen und aus dem Geschütztsein der mütterlichen Nähe geworfen sind, erleben wir als Erstes das Getrennt-Sein. Das ist der erste große seelische Schmerz. Im Mutterbauch wächst unser Körper heran. Wir machen die Erfahrung von Einssein. Es ist ein seelisches UND körperliches Einssein. Es ist unmittelbar erfahrbar. Wir können uns als Erwachsene nicht mehr daran erinnern, aber einige Frauen, die ihre Schwangerschaft noch gut im Gedächtnis haben, wissen um diese Erfahrung des Einsseins mit dem ungeborenen Kind. Diese Verbindung war so direkt, dass Gefühle der Mutter sofort auch vom Baby umgesetzt wurden – und vielleicht auch umgekehrt. Das Kind war ein eigenständiges Sein und dennoch mit dem Körper, den Gefühlen und der Seele der Mutter verbunden. Mit der Geburt beginnt die Trennung aus diesem Einssein. Diese Erfahrung ist für jeden Menschen schmerzhaft und beängstigend. Die Geburt ist ein normaler Lebensprozess. Dennoch ist dieser Trennungsschmerz schwer zu ertragen und kann durch die Liebe der Eltern besser verkraftet werden. Wir erfahren durch sie eine andere, neue Möglichkeit, Verbindung und Einssein erleben zu können. Dazu brauchen wir die Erfahrung von bedingungsloser Liebe und bedingungsloser körperlicher Zuwendung. Beide bauen eine Brücke über diese Trennungserfahrung.

Bedauerlicherweise erfahren viele Menschen diese bedingungslose Liebe und Zuwendung in der Kindheit nur selten oder gar nicht. So setzt sich der Trennungsschmerz weiter fort und wird vergrößert, anstatt zu heilen. Das Ausmaß des Schreckens über diesen Schmerz ist so groß, dass wir uns nur mit Verdrängung zu helfen wissen. Wir treffen für uns die Entscheidung, dass dieser Schmerz nicht in unserem Leben sein darf.

So beginnt unser lebenslanges Bemühen um die Abwesenheit von Schmerz, angefangen beim Trennungsschmerz bis hin zu allen anderen Schmerzen. Dieser Kampf ist es, der uns immer weiter von uns selbst, vom Wirklich-Sein und von der Liebe entfernt.

Tatsächlich erleben wir fast täglich seelische Schmerzen in Form von Kränkungen und Verletzungen. Die verbuchen wir meist auf dem Konto unserer Unzulänglichkeit und nähren damit den Gedanken, nicht richtig zu sein. So schließt sich der Kreis. Ein Teufelskreis.

Schmerzen aus unserem Leben verbannen zu wollen, ist genauso wirklichkeitsfern, wie sich das Atmen zu untersagen. Beides gehört zu uns. Was stellen wir nicht alles an, um keinen Schmerz fühlen zu müssen! Eine fatale Auswirkung dieses Verhaltens besteht jedoch in der Verdrängung auch aller anderen seeli-

schen Gefühle. Im gleichen Maße, wie der Schmerz verbannt wird, können auch Trauer, Freude und Liebe nicht mehr empfunden werden. Wir sind nun mal nicht in der Lage, selektiv nur ein Gefühl zu unterdrücken und die anderen zuzulassen. Wenn wir ein seelisches Gefühl unterdrücken, unterdrücken wir alle anderen seelischen Gefühle auch und nehmen uns unsere Lebendigkeit und unsere Liebesfähigkeit. Ein sehr hoher Preis für (vermeintliche) Sicherheit oder die Abwesenheit von Schmerz.

Das Erstaunliche daran offenbart sich, wenn wir uns den Grund dieser Schmerzverbannung anschauen. Wir wollten den Schmerz des Getrennt-Seins nicht mehr spüren! Doch tatsächlich verursachen wir auf diese Weise ein noch umfangreicheres Getrennt-Sein. Durch die Verdrängung seelischer Gefühle sind wir nicht nur vom Anderen, von der Umgebung, sondern auch von uns selbst getrennt. Diesen Zustand nennen wir dann Einsamkeit oder Entfremdung.

Ursache dieser empfundenen Einsamkeit ist unser Versuch, den Schmerz aus unserem Leben zu verbannen. Du kannst dich entweder für seelische Gefühlen oder für Angst und Absicherung vor Schmerz entscheiden.

Für was entscheidest du dich?

Kannst du dich für deinen Schmerz entscheiden?

Kannst du dich für deine Freude entscheiden?

Kannst du dich für deine Trauer entscheiden?

Kannst du dich für deine Liebe entscheiden?

Dann entscheide dich jetzt!

Wenn du dich für deine seelischen Gefühle entschieden hast, lebe sie ausnahmslos, wann immer du kannst!

Schenke dir Akzeptanz – liebe dich selbst

Die Selbstliebe wird als eine Voraussetzung für die Liebe zum Anderen gesehen (Erich Fromm; Die Bibel). Sie ist der einzige Zugang zu einer Erfahrung von Einssein oder Verbindung mit der eigenen Seele. Selbstliebe unterscheidet sich vom Egoismus dadurch, dass die Wahrnehmung nicht ausschließlich auf eigene Bedürfnisse gerichtet ist, sondern auf eine Verbindung mit der eigenen Person und dem Umfeld. Akzeptanz, Verstehen und integratives Wohlwollen sind die Voraussetzungen für Selbstliebe oder Selbstannahme. Der Grad an Liebesfähigkeit des Anderen richtet sich nach unserer Fähigkeit und Bereitschaft zur Selbstliebe.

Stell dir vor, jemand betrachtet dich mit liebenden Augen und sieht dich so, wie du bist und findet dich schön. Stell dir vor, jemand genießt genau die Art, wie du gehst, wie du redest, wie du atmest, wie du riechst und wie deine Stimme klingt. Stell dir vor, jemand versteht, was du tust und was du willst und findet all das passend und liebenswert. Stell dir vor, jemand sieht deine Schwächen und mag gerade auch diese menschliche Seiten an dir. Stell dir vor, jemand versteht dich, akzeptiert dich und liebt dich bedingungslos. Stell dir vor, dieser jemand bist du! Du würdest dir deinen Himmel auf Erden bereiten.

Leider verdammen sich viele Menschen in die Hölle der Selbstverurteilung und Selbstverleugnung. In einem Workshop habe ich eine Übung mit einer Gruppe von 30 Personen gemacht. Sie sollten durch ihre Haltung, Kleidung und Bewegung etwas von sich zeigen, was sie sonst nicht preisgeben. Alle trugen dabei ein Papier auf dem Rücken. Während sie im Raum agierten, sollten sie den anderen Teilnehmern Rückmeldungen auf das Papier schreiben. Eine Frau, die nur durch Verletzung und Kränkung mit anderen in Kontakt treten konnte, schrieb jedem der Mitwirkenden eine negative Botschaft auf den Rücken. Die anderen Rückmeldungen waren durchweg unterstützend und positiv, manchmal sehr begeistert. In der Auswertung las jeder sein eigenes Papier. Bis auf die besagte Frau hatten alle Teilnehmer 28 Komplimente und Unterstützungen auf dem Papier und eine Verurteilung. Ich wollte dann von der Gruppe wissen, welche Rückmeldung sie am meisten berührte oder an welche sie am ehesten glaubte. Das Ergebnis war erstaunlich! Alle identifizierten sich am ehesten mit der einen negativen Rückmeldung, anstatt eines der 28 Komplimente zu wählen!

Wir nörgeln oft an uns herum. Wir schämen uns für uns selbst. Wir versuchen, uns ständig zu verbessern und zu korrigieren. Wir nehmen große Mühen auf uns, um nicht so zu sein, wie wir sind. Wir nehmen Kritik und Verurteilungen wesentlich schneller an als ein Kompliment!

Viele tragen noch aus der Kindheit stammende Sätze in ihrem Gepäck: „Man lobt sich nicht selber!" „Sei bescheiden" „Selbstkritik ist das Wichtigste." „Sei nicht überheblich!" Diese Altlasten aus unserer Erziehung und Kultur erleichtern es uns nicht grade, sich selbst zu lieben. Dazu kommen noch all die Urteile der Mitmenschen, die wir ständig hören oder lesen.

Das alles kann dann zu Glaubenssätzen führen, die ein jeder von uns kennt: „Keiner kann mich so lieben, wie ich bin. Ich muss hart an mir arbeiten, um einmal liebenswert zu sein!" Machen wir uns dies in einer Übung anschaulicher.

Übung

Nimm dir drei Minuten Zeit.
Schreibe einige deiner dich selbstverurteilenden Glaubenssätze auf.
Nimm auch die heimlichen mit dazu, die niemand sieht, weil du sie immer gut überspielt hast.
Auf wie viele Aussagen kommst du?

Jetzt nimm dir noch einmal drei Minuten Zeit.
Schreibe jetzt alles auf, was du an dir magst.
Auf wie viele Aussagen kommst du?

Welche Aussagen wiegen schwerer?
Welche bewegen dich?
An welche glaubst du?

🖎 Unsere Gedanken gestalten unsere Welt. Sie schicken uns
in die eigene Hölle, oder sie öffnen uns für die Liebe.

Für die Entscheidung, mit welcher Einstellung wir unser Leben verbringen
wollen, ist es hilfreich zu verstehen, dass wir mit unseren Gedanken unsere
Wirklichkeit gestalten. Ein Erklärungsansatz kann bei diesem Verstehen nützlich sein:

Das ‚Ureigene Bedürfnis' besteht für die Mehrzahl der Menschen darin, das
Einssein zu fühlen. Wenn unser Leben im Mutterleib beginnt, sind wir verbunden, sind wir eins mit der Mutter. Doch mit der Geburt machen wir die Erfahrung des Getrenntseins. Das ist seelisch sehr schmerzhaft. Ist genügend Liebe
erlebbar, so kann diese Trennung besser verkraftet werden. Dazu brauchen wir
Nähe und Körperkontakt. Über die Berührung der Haut erlebt das Baby am un-
mittelbarsten erneut ein Verbundensein. Liebevolle Worte und zärtliche Gesten
unterstützen das. So finden wir über eine andere Ebene wieder zu dem Einssein
zurück. Es gibt für jeden Menschen in der Kindheit aber Situationen, in denen
die Eltern ihm nicht die Liebe geben können, die er braucht. Kein Elternteil kann
permanent Liebe geben. Manche Eltern sind möglicherweise auch gar nicht in
der Lage dazu. Für das Kleinkind ist das eine unerträgliche Situation; es fühlt
sich dieser Nicht-Liebe hilflos ausgeliefert.

🖎 Wir konnten als kleine Kinder nicht erkennen, dass unsere Eltern nicht
immer in der Lage waren, uns zu lieben. Es lag nicht an uns als Kind.

Wie könnte man annehmen, dass ein kleines Baby nicht liebenswert ist!

Sind die Eltern in einer Situation nicht in der Lage, ihr Kind zu lieben, so glaubt
das Kind: „in dieser Welt gibt es keine Liebe für mich"! Die Eltern sind für ein
Kind gleichbedeutend mit der ganzen Welt und der Moment des Nichtgeliebt-
werdens ist für das Kind eine Ewigkeit. Vom kindlichen Horizont aus gesehen,
gibt es somit keine Chance auf Liebe und Einssein. Diese Hoffnungslosigkeit
und Machtlosigkeit sind für ein Kind nicht zu ertragen!

**Wir alle mussten uns als Kind gegen diese Machtlosigkeit wappnen. Dabei half
uns ein geschickter Trick: Wir haben es einfach als unsere eigene Schuld dekla-
riert, dass wir keine Liebe bekommen!**

Denn der kindliche Gedanke, der aus der Machtlosigkeit hinaus führte, war: „Wenn ich anders, besser, braver, fleißiger, schlauer, schöner oder frommer gewesen wären, so hätte ich bestimmt Liebe oder Zuwendung bekommen. Es liegt an mir! Ich bin gar nicht hilflos ausgeliefert, ich muss nur besser werden, dann müssen mich meine Eltern doch lieben."

So haben wir uns als Kind in dieser hilflosen Situation wieder eine Macht zurückgegeben, auch wenn sie nur in unserer Fantasie existierte.

Wir machten uns vor, es wieder selbst in der Hand zu haben, und trotzdem brachte es uns nicht mehr an Liebe, weil der eigentliche Grund für die fehlende Liebe gar nicht bei uns lag. Da wir das nicht zulassen konnten, redeten wir uns ein, dass wir eben noch nicht gut und liebenswert genug waren. Die Eltern wurden zu Richtern über unsere Bemühungen. Ihnen zur Seite stand oft auch ein alles sehender und bewertender Gott. Wir waren in einer Falle. Alles was wir taten, stand auf dem Prüfstand: „Habe ich mir damit Liebe verdient?" Die Erfahrung sagte uns aber, es reicht nicht, weil die bedingungslose Liebe immer noch weit entfernt war. Also mussten wir noch mehr tun, um ein besserer, liebenswerterer Mensch zu werden. Irgendwann stieß dann jeder an seine Grenzen. So verfestigte sich in den Gedanken fast aller Menschen der Glaubenssatz: „Ich bin nicht gut genug". Worin wir nicht gut genug waren, lag an den jeweiligen familiären Gegebenheiten. War in der Familie z. B. Schönheit wichtig, so wählte sich das Kind sein Aussehen als Grundlage für die Selbstverurteilung. War es Intelligenz, mündete es vielleicht in dem Glaubenssatz: „Ich bin dumm".

All diese negativen Glaubenssätze halfen, die Hoffnungslosigkeit abzuschwächen und die Macht wieder selbst in der Hand zu haben, alles nach dem Motto: „Ich könnte mir ja immer noch etwas mehr Mühe geben, dann habe ich eine Chance …"

Das Verstehen dieser Zusammenhänge ist ein erster Schritt zum Loslassen. Mich selbst zu lieben bedeutet als erstes, mich besser zu verstehen ohne irgendeine Form der Bewertung. Das kann tief berühren.

Von der Selbstkritik auf die inneren wohlwollenden Stimmen umzuschalten ist schwer. Da ist es hilfreich, wenn wir uns mit Menschen umgeben, die uns liebevoll und respektvoll sehen können. Wir können uns auch selbst unterstützen, indem wir uns daran erinnern, was wir an uns mögen, anstatt den Blick auf unsere Unzulänglichkeiten zu richten. Wir alle kennen das: obwohl wir uns immer wieder sagen, dass wir liebenswert, attraktiv und intelligent sind – oft genügt nur ein Blick, eine Bemerkung und schon stürzen wir wieder in die Abgründe unserer Selbstverachtung. Die Liebe zu uns selbst bleibt so sehr brüchig.

Unsere verinnerlichten Selbstverurteilungen sind deshalb so stark, weil wir sie brauchen! Um sie nachhaltig loszulassen, müssen wir uns von dem Nutzen trennen. Wir müssen begreifen, dass wir nicht die Macht darüber haben, ob uns die Eltern oder andere Personen so lieben können, wie wir sind. Es liegt an diesen anderen Menschen, ob sie sich für die Liebe entscheiden.

Bei jedem von uns ist ein Teil der Persönlichkeit in der Kindheit stehengeblieben. Diesen Teil nenne ich „Kinder-Ich". Unser Kinder-Ich sagt weiterhin: „Es liegt an mir allein, ob ich geliebt werde oder nicht!" Denn das Kinder-Ich kann es nicht ertragen, dem Nichtgeliebtwerden machtlos ausgeliefert zu sein. Es leidet weiterhin darunter, dass die Erwachsenen ihm in dem Moment, als es sie so dringend brauchte, keine Liebe geben konnten. Den Eltern fehlte vielleicht der Mut oder die Kraft, den Weg der Liebe zu wählen. Es war nicht die Schuld des Kindes!

Mein Kinder-Ich fürchtet sich vor der Hilflosigkeit, die zwangsläufig entsteht, wenn ich erkenne, dass ich keine Macht darüber habe, ob ein anderer Mensch mich lieben will. Auch wenn ich noch so geschickt manipuliere: Liebe gewinne ich damit nicht. Bewunderung vielleicht, Bedürfnisbefriedigung vielleicht, Sicherheit vielleicht, aber keine Liebe! Das zu begreifen holt den alten Schmerz der Trennung vom Eins-Sein zurück. Es erinnert uns an unsere Einsamkeit. Es lässt uns die Angst vor Ablehnung und seelischem Verhungern erneut spüren. Unser Herz zieht sich zusammen. Uns schnürt sich die Kehle zu. Wir versuchen, uns zu schützen. Wenn wir jetzt nicht in die alten Muster zurückfallen wollen, brauchen wir Mut.

Wir müssen diesen Schmerz an uns heranlassen und ihm erlauben, da zu sein. „Ja, ich hatte damals in der Situation keine Chance, Liebe zu bekommen, obwohl ich sie besonders gebraucht hätte! Ja, ich war in Not! Ja ich empfinde die Not auch jetzt!"

Das tut weh! Lass es zu! Es bringt dich nicht um! Du kannst damit leben! Heute weißt du, dass es andere Menschen auf der Welt gibt, mit denen du Liebe leben kannst. Erinnere dich daran, dass du selbst lieben kannst! Befreie dich von der Illusion, dass nur andere dir Liebe geben können. Stell dir vor, es ist immer Liebe da! Dennoch ist der alte Schmerz auch da! Beziehe ihn in deine Liebe mit ein, so gut es geht. Dieser Schmerz gehört zu dir. Sobald du versuchst, ihn wieder verschwinden zu lassen, verfällst du in deine alten Muster und verlierst die Liebe.

Heute, als Erwachsener kannst du so mit deinem Kinder-Ich reden, als würdest du dich herzlich und verständnisvoll einem Kind zuwenden. Was würdest du zu einem Kind sagen, das die Schuld bei sich sucht, wenn es keine Liebe bekommt?

Übung

Mach dir ein Bild von dir als kleinem Kind.
Es hilft, wenn du ein Kinderfoto zur Hand nimmst. Betrachte das Foto oder dein inneres Bild. Erinnere dich an die einsamen Momente, an die Verlassenheit. Wenn du keine Erinnerung hast, stell sie dir vor.
Was hast du als Kind in solchen Momenten gemacht?
Spüre die Not des kleinen Wesens, das du einmal warst. Sei mit dem kleinen Kind in dir traurig und nimm es an die Hand.
Gab es selbstverurteilende Gedanken, Schuld oder Ähnliches?
Sage dem Kind in dir folgende Sätze:
„Du hast keine Schuld daran, dass _____ (z. B.keine Liebe für dich da war)."
„Du bist nicht verantwortlich dafür, dass _____ (z. B.deine Eltern nicht lieben konnten)."
„Du bist liebenswert mit _____ (_____ deinen Schwächen)."

Schreibe nun einen Brief an das Kind in Not:
Schreibe davon, wie schwer es ist, sich nicht geliebt zu fühlen. Teile deinem Kinder-Ich mit, wie traurig du gemeinsam mit ihm bist. Schreibe deinem kleinen Ich, dass es die Liebe gibt und du grade den Weg dahin kennenlernst. Schreibe davon, wie liebenswert das kleine Wesen ist.
Dann stecke den Brief in einen Umschlag, frankier ihn und schicke ihn an dich selbst! Tu es, auch wenn es dir peinlich erscheinen mag, etwas so Komisches zu tun!

Welchen Trost, welche Unterstützung würdest du einem kleinen Kind geben, das so in Not und Einsamkeit ist? Was würdest du sagen oder tun? Überlege dir etwas ganz Konkretes. Dann gib es deinem kleinen Kind in dir! Gib es dir jetzt! Sage es dir jetzt!
Diese Übung kann sehr kraftvoll sein! Teile dich jemandem mit, dem du dich mit deinen Gefühlen jetzt gut anvertrauen kannst (oder nutze die Internetseite www.liebesovielduwillst.de).

Der Schmerz wird durch das bessere Verstehen nicht geringer, aber wenn du ihn in dein Leben lässt, musst du dich nicht mehr selbst verurteilen. Die Veränderung vollzieht sich nicht sofort. Suche immer dann, wenn du dich wieder mal selbst als nicht genügend empfindest, nach den entsprechenden Wurzeln in deiner Kindheit. Erinnere dich, dass du nicht beeinflussen kannst, ob dich jemand liebt. Und erinnere dich auch daran, dass du dich selbst lieben kannst und dass du an der Liebe in der Welt Anteil hast.

Deine Eigenarten

Nicht alle unserer Verhaltensweisen sind klug oder sympathisch. Manche sind einfach nur ungeschickt, andere sogar unangenehm. Manchmal schämen wir uns auch für unsere Eigenarten oder wir versuchen, sie zu vertuschen. Doch das ist nicht hilfreich, um sich selbst zu lieben. Vor allem wenn wir Kritik oder Distanz erfahren, ist es schnell um die Selbstliebe geschehen. Möglicherweise verteidigen wir uns noch, aber tief in uns steigen abwertende Gedanken hoch und wir verschließen unser Herz. Jetzt haben all die nagenden Selbstzweifel ihren großen Auftritt! – Wenn du sie lässt! Genau an diesem Punkt bietet sich ein aufregend anderer Weg an!

Die gewohnte Negativbewertung läuft automatisch weiter und erreicht ihre Höchstform. Positive Bewertungen wirken oft auch nur oberflächlich. Die Selbstverurteilung hat im Selbstschutzmodus die größere Macht. Du kannst sie dennoch stoppen! Dazu brauchst du nur eine neue Entscheidung zu fällen. Schaue mit anderen Augen auf deine Eigenarten. Was würde die Liebe tun? Wie würde die Liebe diese Eigenarten sehen? Sie würde sich für das Verstehen entscheiden, anstatt für das abwertende Urteil! Sie würde verstehen, warum du so handelst oder denkst, welche Vorgeschichten es dazu in deinem Leben gibt, welche Gefühle und Gedanken, welche Angst dich zu diesen Eigenarten gebracht haben. Um die Selbstverurteilung zu stoppen, genügt es, die Bewertung zu beurlauben und die Schuld fortzuschicken. Die Verantwortung für dein Handeln behältst du weiterhin, aber du darfst Fehler machen, ohne dein Recht auf Liebe zu verlieren. Versuche dich zu verstehen! Hole dir Hilfe, um dich zu verstehen! Widme dein ganzes Leben dem Verstehen, statt dem Verurteilen!

Ich habe eine komische Eigenart! Bei jeder Flugreise habe ich panische Angst davor, den Flieger zu verpassen. Ich strapaziere die Nerven meiner Frau und anderer Mitreisender, weil ich schon drei Stunden vor Abflug am Flughafen sein möchte. Logisch ist das nicht, die Panik habe ich trotzdem. Ich habe mich für diese „Verrücktheit" schon oft geschämt und mich lange gefragt, woher sie kommen mag. Ich fand keine Antwort, forschte aber weiter nach dem, was mich zu dieser Panik bringt. Allein die Entscheidung, diese Angst verstehen zu wollen, hält mich von den Beurteilungen fern.

Letztendlich begegnete mir dann doch eine Episode aus meinem Leben, die mir tieferes Verständnis brachte. Ich erinnerte mich an eine Situation aus meiner ganz frühen Kindheit: Meine Mutter hatte mich an einem unbekannten Ort warten lassen und war erst nach drei Stunden zurückgekommen. Währenddessen wusste ich nicht, wo ich war und auch nicht, ob sie mich tatsächlich wieder abholen würde. Mit dem Wissen um diese Kindernot fiel es mir leicht, eine Parallele zu der Panik vor dem verpassten Flieger ziehen. Heute blicke ich liebevoll auf diese Macke und bin immer noch überpünktlich am Flughafen. Entscheide dich für das Verstehen und nicht für die Verurteilung!

Dein Körper

Unsere ersten Erfahrungen mit Nähe oder Getrennt-Sein sind körperlicher Art. Ob wir als Babys liebevolle Berührungen oder körperliche Zurückweisungen erlebt haben, ist prägend für das weitere Leben. Diese Erfahrungen haften tief im

Unbewussten, und es ist durchaus möglich, dass wir uns nicht direkt daran erinnern können, die Auswirkungen davon jedoch erleben wir sehr bewusst mit unserem erwachsenen Körper.

Um sich in voller Liebe selbst zu begegnen, ist eine akzeptierende Haltung dem eigenen Körper gegenüber notwendig, denn die ursprünglichste Erfahrung von Nähe und Distanz ist körperlich.

Ich selber habe meinen Körper lange nur als Anhängsel des Verstandes betrachtet. Wenn ich mich früher überhaupt bewusst im Spiegel ansah, war mir mein Körper fremd. Wie ich mit ihm umging, wie ich ihn kleidete, war mir egal. Ich hatte meinen Intellekt und ich hatte meine Vorstellungswelten. Das sollte doch reichen! Mein Körper hat darunter gelitten. Ich habe ihm Leistungen abverlangt, für die er nicht geschaffen war. Ich nahm seine Zeichen nicht wahr. Ich habe ihm keine Liebe geschenkt. Ich war ärgerlich, wenn er krank wurde und schmerzte, denn dann konnte ich ihn nicht benutzen. Dieser Umgang mit ihm war für mich selbstverständlich, da ich nie etwas anderes kennengelernt hatte.

Als ich 14 wahr, riss mich ein tiefgreifender Schock aus dieser Selbstverständlichkeit. Mein älterer Bruder, der mir Vorbild und beinahe Vaterersatz war, starb bei einem Unfall. Von heute auf morgen war nichts mehr selbstverständlich. Ich war aus jeder Gewohnheit gerissen und all meine Sinne waren auf Achtsamkeit geschaltet. Meine Eltern schickten mich auf eine Nordseeinsel; ich sollte Abstand von der Tragödie zu Hause zu bekommen. Auf Terschelling saß ich dann oft allein am Strand und spürte, wie mit den Wellen auch die Trauer an meine Festung brandete. Allmählich sickerte sie in mich ein und öffnete die Schleusen zu allen anderen Gefühlen. Ich war sehr verwirrt aber auch dankbar, so viel zu spüren. So lag ich an einem späten Nachmittag irgendwo abseits in den Dunen. Sand rieselte von einem Hang auf mich herunter, floss in einem warmen Strom über meine Haut. Dieses sinnliche Gefühl war sensationell! Ich hatte noch nie etwas so Intensives gespürt! Über meinen ganzen Körper liefen wohlige Schauer. Nichts bedrohte mich mit Erwartungen oder Übergriffen, ich war ganz bei mir. Ich spürte jeden Zentimeter meines Körpers. Und damit meine ich, ich habe ihn wirklich gespürt, nicht nur gewusst, dass er da ist! Das war wie eine Erweckung. Ich hatte mich und meinen Körper im Kontakt mit meiner Seele erlebt.

Es ist eine elementare Erfahrung, uns im eigenen Körper über die Seele wahrzunehmen. Wir können diese Erfahrung nutzen, um uns selbst als Mensch zu entdecken. Die Seele möchte Erfahrungen machen. Das kann sie nur im Zusammenhang mit dem Körper. Ihn zu vergessen oder ihn abzulehnen heißt, sich seelischer Erfahrungsmöglichkeiten zu berauben. Unser Leben wird mit unserm Körper reicher!

Wenn ich mich ohne Beurteilung akzeptiere, kann ich sehen, was für ein grandioses Wunderwerk mein Körper ist, und zwar genau so, wie er ist! Ob du dick oder dünn, groß oder klein, krank oder gesund bist, spielt dabei keine Rolle. Wie du dich selber siehst aber schon. Die nächste Übung öffnet die Tür zu einem liebevolleren Kontakt zum eigenen Körper.

Übung

Nimm dir 20 Minuten Zeit. Sorge für einen Raum, in dem du garantiert alleine und ungestört bist.
- Stell dich vor einen Spiegel, in dem du dich ganz sehen kannst.
- Wenn deine Moral oder deine Angst es zulässt, zieh dich soweit aus, wie du kannst.
- Betrachte dich.
- Welche Kritiken kommen sofort?
- Was ist dir peinlich?
- Wo magst du nicht hinschauen?
- Was hast du noch mit Kleidung bedeckt?

All das darf sein! Nimm es nur wahr! Erfinde keine Rechtfertigung dafür. Du darfst so sein!

Triffst du jetzt die Entscheidung, dich so zu akzeptieren, wie du bist?

Wenn du es nicht tust, danke dir für deinen Mut, in der Übung bis hierher gegangen zu sein und zieh dich wieder an. Tu dir etwas Gutes und belohne dich. Du hast Mut und bist so in Ordnung, wie du bist. Du kannst die Übung zu einem späteren Zeitpunkt noch einmal beginnen.

Wenn du dich für die Selbstliebe entschieden hast, geht die Übung weiter. Such dir eine Körperstelle, die du kritisierst oder die dir peinlich ist. Beginne nicht mit dem Schwersten.
- Lege deine Hand auf diese Stelle, möglichst auf die Haut.
- Nimm diesen Teil deines Körpers wahr, fühle dich, ohne dich zu bewerten!
- Wie fühlt es sich an? Höre nach innen!
- Welche Geschichte erzählt dir diese Stelle?
- Leihe dieser Körperstelle deine Stimme und höre ihr wirklich zu.
- Lass dich von dieser Geschichte berühren! Das bist du!
- Gebe diesem Teil deines Körpers Akzeptanz: „Du gehörst zu mir! Du darfst da sein, so wie du bist!" Wiederhole diese Sätze, bis sie dich wirklich erreicht haben.
- Was passiert jetzt bei dir? Nimm dich wahr und erlaube, was da geschieht.

Wenn du magst, wandere dann zu einem anderen Teil deines Körpers und beginne von Neuem. Du kannst das auch morgen machen und jeden Tag deines weiteren Lebens! Tu es immer wieder! Es geht um das Wertvollste, das du in diesem Leben hast, deinen Körper und dich selbst!

Freunde dich mit deinem Körper an, so wie er ist. Breche jeden Versuch ab, dich zu kritisieren oder zu verbessern.
Du brauchst dich nicht zu verändern, um liebenswert zu sein. Wenn du beginnst, dich zu lieben, gehst du den wichtigsten Schritt auf dich zu.
Bemühe dich, dich wirklich wahrzunehmen und dich so anzunehmen, wie du bist. Du kannst die Liebe der Anderen erst dann annehmen, wenn du selber bereit bist, dich zu lieben.

Du kannst täglich etwas für deinen Körper tun! Du kannst ihn so behandeln, wie du gerne von anderen behandelt werden willst. Bewundere ihn! Berühre ihn mit der Aufmerksamkeit und Hingabe, die du dir von einem anderen Menschen wünschst. Ehre deinen Körper mit der Kleidung, die ihn in deinen Augen gut schmückt. Spüre deine Haut, sooft es geht. Es gibt Kleidung, die deinem Körper das Fühlen ermöglicht und Kleidung, die dich abstumpfen lässt. Probiere aus, was dich empfindsam und sinnlich macht. Seide auf der Haut beispielsweise fühlt sich wundervoll an. Die preiswertere Variante ist vielleicht, einmal gar keine Unterwäsche zu tragen. Experimentiere mit deinem Körper! Gönne dir neue Erfahrungen! Spüre deine Haut im Wind oder in der kuscheligen Bettwäsche. Tu etwas, was du noch nie gemacht hast. Nimm die Nahrung zu dir, die dir gut tut! Stopfe nichts in dich hinein. Stell dir bei jedem Essen vor, du sitzt verliebt mit einem neuen Menschen beim ersten Rendezvous! Mache etwas mit deinem Körper, was ihm gut tut. Quäle ihn nicht, um dir etwas zu beweisen. Sport kann dir wundervolle Körpererfahrungen vermitteln. Die herrliche Entspannung nach einem Lauf oder einer Schwimmstrecke lässt dich deinen Organismus als Ganzes spüren. Aber Sport kann auch zur Leistungssucht werden und dein Körper erleidet Schäden. Mach mal einen Spaziergang durch die Natur und lass dich mit geschlossenen Augen eine Weile führen. Rieche nur, was du alles mit deiner Nase an Erfahrungen machen kannst! Mach es wie die Kinder, die unbekümmert ihren Körper erfahren. Eine Massage oder ein Saunabesuch kann zu einem sinnlichen Erlebnis werden und dein Herz öffnen. Etwas Schönes zu betrachten, erfüllt deinen Körper und deine Seele mit Liebe. Es spielt keine Rolle, ob du eine Blume am Wegesrand wirklich genießen kannst, einen Sonnenuntergang oder eine 58,er Corvette. Nimm alle Sinne zur Hilfe, um sinnlich zu leben. Du gibst dir damit Liebe, seelische Nahrung und Lebendigkeit.

Deine Sexualität

Eine besondere Bedeutung hat bei der Liebe für dich und deinen Körper die Sexualität. Ich habe in 25 Jahren therapeutischer Arbeit immer wieder feststellen müssen, dass Menschen, die ihre Sexualität verdrängen, oder sie sich verbieten, es wesentlich schwerer haben, zur Nähe und zur Selbstliebe zu finden, als jene, die ihre Sexualität bejahen. Eine schlüssige Erklärung dafür habe ich nicht. Aber eins ist mir bewusst: Unsere Sexualität ist eine starke Kraft und hat direkt etwas mit unserem Körper zu tun. Wenn wir sie verdrängen, stellen wir auch unseren Körper ins Abseits. Damit verbauen wir uns den ursprünglichsten Zugang zu uns selber und zu anderen Menschen. Es lohnt sich also, die Sexualität in das eigene Leben einzuladen, egal, wie viel du sie lebst oder wie zufrieden du damit bist. Mach sie zu einem offenen Thema in deinem Leben. Sie darf dir Angst machen! Sie darf dir Freude machen! Du darfst Probleme mit ihr haben! Du musst nicht perfekt funktionieren! Du brauchst keine Traumfigur dafür! Du kannst steinalt sein oder blutjung! Du darfst Orgasmusprobleme haben! Du darfst dich schämen, ohne dass es einen wirklichen Grund dafür gäbe! Du darfst anders sein! Du darfst deine Lust genießen, alleine, zu zweit, zu dritt oder mehr! Lass dir von niemandem einreden, dass du nicht richtig bist, nicht von den Eltern, den Freunden, den Partnern, den Normen deiner Religion oder irgendwem. Jeder Millimeter an dir ist liebenswert, wenn du dich lieben willst! Wenn du deine Sexualität in Liebe lebst und nicht auf Kosten anderer, bist du immer auf dem Weg zu dir. Lass dich von diesem Weg nicht abbringen.

Oft ist die Sexualität eine Frage der Partnerschaft. Löse dich von der Vorstellung, dein Partner oder deine Partnerin sei verantwortlich für die Sexualität, die du brauchst. Werfe noch einmal einen Blick auf den dritten und den vierten Schritt in diesem Buch. Du bist die Quelle deiner Liebe für dich selber! Wie kannst du dich besser wahrnehmen und verstehen? Wie kannst du dir die Lebenslust geben, die deinem ‚Ureigenen Bedürfnis' entspricht? Was kannst du tun, um deine Sexualität zu entdecken?

Fordere nichts von dir, sondern beginne, dich liebevoll so zu sehen, wie du bist und zu verstehen, warum du so bist. Dabei können dir Gespräche mit vertrauten Menschen helfen, die auch diesen Weg gehen. Geh zurück zu der Übung vor dem Spiegel und wiederhole sie unter dem Aspekt deiner Sexualität. Erlaube dir in Situationen, in denen du dich sicher fühlst, sexuell zu sein. Schaffe dir Raum für dich. Beginne dich selber zu lieben, wenn du allein und ungestört bist. Wenn du in einer Partnerschaft bist, rede mit deinem Partner, deiner Partnerin. Erlaubt euch, ihr selbst zu sein. Entlasst euch gegenseitig aus der Verantwortung für den Anderen. Du kannst dir Unterstützung in Gruppen holen, die zu diesem Thema arbeiten. Du kannst dir von Sexualtherapeutinnen und -therapeuten helfen lassen. Du kannst dich entspannen und das Leben als das genießen, was es ist, eine aufregende Entdeckungsreise zu dir selbst! Wenn du schon alles wüsstest und alles könntest, was gäbe es da noch zu entdecken? Lerne dich kennen und verliebe dich immer wieder neu in dich!

Ich habe all das gemacht. Manchmal begegnet mir irgendwo mein Spiegelbild und ich denke: „Hey, das ist ja ein attraktiver und toller Mann!" Ich streiche über meine Haut und fühle mich sinnlich verbunden. Ich rieche mich gerne. Ich mag meinen älter werdenden Körper. Ich genieße meine unbändige Lebenslust. Ich kann begeistert über mich selbst sein. Nicht immer, aber immer öfter!

Wenn ich das kann, kannst du das auch! Probiere es und hol dir Hilfe! Dieser Weg zur Liebe ist der schönste Pilgerpfad, den es auf der Erde gibt, und wenn du willst, auch der lustvollste! Es geht bei dieser Reise um etwas sehr Lebendiges! Deine Seele, deine Liebe, deine Lebenslust!

Kannst du dich dazu entscheiden, dich zu lieben?

Wie du Nähe zu dir und zu Anderen herstellen kannst

Menschen sind soziale Wesen. Liebe für sich selbst zu erleben oder sich beim Anblick eines Sonnenuntergangs mit der Natur verbunden zu fühlen, ist wundervoll. Aber seine Liebe mit anderen Menschen zu teilen, bedeutet, sich auch mit anderen Menschen eins zu fühlen. In der Verbindung mit anderen prägt sich die eigene Identität und allein durch die Liebe kann sich der Einzelne seelisch mit anderen verbinden. Dabei dehnt sich die Seele gewissermaßen auf andere aus. Die Liebe wird größer, wenn wir sie teilen.
Du bekommst in diesem Kapitel Werkzeuge an die Hand, mit denen dir dies möglich wird.

✍ Liebe fällt nicht vom Himmel. Du machst sie oder du verhinderst sie.

Liebe zu anderen beginnt mit der Liebe zu dir selbst. Erinnere dich an den ersten Schritt: dort ging es, darum, die Liebe nicht von anderen einzufordern, sondern sie mit anderen zu teilen. Teilen kannst du von dem, was du selber im Herzen trägst. Die Fülle an Liebe, die nicht nur du, die jeder Mensch dort trägt, eignet sich wunderbar, um sie mit anderen zu teilen. Bei einigen Menschen fällt dir das vielleicht nicht so leicht, im Zusammensein mit anderen dagegen ist es ein Kinderspiel. Beginne deinen Weg mit Menschen, bei denen es dir leicht fällt. Schwer wird es später noch von ganz alleine. Widme dich einem Menschen, dem du dich leicht öffnen kannst. Es spielt keine Rolle, ob es Partner oder Partnerin, Fremde oder Vertraute sind. Zu den Problemsituationen kommen wir später noch. Die beiden Werkzeuge, die unabdingbar sind, um Nähe herzustellen und Liebe zu teilen, heißen: persönliche, seelische Wahrheit und Offenheit.

Deine seelische Wahrheit

Wahrheit ist ein Fundament für Nähe und Liebe. Du erinnerst dich vielleicht noch an die Ermahnungen deiner Kindheit: „Lügen bestraft der liebe Gott", „Bleib immer bei der Wahrheit" oder Ähnliches. Das waren Sätze, um dir eine Moral einzupflanzen. Verabschiede dich in diesem Kapitel von solchen moralischen Vorstellungen und Weltanschauungen. In diesem Buch geht es um etwas anderes, nämlich darum, Liebe und Nähe zu leben, und beides ist nur möglich, wenn du wahrhaftig bist. Es geht also darum, ganz du selbst zu sein und dich nicht zu verleugnen. Nähe und Liebe kannst du nur durch dein Du-Selbst-Sein erreichen.

Wahrheit bedeutet in diesem Sinne, für dich wahrzunehmen, wie du gerade wirklich bist, was mit und in dir passiert, was du augenblicklich fühlst, was du denkst, wovor du Angst hast. Eine ehrliche und tiefgehende Selbstentdeckung bringt dich auf die Spur deiner ganz persönlichen Wahrheit. Es ist erwiesen, dass jeder von uns nur einen Teil der Wirklichkeit wahrnimmt. Andere Teile übersehen wir, blenden sie aus oder verdrängen sie sogar bewusst. Durch diese subjektive und selektive Wahrnehmung der Wirklichkeit kann ein verzerrtes Bild entstehen, das uns zu Urteilen, Meinungen und Glaubenssätzen verführt.

Stellen wir jedoch auch unsere Wahrnehmung in den Dienst der Liebe, so genügt selbst die persönliche und selektive Wahrnehmung, um sich besser zu verstehen und mitzuteilen. Um sein Gegenüber wahrzunehmen und zu verstehen, bedarf es eines offenen Herzens.

Deine Wahrheiten bedeuten hier nicht deine Erwartungen, Enttäuschungen, Werturteile und Meinungen. Deine ganz individuelle Wahrheit liegt weitaus tiefer als du auf Anhieb meinst.

Bei den regelmäßigen Diskussionen mit meiner Frau über mein rasantes Autofahren argumentiere ich mit intelligenten Einwänden. Wenn ich aber ganz ehrlich bin und meine Wahrheit sehe, kommt etwas anderes zutage. Der langsame Fahrer mit Hut vor mir zwingt mich dazu, auch langsam zu fahren. Ich fühle mich aufgehalten und in meiner Freiheit eingeschränkt. Ich kann es nicht ertragen, eingeschränkt zu werden! Es geht also nicht um schnelleres Ankommen und andere blödsinnige Argumente, sondern um die alte Angst, meiner Selbstbestimmung beraubt zu werden. Das mag in der Lebensgeschichte sinnvoll sein, nicht aber im Straßenverkehr.

Mit meinen Einwänden schiebe ich etwas vor, um Tieferes nicht sehen zu müssen. Manchmal bin ich dabei so überzeugend, dass ich es selbst glaube. Das nenne ich dann meinen „Selbstbeschiss". Es gibt eine Instanz in mir, die meine Wahrheit kennt und sich auch bei mir mit leiser Stimme meldet. Ich nenne diese Instanz den „kleinen Mann im Ohr". Er sagt mir deutlich, wie es sich eigentlich verhält. Wenn ich auf ihn höre und ihn nicht mit meinen Argumenten übertöne, finde ich schnell zu meiner Wahrheit.

Mache ich das nicht, so würge ich meine Wahrheit ab: Weil ich meine Sicherheit und meinen Schutz nicht aufgeben will, weil ich Recht behalten will oder meine Überlegenheit demonstrieren muss.

Hast du auch so einen kleinen Mann oder so eine kleine Frau im Ohr?
Hörst du ihr zu?
Was hat diese innere Stimme dir schon gesagt?

Wer bist du? Was ist deine Wahrheit?

Es gibt eine Wahrheit, die nicht mit dem Verstand wahrzunehmen ist. Dennoch ist sie da. Ich spüre ihre Auswirkung. Ich nehme mein Verhalten wahr, aber ich verstehe mich nicht immer. Ich wundere mich in einigen Momenten nur über meine eigenen Reaktionen. Ich re-agiere in diesen Momenten reflexartig auf eine Wahrnehmung oder auf einen Menschen und sein Verhalten. Ich verstehe meine Re-Aktionen nicht. Das ist schwer auszuhalten. Deshalb baue ich Argumente und Vorstellungen auf, um mir mein Verhalten zu erklären. Diese Vorstellungen sind nicht wirklich stimmig. Das wird mir auch bewusst, aber es kostet viel Mut, mir das einzugestehen. Ohne eine bessere Erklärung stehe ich mit leeren Händen da und bin verwirrt. Im folgenden Beispiel wird dies deutlicher.

Als junger Mann habe ich meine Kindheit als sehr glücklich dargestellt und es auch so geglaubt, obwohl die Kinderfotos eine ganz andere Sprache sprachen. In meinem Leben und in meiner Beziehung war ich jedoch nicht glücklich, da ich mich ständig abgrenzen und zurückziehen musste. Ich ging auf Distanz, aber ich habe es nicht sehen wollen. Die Konflikte mit meiner damaligen Partnerin waren dementsprechend. Eine unterschwellige Angst bestimmte mein Leben und meine Beziehung. Ich wusste nicht, was schief lief.

In dieser Zeit wurde ich einmal aus heiterem Himmel von einem 15-jährigen, schmächtigen Jugendlichen auf der Straße getreten. Der Angriff war unerwartet und irrational, aber nicht wirklich bedrohlich. Angemessen wären Ärger oder Abwehr gewesen. Das konnte ich selbst in dieser Situation wahrnehmen. Ich zitterte jedoch am ganzen Körper, war unfähig, mich von der Stelle zu rühren, hatte Schweißausbrüche und alle typischen Anzeichen von Panik. Das Verwirrendste an der Situation aber war: Ich wusste nicht, warum ich so heftig reagierte. Ich hatte keine Erklärung dafür. Meine innere Stimme sagte mir deutlich, dass es eine Erklärung geben musste, selbst wenn ich sie noch nicht sah.

Es war schwer, das anzunehmen und in meiner Wahrheit, meiner Verwirrung, zu verharren, ohne dem Impuls nachzugeben, alles verstandesmäßig ordnen zu wollen. Ein Jahr später fand ich dann die fehlende Verbindung. Freunde der Familie, die mich schon seit der frühen Kindheit kannten, gestanden mir auf meine Nachfragen, dass ich als Kind regelmäßiger und ungezügelter Gewalt ausgesetzt war. Ich hatte keine Erinnerung daran, hatte all diese Szenen wohl in der

Not verdrängt. Der Mut zu meiner ganz persönlichen Wahrheit hat mir dann geholfen, von dem Fantasiekonstrukt einer glücklichen Kindheit Abschied zu nehmen und mich meinen Verletzungen zu stellen und meine eigene Wahrheit zu finden.

Wir haben alle ein Bild von unserm Leben, vergleichbar mit der Vorlage eines Puzzles. Das Bild auf der Schachtel sagt uns, wie die einzelnen Teile zusammengesetzt werden müssen. Also versuchen wir, die einzelnen Stücke unserer Erfahrung in dieses Lebenspuzzle einzubauen. Doch das gelingt nicht immer. Was nicht passt, wird passend gemacht, umgedeutet oder schlicht ignoriert. Manchmal jedoch stimmt die Vorlage auf dem Deckel nicht. Dann haben wir Schwierigkeiten, das Lebenspuzzle zusammenzusetzen und uns mit unseren Handlungen, Gedanken und Reaktionen zu verstehen. Allerdings nehmen wir durchaus wahr, dass da etwas nicht stimmt oder unlogisch ist. Die Wahrheit, die wir dann annehmen könnten, hieße: Etwas passt nicht, etwas verwirrt mich, etwas ist schwer anzunehmen. Alle verstandesmäßigen Erklärungen sind Schutzkonstrukte, die vor der Angst, der Unsicherheit, der Verwirrung oder dem Schmerz bewahren sollen.

Wenn wir uns im Kontakt mit anderen sehr stark gegen etwas wehren, hat dies oft mit verdrängten und unliebsamen Erlebnissen zu tun. Es scheint leichter, die Verantwortung abzugeben und enttäuscht, ärgerlich oder anklagend zu reagieren, als nach der eigenen Wahrheit zu suchen.

Im genannten Beispiel habe ich meine Angst wahrgenommen und mir gegenüber zugegeben. Ich habe mir erlaubt, ohne intellektuelle Deutungen und Erklärungen in meiner Wahrheit zu sein. Dazu gehörte auch die Verwirrung. Das hat mich mir näher gebracht. Ich brauchte nicht „die heutige Jugend" zu verteufeln, und ich brauchte mich auch nicht als Feigling abzustempeln. Ich konnte berührt von mir sein.

Jeder Mensch hat eine ganze Anzahl Ängste. Wir erleben sie längst nicht alle bewusst und dennoch lenken sie unser Verhalten. Nähe bedeutet auch, sich diese Ängste mit Ehrlichkeit einzugestehen. Dann brauchen wir sie nicht mehr zu überspielen oder zu verdrängen oder gar auf andere abzuwälzen. Wir sparen die Kraft, die uns das Schutzverhalten abverlangt und können all unsere Energie in Liebe und Nähe einfließen lassen. Wenn wir jedoch nicht den Mut haben, nach dem zu suchen, der wir sind, können wir die Liebe nicht in vollem Ausmaß mit anderen teilen.

🖐 Beginne da, wo es leicht für dich ist!

Du wirst mit diesem Buch nicht sämtliche Probleme deines Lebens regeln können, doch du kannst einfach nur zur Liebe finden. Die Ehrlichkeit zu dir selbst lässt dich deine Wahrheit finden und hilft dir, weniger Rollen zu spielen. Du brauchst dich weniger zurückzuziehen und kannst mehr du selbst sein.

Du tauscht deine Fassade gegen dein Wirklich-Sein.

Deine Wahrheit steht hier für das, was du von deinem Wirklich-Sein wahrnehmen kannst! Sie hat nichts mit deinen Bewertungen, Meinungen, Erwartungen, Schuldzuweisungen und Verantwortungsaufträgen zu tun.

Mein offensichtlicher Selbstbeschiss und meine unbewussten Ängste haben mich von der Nähe ferngehalten. Wenn wir uns selbst oder anderen etwas vormachen, schlüpfen wir in eine Rolle und sind nicht wir selbst. Der Kontakt zu anderen spielt sich dann auf der Ebene des Rollenspiels ab und gibt uns vermeintlich Sicherheit. Doch das Echo der Anderen trifft eben nur diese Rolle, nicht uns selbst. Selbst wenn uns dann jemand sagt, dass er uns mag, sagt er nur, dass er unsere Rolle mag. Nähe kann so nicht entstehen. Es kostet Mut, ehrlich zu sein und die eigene Wahrheit zu sehen. Wir können es viel öfter als wir denken! Stell dir vor, die Menschen in deiner Umgebung können sehen, wer du wirklich bist!

Übung

Schreibe zu jedem Punkt deine persönlichen Aussagen auf!
Wer bist du jetzt grade?
Was ist deine Wahrheit in diesem Moment?
Nimm dich mit allem ohne Bewertung wahr!
Tu das heute so oft es geht.

Stell dir vor, ein vertrauter Mensch weiß, wer du jetzt wirklich bist.
Was kann dieser Mensch sehen?
Was sind die möglichen Auswirkungen?

Stell dir vor, deine Arbeitskolleginnen und Kollegen wissen, wer du jetzt wirklich bist.
Wer bist du dann bei der Arbeit?
Was sind die Auswirkungen?

Stell dir vor, deine Freunde wissen, wer du jetzt wirklich bist.
Wen sehen sie?
Wie könnten die Reaktionen ausfallen?

Stell dir vor, Fremde wissen, wer du jetzt wirklich bist.
Wer bist du dann?
Was sind die Auswirkungen?

Schreibe deine Fantasien dazu auf und spiele die positiv und negativ bewerteten Auswirkungen in Gedanken weiter durch.
Was kann dann passieren, und was bedeutet das für dein Leben?

Deine Offenheit

Offenheit ist das Tor zum Anderen. Sie ist ein weiteres Hilfsmittel, um Nähe herzustellen. Du hast zuvor deine Wahrheit kennengelernt und erkannt, wer du gerade bist. Offenheit bedeutet, dich dem Anderen so zu zeigen, wie du grade bist, dich nicht hinter äußeren und inneren Fassaden zu verstecken, nicht mehr das perfekte oder korrekte Wesen zu spielen, sondern das menschliche. Es bedeutet, dich mit deinen seelischen Gefühlen sichtbar zu machen.

Offenheit bedeutet, freiwillig der Mensch zu sein, der du wirklich bist, weil du dein Wirklich-Sein nicht länger in den Keller sperren möchtest.
Offenheit bedeutet, freigiebig zu sein mit dem, was du bist, weil du nicht länger dein Herz verkrüppeln möchtest.
Offenheit bedeutet, das Risiko der Ablehnung einzugehen. Denn die, die dich lieben, lieben dich mit dem, was du wirklich bist.

Wenn du dich mit deiner Wahrheit anderen gegenüber öffnest, hat die Liebe eine Chance. Entweder berührt deine Offenheit dein Gegenüber, sodass er oder sie sich auch öffnet, oder dein Gesprächspartner reagiert mit Schutz und Widerstand. Beide Varianten bringen dir einen Gewinn: Du spürst deutlicher!

Öffnet sich dein Gegenüber, so entsteht eine neue Ebene von Nähe und Vertrautheit; reagiert er oder sie mit Abwehr, so weißt du, dass mit diesem Menschen in diesem Moment keine Nähe möglich ist. Das Wichtigste aber ist: Du hast dich gezeigt und musst dich nicht länger verstecken. Du musst nicht mehr eine Rolle spielen. Die Beziehung zu deinen Mitmenschen wird klarer.

Auch wenn es schwerer ist, in dieser einseitigen Offenheit zu bleiben, gewinnen wirst du immer damit: Wenn es dich enttäuscht, lass deine Erwartungen wieder los. Verurteile niemanden, wenn deine Öffnung nicht erwidert wird. Konzentriere dich stattdessen auf den Gewinn, du selbst zu sein. Du kannst dir jemand anderen zu suchen, mit dem dir deine Öffnung leichter fällt. Mache jedoch aus deiner Öffnung kein Tauschgeschäft. Die meisten Menschen wollen Nähe und Liebe, aber beides macht ihnen auch Angst. Betrachte daher Distanz und Rückzug nicht als etwas, was gegen dich gerichtet ist. Je vertrauter dir dein Gegenüber ist, umso schwerer ist es, keine Erwartungen zu haben. Wenn du also deine Wünsche auf positive Reaktionen bei einem bestimmten Menschen nicht loslassen willst, entscheide dich in der Lernphase dafür, die neue Offenheit mit jemandem zu leben, bei dem nicht so viel Erwartungen auf dem Spiel stehen.

Überschütte niemanden mit deiner Enttäuschung! Es ist deine Täuschung! Der Andere ist so, wie er ist, mit all seinen Bedürfnissen und Schutzmechanismen. Du hast es nur nicht wahrgenommen!

„Sollen die Anderen sich doch zuerst öffnen!"

Wir möchten alle gerne, dass sich die Anderen zuerst öffnen, damit wir nicht das Risiko tragen müssen, als Erste ohne Deckung dazustehen. In einigen Fernsehshows ist das gut zu beobachten. Gäste sollen mit Fragen und Provokationen dazu gebracht werden, mit ihren „echten" Gefühlen und Dramen sichtbar zu werden. Der Zuschauer und die Macher konsumieren aus sicherer Distanz das Ergebnis, ohne das Risiko der eigenen Öffnung wagen zu müssen. Der Leidtragende ist eigentlich gar nicht der bloßgestellte Gast, sondern der Zuschauer, der sieht, wie das Leben woanders stattfindet. Wenn du Nähe willst, kannst du nicht Zuschauer bleiben! Du musst dich für das Risiko deiner Öffnung entscheiden!

Eine Freundin arbeitet als Journalistin in Australien und berichtete mir von einer Recherche in der australischen Wildnis. Sie interviewte mit ihren vorbereiteten Fragen die dort lebenden Aborigines. Dabei stieß sie selbst mit einfachen Fragen auf verlegenes Schweigen. Verwundert wandte sie sich an ihren einheimischen Führer und erfuhr: Wenn die Ureinwohner etwas vom Andern erfahren möchten, stellen sie keine Fragen. Das ist unhöflich. Sie öffnen sich und erzählen selbst etwas über sich; dann kann sich das Gegenüber entscheiden, ob es sich öffnen will oder nicht. So begann die Journalistin, von sich zu erzählen und kam in näheren Kontakt mit den Aborigines, die sich auch für sie öffneten.

„Nur meine Schokoladenseite darf jeder sehen."

Um nicht außerhalb der Gemeinschaft zu stehen, aber dennoch das Risiko auszuschließen, sich öffnen zu müssen, wählen einige Zeitgenossen eine Variante, die ich „Positivismus" nenne. Ein Freund von mir offenbarte freiwillig nur glückliche, erfolgreiche und positive Erlebnisse. Alles Traurige, Schmerzhafte, Schamhafte oder Angstbesetzte behielt er für sich. Er war damit sehr erfolgreich, erfuhr aber keine wirkliche Nähe und Liebe. Menschen, die tatsächliche Nähe und Liebe leben wollten, wandten sich irgendwann von ihm ab, weil es nicht möglich war, dieses Leben mit ihm zu teilen. So bestanden seine Beziehungen aus oberflächlichen Begegnungen oder enttäuschten Rückzügen der Partnerin. Nähe lässt sich nur mit der ganzen Person herstellen. Dazu darf auch die Angst vor der Öffnung zählen. Nachdem mein Freund dies erkannt hatte, veränderte sich seine Welt.

Auch eine halbe Offenheit ist unoffen. Wenn du bewusst Teile von dir zeigst und andere verbirgst, versuchst du, den anderen zu manipulieren. Noch wesentlicher ist aber, dass du selbst dann nur halb da bist. Du bist zerrissen und nicht ganz. In diesem Fall ist die Nähe zu dir selbst nicht möglich, und erst recht nicht die Nähe zu einem Gegenüber.

„Ich erzähle dir gerne Geschichten über mich."

Manchmal beobachte ich Klienten, die im Detail von ihrer eigenen dramatischen Lebensgeschichte berichten und dennoch in der Zuschauerrolle bleiben.

Sie reden *über* sich, anstatt *von* sich. Sie erzählen ihre Erlebnisse und Erinnerungen, als habe jemand anderer all das erlebt und sind mit ihren seelischen Gefühlen nicht beteiligt. Eine solche Scheinoffenheit ist schwer zu erkennen, wenn man nur auf die Worte achtet. Die Erzählenden kommen ins Plaudern oder ins Klatschen, aber sie treten hinter ihren Geschichten zurück. Was ich dann wahrnehme, ist eine Selbstdarstellung, keine Öffnung. Öffnung beginnt immer mit der Hinwendung zur eigenen Wahrheit. Wer sich öffnet, entscheidet sich für das Risiko, dem anderen die eigene Wahrheit mitzuteilen.

Übung

Schreibe zu jeder Frage soviel Antworten auf, wie du möchtest.
Welchen Menschen hast du deine volle Wahrheit bislang vorenthalten?
Was ist deine Wahrheit, die du ihnen vorenthalten hast?
Wie hast du sie vorenthalten?
Wem möchtest du deine Wahrheit mitteilen?
Bei wem fällt es dir am leichtesten?
Bei wem ist es am schwersten?

Die Wahrheit des Anderen sehen – den Anderen in seiner Wahrheit verstehen und annehmen.

Wenn wir mit einem Menschen in Kontakt treten, berühren wir immer die Wirklichkeit dieses Menschen mit unserer eigenen subjektiven Wirklichkeit. Wir nehmen ihn wahr. Aber unsere Wahrnehmung läuft durch den Filter dessen, was wir in unserm eigenen Leben an Erfahrungen gemacht haben, welche Ängste, Vermeidungen, Wünsche oder Abhängigkeiten wir im Laufe der Zeit entwickelten. Ein Mensch, der in seiner Kindheit elterliche Liebe als enttäuschend erlebte, scanned die Menschen seiner Umgebung vielleicht besonders danach ab, ob auch sie eine Enttäuschung bringen könnten. Alle anderen wichtigen Erfahrungen, die wir mit genau diesem Menschen machen könnten, werden dann möglicherweise gar nicht wahrgenommen, da wir auf andere immer unbewusst und augenblicklich reagieren. Das kann die Wahrnehmung der tatsächlichen Wirklichkeit des anderen sehr einschränken. Wenn wir uns aber mit offenen Herzen und frei von Erwartungen und Bewertungen auf die Wirklichkeit des Gegenübers einlassen, sehen wir den anderen Menschen so, wie er ist. Wir nehmen seine Wahrheit wahr und es fällt uns leichter, die Eigenarten dieses Menschen auch mit dem Herzen zu verstehen. Wir versetzen uns selbst dadurch in die Lage, den anderen Menschen so zu akzeptieren, wie er ist. Dieses Verständnis lässt beide Seiten zueinanderfinden.

Eine Klientin, die mit ihrem Mann zu einer Paarberatung in meine Praxis kam, konnte ihren Partner erst dann wieder wirklich wahrnehmen, als sie ihre Enttäuschung und ihren Ärger in einer Übung hinter sich gelassen hatte. Sie erkannte, dass er sie nicht angelogen hatte, als er ihr bei der Hochzeit Nähe und

Liebe versprochen hatte. Sie begriff, dass er ihre Wünsche nicht erfüllen konnte, weil er zu viel Angst hatte, sich zu öffnen. In diesen Momenten der Nähe hätten seine Schutzmuster zusammenbrechen und seine vollkommen lieblose Kindheit hätte deutlich werden können. Um was es da im Einzelnen ging, war in der Situation nicht wichtig, wichtig war, dass meine die Klientin die Angst ihres Mannes vor der Nähe wahrnehmen konnte. Diese Wahrheit reichte, um mehr Verständnis für ihn zu bekommen. Jetzt konnte sie ihm sagen, dass sie ihn nicht mit ihren Forderungen bedrohen wollte. Das war ein wichtiger Schritt zu mehr Nähe für die beiden. Ihr Mann konnte daraufhin tatsächlich seine Angst ein wenig mehr zulassen und sich dadurch auch mehr öffnen.

Die Wahrheit des Anderen zu sehen bedeutet, diesen Menschen bewusst so wahrzunehmen, wie er ist. Ohne Interpretation, ohne Bewertung, ohne Verbesserungsvorschläge und ohne Schuldzuweisung.

Wenn wir die Wahrheit eines anderen erkennen wollen, müssen wir uns unserer eigenen Reaktionen auf diesen Menschen bewusst sein.

Wie reagiere ich auf den Menschen vor mir?

Warum, vor welchem Hintergrund, reagiere ich so auf diesen Menschen?

Dieser Ausflug in die eigenen Welten ist notwendig, um unser Herz und unseren Geist für den anderen zu öffnen. Erst dann können wir Verständnis entwickeln.

Meinungen, Vorurteile, Erwartungen und Aufträge haben nichts mit der Wahrnehmung der Wahrheit des Anderen zu tun! Die kommen aus unserm eigenen Leben. Es ist schnell geschehen, aus der Wahrnehmung und dem Verstehen des Gegenübers herauszufallen und in eigenen Wünschen oder gar Manipulationen zu landen. Schuldzuweisungen kommen gern auch über die Hintertreppe ins Haus! „Du machst mich traurig, wenn ich mit dir reden will und du nicht zuhörst …". Dieser Satz hat nichts mit Wahrnehmung zu tun. Er beinhaltet eine verdeckte Kritik nebst Schuldzuweisung. Derjenige, der ihn ausspricht, möchte sein Gegenüber verändern und manipulieren. Lass den Anderen so, wie er ist! Liebe zu anderen Menschen hat nichts mit der Veränderung des Anderen zu tun. Der bessere Satz wäre in diesem Falle: „Ich möchte manchmal gerne ein Gespräch mit dir führen und finde dann keinen nahen Zugang. Dann fühle ich mich sehr getrennt von dir …"

Wir haben unterschiedliche Ebenen, auf denen wir agieren. Menschen drücken sich mit Worten aus, mit dem Körper durch Gestik und Mimik, mit ihren Handlungen und Gefühlen. All das nehmen wir an unserem Gegenüber zeitgleich wahr, verarbeiten es blitzschnell und neigen dann dazu, es in ein Freund-Feindschema zu pressen. Ist der Mensch für mich, oder ist er gegen mich, erfüllt die Person meine Erwartungen, oder enttäuscht sie mich? Für die Wahrheit, wie sie hier gemeint ist, musst du diesen blitzschnellen Automatismus stoppen so gut du kannst. Was war, bevor deine Bewertung einsetzte? Was hast du davor beim Anderen wahrgenommen?

Dein Gegenüber hat bei dir Reaktionen ausgelöst. Lass diese Reaktionen für einen Moment zu! Freude, Neid, Ärger, Verachtung, Bewunderung, Erwartung, alles darf sein! Nimm dich damit wahr! Versteh dich mit deinen Reaktionen. Dann mache dir bewusst, dass es DEINE Reaktionen sind, und entlasse dein Gegenüber daraus. Dieser Mensch kann das alles aus irgendeinem Grund in dir auslösen. Aber der Urheber der Reaktion bist du selbst! Lass dann auch deine Reaktion los. Du kannst später danach forschen, warum du so reagierst.

Wenn du dich für diesen Moment von deiner ersten spontanen Reaktion befreit hast, bist du weniger belastet und verstehst eher, was du bei deinem Gegenüber und in eurem Kontakt wahrnimmst. Bevor du darüber sprichst, frage um Erlaubnis und benutze deine Wahrheit niemals als Mittel, um den anderen zu verändern oder Verantwortung auf ihm abzuladen!

Verabschiede dich von den Erwartungen, von einer ganz bestimmten Person eine ganz bestimmte Art von Nähe zu bekommen. Mit diesem Buch kannst du Liebe in dein Leben bringen und auch Nähe zu Anderen. Du wirst aber keine Strategien kennenlernen, um andere Menschen so in dein Leben zu integrieren, dass sie mit dir Liebe und Nähe teilen, wie du es möchtest. Das ist wirklich eine schwere Versuchung.

Du hast jetzt die drei Bausteine für mehr Nähe zum Anderen kennengelernt. Es sind: deine Wahrheit, deine Offenheit und die Wahrheit des Anderen (soweit du sie sehen kannst) wahrzunehmen, zu verstehen und zu akzeptieren. Willst du damit Nähe zu anderen herstellen?

Triff deine Entscheidung! In einer Übung kannst du jetzt den Weg zur Liebe ausprobieren. Bleib bei dem, was du siehst, hörst und fühlst. Frage dein Gegenüber vorher, ob du ihm deine Wahrheit mitteilen kannst und dränge nichts auf! Frage dich, bevor du etwas von deiner Wahrnehmung mitteilst, welche Motivation dahinter steht. Wenn du dein Gegenüber dadurch verändern möchtest, lass es bleiben.

Übung

Du brauchst einen Bogen Briefpapier und einen Stift.
- Such dir einen Menschen aus deinem Leben, mit dem du glaubst, relativ leicht Nähe herstellen zu können.
- Stell dir diesen Menschen innerlich vor, wenn er nicht jetzt bei dir ist.
- Was ist deine Wahrheit im Kontakt mit diesem Menschen? Was nimmst du an dir wahr, wenn du mit dieser Person zusammen bist, oder an sie denkst?
- Befreie dich davon, diesem Menschen irgendeine Verantwortung dafür zu geben.
- Öffne dich mit deiner Wahrheit, mit aller Ehrlichkeit, zu der du fähig bist. Fordere nichts, erwarte nichts, beschuldige nicht und sprich über dich.

- Schreibe deine Wahrheit auf den Briefbogen.
- Wie erlebst du den Kontakt zwischen euch?
- Lies dir dann das Geschriebene noch einmal laut vor! Was fühlst du, wenn du deine Worte liest? Was wird dieser andere Mensch empfinden, wenn er deine Zeilen liest? Bist du bei der Wahrheit geblieben, oder haben sich doch Erwartungen, Wünsche, Enttäuschungen oder Anklagen eingeschlichen? Schreibe eventuell den Text noch einmal um.
- Dann kannst du, wenn du möchtest, deine Worte als Brief an diesen Menschen schicken.

Wenn du spürst, dass durch diese Übung mehr Nähe in dein Leben gekommen ist, so mach sie auch mit anderen Menschen. Hat die Übung bei dir geklappt, kannst du sie auch im direkten Kontakt versuchen, ohne vorher etwas aufzuschreiben. Sollte es nicht funktionieren, kannst du die Person, um die es ging, fragen, wie sie deine Worte aufgenommen hat. Vermutlich kannst du etwas daraus lernen, denn wir senden oftmals unterschwellige Botschaften, sei es, um etwas von uns abzuwälzen oder um andere in unserm Sinne zu verändern.

Besonders berührend ist es, wenn dein Gegenüber die gleiche Übung macht wie du und dir mitteilt, wie er sich und seine Wirklichkeit im Kontakt mit dir wahrnimmt. Ihr könnt auch mündlich und direkt miteinander üben. Die schriftliche Variante hat den Vorteil, dass ihr eure Worte in Ruhe durchsehen könnt, bevor ihr sie dem Gegenüber mitteilt. Gebt nicht sofort auf, wenn es nicht klappt.

Wenn du schon ein wenig Erfahrung mit dem Mitteilen deiner Wahrheit gemacht hast, versuche es doch mal mit jemandem, bei dem es dir nicht so leicht fällt.

- Finde deine Wahrheit im Kontakt mit dem Anderen.
- Öffne dich mit deiner Wahrheit und teile sie mit.
- Höre der Wahrheit des Anderen zu und nimm sie ohne Beurteilung wahr.
- Sieh die Einzigartigkeit des Anderen und begeistere dich dafür.

Es kann gut sein, dass sich dein Umfeld durch diesen Schritt verändert! Möglicherweise wird dein Leben auch intensiver! Lass dir Zeit mit allem und genieße die entstehende Nähe. Verliere dich aber nicht in aufkeimenden Erwartungen oder Hoffnungen. Erzähle deinem Umfeld von der Übung, dann fällt es den anderen leichter, deine Veränderung zu verstehen.

Verschenke dein Herz an die Welt

Der schönste Schritt zur Liebe kommt zum Schluss. Es ist die größte Erfahrung, zu der wir Menschen fähig sind. Es ist die Verbindung mit dem Anderen, die Verbindung mit der Welt und für viele die Verbindung mit dem Göttlichen oder

dem Universellen. **Wir sind durch unsere Gehirnhälften imstande, das individuelle Erleben von dem Universellen zu unterscheiden. Du als vereinzeltes Individuum mit allen Einschränkungen kannst dein Dasein durch ein Leben in Liebe
und Verbindung bereichern. Du kannst größer werden, als du es dir in deinen
kühnsten Träumen erhoffst. Du kannst das Einssein wieder spüren. Du kannst
deine Großartigkeit erleben. Es geht um das Teilen. Es geht darum, dich selber
zu verschenken! Es geht darum, die Angst vor Verlust loszulassen. Es geht
darum, nicht weniger zu sein, wenn du etwas von dir abgibst, sondern mehr
zu werden.**

☝ Dein Herz wird größer, wenn du es verschenkst!
Die Liebe wird größer, wenn du sie verschenkst!
Du wirst größer, wenn Du dich verschenkst!

Dieser letzte Schritt zur Liebe ist der wichtigste. Ohne ihn verlieren die vorangegangenen Schritte ihre Bedeutung. Erst wenn du aufhörst, dich über deine Be-
grenzung und Enge zu definieren, kannst du frei werden für das ganze Ausmaß
der Liebe. Statt deiner Enge erlebst du dann deine Größe. Du machst dein Herz
weiter. Du gibst alles ab aus deinem Herzen und nimmst alles auf. Du bestimmst
durch deine Gedanken, wer du bist. Du gestaltest selber die wundervollste Vorstellung von dem, wer du sein willst.

Verschenken bedeutet nicht tauschen!

Ich habe auf einer meiner Reisen einen sehr netten Mann aus England kennengelernt. Ich lud ihn zum Essen in meine Ferienwohnung ein, um gemeinsam mit
ihm den Abend auf meiner Terrasse zu genießen. Seine große Sorge war es, diese
Einladung nicht erwidern zu können. Ich bemühte mich, ihm klarzumachen,
dass er nicht in meiner Schuld stehe, wenn ich ihm ein Essen schenke. Es sollte
kein Tauschhandel werden, sondern ein Essen mit nährenden Gesprächen!
Durch seine Sorge trübte sich der gemeinsame Abend und brachte Sorgen statt
Nähe. Erst als ich ihm meine Idee des Verschenkens nahebringen konnte, wurde
der Weg zu einem entspannten und liebevollen Gespräch frei.

Verschenken bedeutet nicht kaufen.

Liebe kannst du nicht erwerben, nicht durch Geschenke, nicht durch gute Taten,
nicht durch Selbstaufopferung und auch nicht durch Frömmigkeit oder – moder-
ner ausgedrückt –, durch Political Correctness. Wie oft ertappe ich mich selbst
dabei, nett zu sein, um mein Gegenüber freundlich zu stimmen. Ich begrüße in
unserem Seminarhaus oft Gäste, die das erste Mal da sind. Dabei bemühe ich
mich immer, höflich und nett zu den Menschen zu sein. Ich bin jedes Mal enttäuscht, wenn meine Freundlichkeit nicht erwidert wird. Manchmal fühle ich
mich auch verletzt. Meine Gäste haben oft eine lange Anreise hinter sich und

stehen mit bangen Erwartungen vor dem Beginn eines Seminars in fremder Umgebung mit fremden Menschen. Da ist eine Schutzhaltung eigentlich normal. Und die kann bei den grad Angereisten dann schon mal ruppig oder hart ausfallen. Wenn ich mir das bewusst mache, kann ich leichter damit umgehen. Oft aber steht mir meine Erwartung im Wege, Freundlichkeit mit Freundlichkeit vergolten zu bekommen. Verschenkst du etwas mit einer Absicht, dann möchtest du auch etwas erreichen und bist enttäuscht, wenn es nicht eintritt. Verschenken ist eben kein Geschäft. Wenn ich mich daran erinnere, fällt es mir wieder leichter, mich zu verschenken und die Reaktionen der Gäste zu akzeptieren.

Verschenken bedeutet nicht, darauf zu warten, dass jemand sich zuerst öffnet.
Ängstlich hüten wir unsere kleinen und großen Geheimnisse, unsere Gefühle und Sympathien. Wenn wir damit ungeschützt vor einem Gegenüber stehen, fühlen wir uns nackt und ungeschützt. Das wirkt noch stärker, wenn der andere in seiner Schutzrolle bleibt und sich nicht offenbart. So hoffen wir dann manchmal, dass der Andere sich öffnet, bevor wir selbst es tun. Vielleicht versuchen wir auch, den anderen Menschen dazu zu bringen, sich zu öffnen, um unser Risiko zu minimieren. Als Therapeut kenne ich dies nur zur Genüge! Aber es macht mein Leben reicher, wenn ich offen mein Herz verschenke – egal, ob der Andere es auch tut! Es kann beängstigend sein, so offen und ungeschützt dazustehen. Aber verschenken bedeutet eben nicht, eine Gegenleistung zu erwarten. Wir sollten uns daran erfreuen, nicht mehr verschlossen sein zu müssen. Wir könnten wegen dem, was wir preisgegeben haben, negativ bewertet werden. Aber was ist schlimm daran, wenn andere sehen, dass du ein offenes Herz hast und man dich so sieht, wie du tatsächlich bist! Wenn du einem Menschen dein Herz offenbarst, ihm deine liebenden Gefühle zeigst und wahrnimmst, dass er auf Distanz geht, hat das mit der Ängstlichkeit dieses Menschen zu tun. Du bist nicht verachtenswert, wenn du dein liebendes Herz zeigst.

Verschenken bedeutet nicht, sich zu verlieren.
Unbewusst habe ich lange Zeit mit einem fast zwanghaften Automatismus versucht, es anderen Menschen recht zu machen. Dafür habe ich meine Interessen aufgegeben, meinen Lebenswandel angepasst, meine Bedürfnisse nicht mehr wahrgenommen. Ich habe mich verloren! Eine solche Haltung hat nichts mit Verschenken zu tun! Dieses ‚Mich-selbst-Verlieren', war ein kindlicher Versuch, es allen Recht zu machen, um Gefahren von mir abzuwenden. Instinktiv wollte ich so verhindern, dass meine Eltern, meine Freunde, meine Kollegen und meine Familie von mir enttäuscht sein würden und mich ablehnen könnten.

Verschenken jedoch bedeutet, die Menschen an mir teilhaben zu lassen und nicht mich zu verausgaben oder zu verbiegen. Ich gebe etwas von dem, was ich bin und auch bleibe. Dazu muss ich spüren, wer ich wirklich bin: ohne Fassade und Verstellung. Nur so kann ich mich verschenken, ohne mich zu verlieren.

Verschenken ist Hingabe und bedeutet nicht, sich auszuliefern.

Der Gedanke, sich auszuliefern, entspringt der Vorstellung, passiv und hilflos zu sein und sich aufgeben zu müssen, um die Zuneigung zu erhalten, nach der man sich so sehnt. Klar, dass einem bei diesem Gedanken die Angst überwältigt, jemand könnte von meinem Inneren Besitz ergreifen. Dann gehört mir meine Seele nicht mehr. Ein sehr beängstigender Gedanke! Hingabe jedoch ist eine aktive Entscheidung. Ich erlaube jemandem, sich in mir auszubreiten. Ich begrüße eine andere Seele in mir und freue mich über das erlebte Einssein.

Wenn du dein Leben damit verbringst, ängstlich darauf zu achten, ja nicht zu viel von dir abzugeben, entspringt das aus einem tief verankerten Selbstbild, das dir vielleicht vermittelt: „Ich bin zu wenig." Ein von diesem Gedanken bestimmter Mensch muss darauf achten, dass ihm nichts weggenommen wird oder er sich gar verliert. Im Umgang mit anderen verausgabt er sich, um zu verhindern, dass jemand besser ist als er selbst. Geiz, Neid, Eifersucht, Misstrauen und Enge sind seine ständigen Begleiter.

Viele Menschen haben in ihrer Kindheit Grenzverletzungen erfahren. Die Erinnerungen daran machen Freigebigkeit sehr schwer. Auch ich habe als kleines Kind die Bedrohungen kennengelernt, die durch übermächtige Erwartungen entstehen. Bei dem Versuch, meine Mutter aus ihrer Verbitterung und Bedürftigkeit zu retten, tat ich Dinge, die für ein Kind nicht angebracht sind. Ich musste mich selbst aufgeben, um nicht jede Chance auf Zuneigung zu verlieren. Diese unfreiwillige Selbstaufgabe hatte eine grausame Zerrissenheit zur Folge. Es fühlte sich an, als ob mir jemand meine Seele nahm, ich aber selbst Schuld daran sei. Von dieser Erfahrung wegzukommen und hin zu einem Verschenken meiner Seele und meiner Liebe zu kommen, war sehr schwer. Schon die kleinsten Erwartungen an mich empfand ich als seelenbedrohend. Manchmal waren es nicht mal Erwartungen, aber ich entwickelte ein solches Misstrauen, dass ich mich ständig von bedrohlichen Erwartungen umstellt sah.

Dennoch konnte ich über diesen tiefen Graben springen. Ich habe entdeckt, dass meine Seele nicht zerstört oder entwendet werden kann. Ich selbst bin es, der sie verbannt, weil ich den großen Schmerz nicht spüren will. Meine Seele aber hält den Schmerz aus und überlebt alles! Ich weiß jetzt, dass ich mich nicht aufgebe, wenn ich mich verschenke. Ich bleibe ich selbst. Ich kann in meinem Wirklich-Sein meinen Weg weitergehen. Ich kann meine Liebe verschenken, und ich bin nicht dafür da, die Bedürfnisse anderer zu erfüllen. Ich muss mich nicht aufopfern oder verausgaben und ich muss nichts tun, was ich nicht wirklich will. Meine Seele wird nicht weniger, wenn ich sie zeige und mit der Welt teile. Es ist ein großer Unterschied, ob ich freiwillig und aus eigener Entscheidung meine Liebe verschenke, oder ob ich befürchte, jemand könnte sie mir stehlen. Dabei weiß ich: Man kann mir nur meinen Besitz stehlen. Meine tiefe Erfahrung von dem, was ich bin, zeigt sich aber nicht durch den Besitz, den ich behalten will. Wenn ich ein verwurzeltes Gefühl von mir habe, kann ich Liebe und Nähe verschenken. Wenn du etwas behalten willst, bestätigst du dir selbst nur, dass du es nicht bist. Wenn ich meine Ängstlichkeit loslasse und mich verschenke, erlebe ich sehr greifbar meinen Reichtum und meinen Überfluss. Ich erlebe, was ich bin.

Die Offenheit, die ich verschenke, bin ich!
Die Gefühle, die ich verschenke, bin ich!
Der Reichtum, den ich verschenke, bin ich!
Die Liebe, die ich verschenke, bin ich!

Je mehr ich mich verschenke, umso mehr erlebe ich mich in meinem Wirklich-Sein, in meiner Liebe. Ich muss nicht mehr fürchten, dass mir etwas genommen wird. Ich gestalte die Freiheit meiner Seele und agiere nicht mehr wie unter Zwang. Das ist die Größe der Liebe! Wer sie einmal kennengelernt hat, wird sie nicht mehr vergessen!

✍ Du bist immer das, was du in Liebe gibst!

Übung

Du kannst deine Vorstellungskraft für deine Größe in der Liebe nutzen. Setze dich für 15 Minuten an einen ungestörten Platz. Lege dir einen Stift und ein Blatt Papier an deine Seite. Schließe deine Augen. Jetzt denke an etwas, dass du gerne sein möchtest, oder gerne hättest, oder unbedingt brauchst. Nimm dir dafür vier Minuten Zeit.
- Lege deine Hände wie eine offene Schale vor deinen Bauch.
- Stell dir vor, du hältst genau das jetzt in deinen Händen.
Was du brauchst und dir so sehnlichst wünschst, ist da! Es ist in dir und du kannst es jetzt in diesem Moment spüren.
- Stell dir vor, wie es dich erfüllt. So groß ist deine Freude, es endlich bei dir zu haben.
- Was fühlst du? Wer bist du jetzt? Gebe dich für fünf Minuten diesem Gefühl hin. Du bist das, was du in Händen hältst!
- Mach dich bereit, es loszulassen und wieder zu verschenken!
- Welcher Gedanke kommt dir? Ist es ein ängstlicher, oder ein freudiger?
- Begrüße alle aufkommenden Gedanken, wie auch immer sie sind!
- Stell dir jetzt jemanden vor, der das, was du in den Händen hältst wirklich gut gebrauchen kann. Dann schenke es diesem Menschen!
- Mache eine verschenkende Geste mit deinen Händen, die es dir spürbar macht, wie du es verschenkst.
- Was fühlst du jetzt? Was passiert mit dir?
Schreib es kurz auf, damit du dich daran erinnern kannst. Noch besser, erzähle es einem Menschen, der dir nahe ist.
Wenn du magst, mach dich auf den Weg, um das, was du in Händen gehalten hast, dem Menschen zu schenken, an den du dachtest. Auf dem Weg dorthin

begegnet dir irgendetwas, was dieses Geschenk symbolisiert. Nimm es mit und verschenke diesen Gegenstand. Gebe keine Erklärungen dabei ab, sondern sage einfach nur: „Dies hier wollte von mir zu dir." Spüre deine Liebe dabei und erlaube dem Anderen die eigene Reaktion.

Stell dir vor, was du sein kannst, wenn du Liebe bist! Stell dir vor, du bist verbunden mit Allem, weil du es fühlst, weil Alles in dir ist und du in Allem. Du bist Eins, wenn du es zulässt! Eine Pressenachricht[1] von kleinen Plastikenten dient mir dabei als Erinnerung:

Am 29. Januar 1992, verlor ein Frachter im Pazifik, irgendwo zwischen Asien und Amerika drei Container mit 29 000 Plastikenten. Diese Enten erwiesen sich als sehr widerstandsfähig und reiselustig. Etwa 19 000 von ihnen ließen sich nach Australien und Indonesien treiben. Einige ließen sich auf Hawaii nieder, wer sollte es ihnen verdenken. Einige erreichten Chile. Eine ganze Gesandtschaft von ihnen machte sich aber auf den Weg nach Norden. Über Alaska und die Beringstraße an Grönland vorbei kamen sie in den Nordatlantik. Einige wanderten illegal über die Strände von Main und Massachusetts in die USA ein. Andere ließen sich weiter durchs Leben und den Atlantik treiben, bis sie nach 15 Jahren englische und irische Küsten erreichten.

Dieses Symbol der Plastikenten, die sich über die ganze Welt verteilen, ist so bedeutsam für mich, weil es eindrucksvoll zeigt, wie Alles miteinander verbunden ist, wie wir mit Allem eins sind. In nur 15 Jahren verteilten sich diese Enten über die ganze Welt, weil alle Teile der Welt ineinandergreifen und miteinander wirken. Und du und ich, wir sind auch ein Teil davon, ebenso, wie die Welt auch im entlegensten Winkel der Erde, ein Teil von dir und mir ist. Der Reichtum und die Armut, aber auch die überschwängliche Fülle der Natur sowie deren Zerstörung, Verstehen und Krieg, alles ist ein Teil von mir, mit mir verbunden in all meinen Handlungen.

Zu Beginn meiner Reise zur Liebe, spielte auch eine kleine Plastikente eine Rolle, (siehe Einleitung). Diese Ente ist mir eine Erinnerung an die kindliche Ungeschütztheit, die vorbehaltlose Liebe und das Einssein geworden. Ich möchte mein Symbol mit Euch teilen. So, wie sich die Enten auf den Meeren der Welt verteilt haben, können wir die Liebe auf der Welt verteilen, bis sie in die entlegensten Winkel der Welt und unserer Herzen kommt. Es wird eine gute Lebensreise mit der Liebe. Sie gibt viel Mut – gerade da, wo wir die Liebe schnell verlieren und Gefahr laufen, sie gegen Angst einzutauschen.

Manche Begegnungen mit Menschen lassen mich im ersten Moment zurückschrecken. Dann brauche ich den Mut, den mir die Liebe gibt. Wenn ich dann nicht genau weiß, wie ich mich verhalten soll, hilft mir die Erinnerung und die Frage:

---

[1] Siehe Artikel aus „Der Spiegel Online" vom 30. 6. 2007/ Wikipedia: „Friendly Floates"

Was würde die Liebe tun?
- Was würde die Liebe tun, wenn ich von jemandem enttäuscht bin?
- Was würde die Liebe tun, wenn ich mit jemandem im Streit bin?
- Was würde die Liebe tun, wenn ich jemanden ablehne?
- Was würde die Liebe tun, wenn ich misstrauisch bin?
- Was würde die Liebe tun, wenn ich Angst habe?

Eine wunderschöne Übung habe ich noch für das Ende dieses Kapitels:

Übung

Verschenke Komplimente! Wo immer du kannst, teile deinem Gegenüber mit, was du Wunderbares an ihm wahrnehmen kannst. Versuche, keinen Gewinn daraus zu ziehen oder etwas zu bewirken. Gib Komplimente zu Hause, bei der Arbeit, im Laden, auf der Straße oder im Freundeskreis. Sei behutsam mit den Grenzen des anderen Menschen aber trau dich ruhig, auch ungewohnte Schritte zu gehen. Auch dein Chef hört gerne ein Lob, auch dein Kind freut sich, selbst dein Konkurrent braucht es.

Zehn Komplimente am Tag verändern das Leben! Auch ein einziges Kompliment lässt schon Wunder entstehen.

Was fühlst du dabei?

Wer bist du jetzt?

5 Liebesgeschichten

Der Mann hinter den Spiegeln

Ich kenne diesen Mann schon von Kindesbeinen an. Es hat lange gedauert, bis bei mir eine Zuneigung für ihn entstanden ist. Es war nicht immer leicht, mit seiner Art zurechtzukommen. Er war seltsam. Einmal sah ich ihn vor einem Spiegel stehen, aber sein Blick ging durch das Spiegelbild hindurch in weite Ferne, wohin ihm kein lebendes Wesen folgen konnte. Er wirkte unergründlich. Manchmal war er auch schwer zu ertragen, ätzend in seiner undiplomatischen Art. Aber er konnte auch liebenswürdig, charmant, aufmerksam und hilfsbereit sein. Ich möchte von diesem Mann erzählen und wie ich meine Liebe zu ihm gefunden habe.

Wenn ein Mann davon spricht, einen andern Mann zu lieben, entstehen schnell Fantasien und Missverständnisse. Ich spreche nicht von Sexualität. Meine Liebe zu ihm ist tief in meinem Herzen und ich bin froh, das als Mann zu einem andern Mann sagen zu können. Ich möchte alle daran teilhaben lassen, wie es zu dieser Liebe kam.

Wir kannten uns, weil wir ein gemeinsames Leben hatten, die Kindheit miteinander verbrachten, die Jugend und das Erwachsenwerden. Wir kannten uns und wussten alles voneinander, aber Liebe konnte man das nicht nennen, nicht einmal Freundschaft.

Ich habe ihn nicht wirklich wahrgenommen, ihn nicht wirklich gefühlt. Ich war mit ihm zusammen und doch nicht bei ihm. Ich habe seinen Gedanken zugehört, aber es hat meine Seele nicht berührt. Ich fand ihn eher peinlich, wenn er wieder zu viel redete. Ich fand ihn schlaksig und unbeholfen, wenn er sich bewegte. Sein Tanzen war grauenhaft, seine Körperhaltung verbogen. Er war ständig krank und anfällig. Es war mir unangenehm, wie ungeschickt er im Kontakt mit Frauen war. Er traute seinen kreativen Fähigkeiten, war aber unsicher in der Begegnung mit Menschen. Er passte sich immer an und verlor dabei sich selbst. Er war ein ausgeprägter Einzelgänger und Querdenker. Er hielt es nicht lange in Gruppen aus und schlich sich bei gemeinsamen Feiern unter einem Vorwand vom Tisch. Dann fand ich ihn allein in der Küche beim Spülen, obschon die Spülmaschine das hätte erledigen können. So könnte ich noch viele Merkwürdigkeiten aufzählen, Dinge, die ich an ihm ablehnte, oder über die ich mich sogar ärgerte.

Dennoch konnte ich ihn mit der Zeit in meinem Herzen willkommen heißen. Ich habe ihm mehr zugehört. Ich bin über meinen Schatten gesprungen und habe Stück für Stück meine Urteile über sein Verhalten, durch die Frage: „Warum macht er das?" ersetzt. Ich habe mich bemüht, ihn zu verstehen und so zu sehen, wie er eben ist! Dabei half mir der Gedanke, dass all die Merkwürdigkeiten an ihm aus dem Bedürfnis, sich schützen zu müssen, entstanden sind. Es musste eine alte, große Not dahinterstehen, die ihn zu diesen Schutzmechanismen greifen ließ. Dieser Gedankengang führte nicht nur zu mehr Interesse und Nähe, sondern auch zu einer wundervollen Verwandlung meiner Person. Ich habe mich berühren lassen von der Geschichte dieses Mannes. Ich hörte ihm wirklich zu und spürte, in welcher Not dieser Mensch steckte, wenn er am Tisch mit so vielen andern Menschen saß. Als Kind hatte er so auf der Hut sein müssen, jede Regung und jedes unterdrückte Gefühl der Mutter im Vorhinein erspüren müssen, um sich frühzeitig vor Schlägen, Erpressung und Übergriffen in Sicherheit zu bringen. So entwickelte er eine überstarke Sensibilität. Wie bei einem zu laut geschalteten Verstärker wurde jede Schwingung des Mikrophons an ihn überdeutlich weitergetragen. Was andere Menschen gar nicht aufnahmen oder automatisch ausblendeten, dröhnte in seinem Herzen mit schrillen Tönen. Auch am Tisch mit Freunden nahm er alle zurückgehaltenen Gefühle, die körperlichen Verfassungen, ja sogar die Beziehungsgeflechte der Gäste untereinander gleichzeitig wahr. Alles strömte auf ihn ein, wie bei einem Orchester, bei dem jeder Musiker ein eigenes Lied spielt.

So wurde seine Überlebenshilfe aus Kindertagen zur quälenden Not, der er durch seinen Rückzug in die Küche entkommen konnte. Allein am Spülbecken stürmte endlich nichts mehr auf ihn ein. Ich verstand ihn plötzlich! Jetzt konnte ich ihm diesen Rückzug zugestehen, weil ich ihn tiefer kennengelernt hatte! Ich musste ihn nicht mehr dafür kritisieren. Ich wollte ihn nicht mehr verändern! Endlich konnte er für mich so bleiben, wie er war!

Auch seine langen Monologe machten für mich so einen Sinn, weil ich verstand, dass die ständig auf ihn einfließende Wahrnehmung auch einer ständigen Verarbeitung bedurfte. Damit war er aber immer allein auf sich gestellt. Mit wem sollte er denn die ganze Flut an Wahrnehmungen besprechen? Dass sich all die aufgestauten Eindrücke und Gedanken dann in langen Reden eine Bahn brach, war nun für mich nachvollziehbar. Was ich vorher abgelehnt, kritisiert und sogar verachtet hatte, konnte ich mehr und mehr verstehen und annehmen. Seine Gehemmtheit bei Frauen, seine Selbstaufgabe und seine Eigenwilligkeit waren dadurch so menschlich. Sein empfindlicher, oft kranker Körper und seine Unsicherheit im Kontakt mit anderen wurden für mich liebenswert. Ich habe mich berühren lassen von diesem Verstehen und wurde zutiefst davon bewegt. Ich kann ihn heute nicht nur tolerieren, wie er ist, sondern ich mag ihn genau so. Das ist Liebe! Ich kann diese tiefe Verbindung spüren!

So stand ich eines Tages vor ihm und bemerkte, dass ich mein Spiegelbild sah! Ich war dieser Mann! Ich konnte mich verstehen, mich annehmen und mir selber Liebe schenken. Ich sah einen wundervollen, attraktiven Mann in diesem Spiegel und mein Blick schweifte nicht mehr in unerreichbare Welten!

Das ist die aufregendste und bewegendste Liebesgeschichte in meinem Leben und sie dauert an und entwickelt sich weiter und weiter. Wenn ich heute in den Spiegel schaue, muss ich mich nicht mehr ablehnen oder durch mich hindurch sehen wie früher. Ich muss nicht meine Kraft für die ständige Verbesserung meiner Außenwirkung vergeuden. Ich kann sie zum Lieben verwenden. Mein Leben wird reicher und tiefer. Wenn mir Menschen ihre Liebe schenken, kann ich sie nun annehmen und fühlen, weil der Mann im Spiegel kein fremdes Wesen mehr ist, sondern ein liebenswerter Freund.

Elfenliebe

Die erste wärmende Frühlingssonne vertrieb die endlose Winterschwere. Sie schien in meinen Therapieraum und durchbrach das Leid und die Sorgen, die sich üblicherweise dort sammelten. Lisa stand mit dem Rücken zum Fenster. So konnte ich ihr Gesicht im Gegenlicht nicht sehen. Ihr Körper wirkte durchscheinend wie Elfenflügel, als könne sie der Sonne keine fassbare Materie entgegensetzen. Sie schien sich mit ihrem Körper beinahe in ein Geistwesen aufzulösen. Dennoch erfüllte ihre Angst den ganzen Raum. Mit ihren kindlichen Händen versuchte sie sich selbst festzuhalten, vielleicht, um nicht vor Angst davonzufliegen. Ihre Statur wirkte so zerbrechlich wie eine kostbare Glasfigurine, die man besser in einer Vitrine aufbewahrt. Alles an ihr war auf Abwehr eingestellt.

Dieses elfenhafte Wesen rührte mich an. Ich war selbst einmal so. Ich konnte ihre Angst als eine deutliche Erinnerung in mir fühlen. Als sie sich zögerlich auf die Kante der Couch setzte, sah ich das erste Mal ihr Gesicht. Es sagte mir: „Geh weg! Tu mir nicht weh!" Aber ihre Augen baten: „Ich will aus meinem Gefängnis! Hilf mir heraus!"

Für diesen Menschen musste ich nicht erst mein Verstehen bemühen oder Akzeptanz üben. Für sie leuchtete sofort ein wärmendes Licht in mir. Die personifizierte Angst meiner eigenen Vergangenheit saß mir gegenüber. Ich habe mich mit dieser Angst kennenlernen und lieb gewinnen können. So war ich in der Lage, sie zu fühlen, weil ich mich zu fühlen gelernt hatte. Ich konnte Lisas Abwehr annehmen, weil ich meine Abwehr von damals verstehen konnte.

Lisa sagte nichts. Ich sagte nichts – und wartete mit diesem warmen Licht der Akzeptanz. Ihre Augen suchten die meinen. Ich konnte ihren Blick in meinen Augen suchen lassen. Ich konnte ihr erlauben, meine Berührtheit zu sehen. Dann, nach endlosen Minuten kam ein tiefer Seufzer aus ihrem Mund. Sie entspannte sich und lehnte sich in die Kissen zurück. Sie hatte sich entschieden, dazubleiben, Kontakt aufzunehmen. Sie wollte diesen Augen vertrauen, in denen sie etwas von dem gesehen hatte, was sie suchte. Es schien, als würde sich ihr

Körper vor meinen Augen aus dem Geisthaften ins Fassbare materialisieren. Sie kehrte zurück. Ihre Angst war jetzt greifbar, körperlich anwesend, nicht mehr nur eine schwebende Bedrücktheit im Raum. Ich fragte sie: „Hast du Angst?" Sie nickte. „Du darfst Angst haben! Das ist ganz normal! Ich kenne sie nur zu gut!" Sie schaute mich ungläubig an. Angst haben zu dürfen war etwas vollkommen Neues für sie. Sich die Angst nicht anmerken zu lassen, war ihr bekannt. Seelisch zu verschwinden, war ihr bekannt. Trotz Angst weiterzumachen, war ihr bekannt. All das gehörte zu ihren Überlebensstrategien. Aber Angst haben zu dürfen, so sein zu dürfen, wie sie gerade ist, war etwas Unbekanntes! Und dazu die Erlaubnis von jemand anderem zu bekommen war unglaublich! Sie hatte bisher von anderen immer nur gehört: „Stell dich nicht so an". Sie hatte bisher von sich selbst gefordert, weiterzumachen, egal wie sie sich fühlte. Akzeptanz für ihre Angst kannte sie nicht. Erlaubnis oder gar Unterstützung für das zu bekommen, mit dem sie sich schützte, war eine Revolution.

Im gleichen Maße, wie ich ihr diese Erlaubnis geben konnte, tat mir diese Erlaubnis auch selbst gut.

Ich hatte so viele Jahre meines Lebens damit zugebracht, Angst zu verjagen, sie schlicht nicht wahrzunehmen. Der Satz: „Ich habe doch keine Angst!", war fest in meinem Selbstbild verankert. Ich habe sogar mit Geringschätzung auf ängstliche Menschen geblickt und ihr Verhalten weit von mir gewiesen. Ich habe gesehen, wie sehr sich diese Menschen durch ihre Angst einschränkten. Das wollte ich nicht für mein Leben! Dann habe ich entdeckt, wie sehr es meine Gefühlstiefe eingrenzt, wenn ich meine Angst nicht wahrnehme oder mir gar verbiete. Ich habe gemerkt, wie hart ich werde und wie hart die Männer in meinem Umfeld geworden sind, weil wir die Angst in unserem Leben nicht akzeptieren konnten.

An meinem 40. Geburtstag schenkte mir mein zweitältester Bruder ein vergrößertes Foto von mir im Alter von sieben Jahren. Ich sah ein durch und durch verletzliches Wesen. Dieser zerbrechliche, elfenhafte Junge, der ich einmal war, suchte mit bittendem Blick nach einem Ausweg, nach Unterstützung und Schutz. Er hatte Angst! Ich hatte Angst! Ich konnte sie 33 Jahre später wieder spüren! Ich hatte etwas Wichtiges von mir wiedergefunden! Meine Angst!

Eine wundervolle Liebe durchströmt mich seitdem für diesen kleinen Jungen auf dem Foto. Diese Liebe brachte die Akzeptanz für die Angst in mein Leben zurück. So konnte ich auch mit liebevollem Wohlwollen auf die Angst und die Schutzmuster meiner zurückgezogenen Klientin wohlwollend reagieren. Mein: „Ich kenne selber diese Angst", war ein Satz, den ich ihr aus tiefster Erfahrung mitteilen konnte. Das schuf eine Verbindung, die aufrichtig und stark genug war, über die Flut ihrer Verletzungen und Enttäuschungen eine Brücke zu bauen. Sie hat diese Brücke genutzt und ging ihr Wagnis ein, zu vertrauen. Es sollte ein ganzes Jahr dauern, bis diese Vertrauensbrücke so stabil war, dass Lisa von ihrer sicheren und einsamen Insel zu mir und zu anderen Menschen gehen konnte. Es war für sie besonders schwer, einem Mann zu vertrauen. Ihr Vater hatte sie im Alter von neun Jahren bei ihrer Mutter allein zurückgelassen. Die Mutter war selbst kindlich und unreif und missbrauchte die Tochter als emotionale Stütze und Alternative zum fehlenden Ehemann. Lisas Kindheit war ein langes Martyrium, überschattet von Selbstaufgabe und bedrohlichen Gewaltsituationen. Denn wenn die Mutter unheilvollen, sexuellen Kontakt mit Männern hatte, endete dies oft in Gewalt. Nach all den Erfahrungen einem Mann zu vertrauen, war für Lisa ein großer Schritt! Zu Frauen fühlte sie sich eher hingezogen, aber sobald ein Kontakt enger wurde, brach auch dort ihre Angst auf. Dann zog sie sich wieder auf ihre Insel zurück und war für niemanden mehr erreichbar.

Wir hatten in dem Jahr viele wortkarge Treffen, in denen es eigentlich nur um Angst und um Vertrauen ging. Aus sicherer Distanz beobachtete Lisa mich. Ich ließ mich nicht nur beobachten, sondern ließ mich auch von ihrer Not berühren. Einmal schaute sie mich erstaunt an, als sie diese Berührung in meinen Augen wahrnahm. Sie fragte mich etwas unsicher: „Warum bist du traurig?" Ich konnte ihr sagen, dass sie mich an den Jungen erinnerte, der ich einmal war. Sie war erstaunt und erleichtert, dass es auch andere Menschen mit solchen Erfahrungen gab. Auf ihrer einsamen Insel gab es nur sie und ihre Angst. Dass auch andere in einer ähnlichen Situation sein könnten, war für sie eine erlösende Entdeckung. Es machte ihren Zustand normaler und verleitete sie zur Neugier: „Warum hattest du denn Angst?" Mit dieser Frage nahm sie aus der Isolation ihrer Angst heraus Kontakt zu mir auf. Die Angst war plötzlich kein Gefängnis mehr. Sie hatte eine Tür gefunden, denn da war noch jemand, der Angst kannte und sogar darüber sprach. Ich erzählte ihr mit wenigen Sätzen von dem kleinen Jungen, der ich einmal war, von seiner Bedrohung und seiner Not. Das reichte, um die Brücke vertrauensstark zu machen. Lisa ging über diese Brücke; an diesem Tag und immer wieder. Aus dem vorsichtigen Testen der Vertrauenswürdigkeit wuchs ihr klarer Wunsch nach Kontakt, nach Schutz, nach Unterstützung und Nähe. Sie blühte auf. Wenn sie nun meinen Therapieraum betrat, hatte ich das Empfinden, als ginge ein gefühlvolles Leuchten von ihr aus. Sie traute sich, Trauer, Freude und Ärger zu zeigen. Der Schmerz war zwar weiterhin ein zentrales Thema, aber er wurde begleitet von ihrer Liebesfähigkeit und ihrem ungeheuren Mut, sich mit ihrer Vergangenheit zu konfrontieren. Ich selbst hatte dann nicht viel mehr zu tun, als sie mit meinem Herzen auf dieser Reise zu begleiten, sie ab und zu in ihrem Schmerz und ihrer Trauer zu halten. Dann kam der Tag, an dem sie freudestrahlend in die Sitzung kam, um mir zu berichten, dass sie einen Mann getroffen hatte, mit dem sich ein tieferer Kontakt anbahnte. Sie beschrieb mir in leuchtenden Worten, wie sie sich verliebt hatten. Sie war vorsichtig, sich nicht zu verlieren, aber auch klar in ihrem Wunsch nach Nähe. Ihr Liebster war, wie sie, ein sehr verletzter Mensch.

Die beiden hatten sich in Köln bei einer „Free Hugs"-Aktion kennengelernt. Bei diesen Aktionen, die sich über die ganze Welt ausgebreitet haben, umarmen sich spontan fremde Menschen auf der Straße. Beide hatten zusammen mit anderen diese Aktion geplant und sich dann miteinander verabredet, weil sie feststellen durften, dass sie keine Angst voreinander hatten. Beide litten unter Angst vor Nähe und beide hatten eine erschreckende Lebensgeschichte im Gepäck. Sie sprachen darüber, und da sie sich im Anderen gespiegelt sahen, konnten sie die Vorsicht und auch ihre Angst zulassen. Es war ein beglückendes Gefühl für Lisa, die Ängstlichkeit auf gleicher Ebene mit jemandem zu teilen. Sie redeten nächtelang und gaben sich sehr viel Zeit. Dieses achtsame Voranschreiten heilte nach und nach bei beiden die Wunden und baute schier unüberwindbare Ängste ab. Sie schenkten sich gegenseitig die notwendige Freiheit für kleine und große Fluchten. Immer wieder brauchte einer von beiden den Rückzug, manchmal nur um sicher zu gehen, nicht für den anderen verantwortlich sein zu müssen. Lisa war in ihrer Bindungserfahrung so verwundet, dass sie oft nicht unterscheiden konnte zwischen dem, was sie selbst wollte und dem, was sie tat, um es dem andern recht zu machen. Daher brauchte sie immer wieder Zeit für sich, um Klarheit zu gewinnen. Er konnte ihr diese Zeit zum Alleinsein geben und sie gleichzeitig für sich nutzen.

Sie hatten gelernt, über ihre Ängste und Wünsche zu sprechen. Die entstehende Beziehung hatte dadurch eine tragfähige Basis. Beiden gelang es, Nähe gemeinsam auszuprobieren und Abstand einzuhalten, wo es heilsam für sie war. Nach einigen Sitzungen, in denen Lisa mir von der weiteren Entwicklung ihrer Liebe berichtete, verabschiedete sie sich mit den Worten: „Ich glaube, ich brauch jetzt deine Hilfe nicht mehr. Ich kann allein weitergehen." Es erfüllte mich mit großer Dankbarkeit, diese Entwicklung von der Angst zur Liebe miterleben zu dürfen. Ich konnte eine Liebe wachsen sehen, die Heilung brachte, wo vorher Verletzung und Rückzug dominierten. Solche Erfahrungen erfüllen mich immer wieder mit großer Dankbarkeit. Sie machen mein Leben tiefer und reicher.

Drachenliebe

In meinen Seminaren begegnen mir viele Menschen. Meist ist es leicht, sie in mein Herz zu schließen, doch einige wenige machen es mir manchmal schwer, sie zu lieben. Monika war so jemand. Schon ihr ungepflegtes Erscheinungsbild und ihr mürrischer Gesichtsausdruck waren eine erste Hürde. Schwerer zu ertragen aber war ihre zielsichere Gabe, jedes Gruppenmitglied negativ zu bewerten und ungefragt mit groben Worten zu verletzen. Kein Teilnehmer und keine Teilnehmerin des Seminars wollten mit ihr in Übungen zusammenarbeiten. In den Pausen stand sie allein. Stieß sie zu einem geselligen Grüppchen dazu, löste sich dies meist sehr schnell auf. Das steigerte ihre Frustration, die sich in wütenden Ausbrüchen entlud, wenn ein Gruppenaustausch auf dem Programm stand. Dabei machte sie Einzelne oder kollektiv alle für ihre Enttäuschung verantwortlich.

Wahlweise waren auch ich oder gleich die ganze Idee des Seminars falsch und verlogen. Sie hatte eine bemerkenswerte Gabe, bei allen Menschen die wunden Punkte zu treffen und ihre Spitzen mit großem Effekt zu platzieren. Sogar unsere Büroleiterin, ein Ausbund an Geduld und Güte, kam nach Telefonaten mit Monika verzweifelt zu mir. Monika war ein durch und durch ungeliebter Mensch, und sie setzte alles daran, dies auch erfolgreich aufrechtzuerhalten. Ihre Not und ihre Einsamkeit waren deutlich zu spüren, doch ihr Zorn und ihre Enttäuschung loderten wie ein Drachenfeuer ihr voran. Heere im Krieg hinterlassen auf dem Rückzug manchmal weite Landstriche mit verbrannter Erde, um dem nachfolgenden Gegner das Weitermarschieren zu erschweren. Monika allerdings brannte auf ihrem Weg vor sich alles dort nieder, wo sie eigentlich hin wollte.

In dem Moment, in dem ich mich für mein Verstehen-Wollen entschieden hatte, nahm ich hinter dem Drachenfeuer Monikas verzweifeltes Schutzbedürfnis wahr. Es rührte mich an! Was für einen Schrecken musste diese Frau erlebt haben, um sich dermaßen schützen zu müssen! In Einzelsitzungen, wenn wir nur zu zweit waren, konnte ich ihr zuhören und ihr Drachenfeuer brennen lassen. Nicht selten richtete sich ihre Wut direkt gegen mich. Auch bei mir fand sie zielsicher die wunden Stellen und hielt darauf zu. Auch mich schmerzte es, meine alten Wunden von diesem Feuer berühren zu lassen. „Du bist doch auch nur so ein verlogener Therapeut. Alles ist bei dir ok. Du willst doch auch nur die Kohle und redest dummes Zeug. Du drehst dir deine Sprüche doch so, wie du willst, und führst mich nur hinters Licht!" Das war noch einer ihrer leichten Angriffe.

Es war ungeheuer schwer, mich in dieser Situation nicht zu schützen und nicht in die therapeutisch, professionelle Unerreichbarkeit auszuweichen.

Ich entschloss mich zu einem anderen Weg und teilte ihr mit, welchen Schmerz sie in mir wach rief. Einige Male konnte sie sogar meine Berührtheit in den feuchten Augen sehen. Dabei gab ich ihr nie die Verantwortung für meinen Schmerz, teilte ihr aber kurz und knapp mit, an welche meiner Wunden sie mit ihren Worten rührte.

Die Intrigen und die verdrehte Wirklichkeit meiner Kindheit beispielsweise waren für mich oft eine Zerreißprobe gewesen und hatten zu einer fast zwanghaften Ehrlichkeit geführt, denn ich wollte nicht das auslösen, was ich selber erlitten hatte. Wenn Monika mir vorwarf, ich sei verlogen, wühlte sie Altes wieder auf.

Ich erlaubte ihr die Auswirkungen ihrer Verhaltensweisen bei mir zu sehen und ich ließ es zu, dass sie meine Gefühle, meine Seele sah. Statt mich vor Monikas Angriffen zu schützen, habe ich mich geöffnet. Das war nicht leicht, denn meine erneut durchlebten Gefühle waren auch für mich nicht angenehm. Monika war einerseits berührt von dem, was sie bei mir wahrnehmen durfte, ging aber andererseits sofort in Verteidigungshaltung, um ein aufkeimendes Schuldgefühl abzuwehren.

Aber all das, was ich in meinem Leben an Schmerz und Verzweiflung durch Unwahrheit oder doppelter Wirklichkeit angesammelt hatte, war nicht ihre

Schuld! Ich konnte ihr deutlich machen, dass sie nicht die Verantwortung für meinen Schmerz trug. Sie hatte mich nur an ihn erinnert. Ich sagte ihr, dass ich mich dazu entschieden habe, mit diesem Schmerz zu leben und ihn nicht zu verdrängen. So konnte sie wieder in Verbindung mit ihrer Berührung kommen, weil ich *meine* Gefühle mit *meiner* Verantwortung trug. Sie war im Kontakt mit *ihren* Gefühlen! Sie war im Kontakt mit *sich*! Sie war im Kontakt mit mir!

Das passierte wieder und wieder, und in jeder Einzelsitzung entstand ein bisschen mehr an Nähe und Verstehen. Monikas Argwohn schmolz dahin. Ihr Wunsch nach Nähe wurde lebendig. Sie sah klarer, wie sie sich selbst ins Abseits manövrierte. Irgendwann kam sie richtig gerne in die Sitzungen zu mir und ich freute mich gleichermaßen über ihren Besuch. Sie konnte ihre Ängste sehen und trotzdem ihre Bedürfnisse zulassen. Sie hatte Verletzungen ausgeteilt, um Erinnerungen an alte Verletzungen von sich fernzuhalten. In der Gruppe war es noch ein schwerer Weg, weil sich alle vor ihr fürchteten. Doch auch dort konnte sie zunehmend ihre beiden Seiten zeigen und Nähe zulassen, wo vorher nur Angriff und Abwehr waren.

Ich hatte sie in mein Herz geschlossen, weil ich sie nicht für meinen Schmerz verantwortlich machen musste. Ich konnte sie liebevoll wahrnehmen, weil ich ihre Not sehen und verstehen konnte. Ich konnte mich ihr nähern und sie konnte sich mir nähern, weil wir uns beide geöffnet hatten, obwohl Schutz und Rückzug die sicherere Wahl gewesen wären.

Ich kenne Monika noch heute. Sie ist eine angenehme Erscheinung geworden und arbeitet liebevoll und erfolgreich als Psychologin in einem Krankenhaus. Ich freue mich, ab und zu noch berührende Nachrichten von ihr zu bekommen. Ihr Drachenfeuer ist zwar noch nicht erloschen, aber heute kann man sich daran wärmen, ohne sich zu verbrennen. Mit diesem Feuer kämpft sie an der Seite ihrer Patienten um deren Leben und das Heilen der körperlichen und seelischen Wunden. Ihre Arbeit und ihr Leben spiegeln sich in der Liebe, die sie entdeckt hat.

Wir lieben, was wir sind und nicht, was wir nicht sind

Ich bin mit ihr verabredet. Wie immer bin ich viel zu früh vor dem neuen Straßencafe. Da ist auch schon ein schöner Platz! Ich setze mich an einen Tisch, bestelle und warte. Von hier kann ich genau in die Richtung schauen, aus der sie kommen muss. So kann ich mich schon von Weitem auf sie freuen. Es ist heiß. Ich freue mich über das Eis in meiner Cola. Dann sehe ich sie! Da hinten, zwischen den Menschen geht sie! Ich erkenne ihren Gang, aufrecht und schwingend. Jeder Schritt ist natürlich und sinnlich. Als sie näher kommt, sehe ich ihr Lachen. Mit diesem Lachen bezaubert sie alle Menschen, strahlend, ausgelassen und offen. Alle Sorgen schmelzen, wenn diese Sonne aufgeht! Wir sehen uns über die Menschen hinweg an, und mein Herz springt ihr entgegen.

Diese Liebesgeschichte lebt nun schon über 25 Jahre. Meine Frau ist atemberaubend! Es ist wundervoll, mein Leben mit ihr zu teilen. Ich kenne keinen Menschen auf der Welt, mit dem ich das lieber täte. Ich bin fasziniert von ihrem Wesen, ich mag ihre Gedanken, ich bin begeistert von ihrem Körper, ich mag, wie sie geht, wie sie redet, wie sie schläft, wie sie riecht, wie sie sich die Haare kämmt. Ich mag ihre bestimmende Art – sie war immer die große Schwester, ich mag, dass sie selbst alles herumliegen lässt und dafür immer meine Dinge wegräumt. Ich mag ihre Eigenarten, die so intim sind, dass ich mich nicht traue, sie hier zu erwähnen, aber besonders mag ich an ihr, dass auch sie mich so liebt, wie ich bin.

Dabei sind wir so unterschiedlich, wie man sich nur denken kann. Ihr Körper ist gesund und widerstandsfähig, meiner ist empfindlich und oft krank. Sie schläft gerne lange, ich wache früh auf. Sie ist auf Partys immer die Letzte, ich bin immer der Erste, der müde ist. Sie nimmt das Leben leicht und spielerisch, ich mache einen Konflikt oft dramatischer als er sein müsste. Wir sind fast nie einer Meinung. Wenn wir unterwegs sind, können wir uns nicht über die Richtung einigen. Bei der Auswahl von Kleidern wollte mal eine Verkäuferin von uns wissen, was wir suchten. Prompt antworteten wir gleichzeitig das Gegensätzliche. Die Verkäuferin war verwirrt. Wir lachten und meine Frau erklärte: „Das ist normal! Wir sind verheiratet!" Wir sind verschieden, aber wir können uns damit lassen. Und wir sind beide entsetzliche Besserwisser. Wenn wir über etwas unterschiedlicher Meinung sind, versuchen wir, so schnell es geht herauszufinden, wer von uns recht hat! Mit einem triumphierenden „Ha, ha!" feiern wir jeweils unseren Sieg und freuen uns über die Niederlage des anderen. Ein Hoch auf Wikipedia und jedes Lexikon! Wir lieben uns mit unseren Macken und können darüber lachen. Aber wir haben auch ernsthafte Krisen zu durchleben. Immer wieder!

Immer wenn unsere Akzeptanz für den Anderen auf die eigene Angst stößt, bremsen wir unsere Liebe aus, vergleichbar mit einem Karren, der in tiefen Sand gerät. Da ist dann nichts mehr leicht und beschwingt. Alles wird mühsam und dumpf. Wir brüten und leiden, versuchen die Räder weiter durch den tiefen Sand zu ziehen, aber es wird immer mühseliger. Dann endlich merken wir es und halten inne.

So kam es vor nicht langer Zeit zu einer, dieser Situationen. Meine Libido war schon immer recht gut ausgeprägt. Ich begehre meine Frau eher zu oft, als zu wenig. Dennoch geht auch an mir das Altern nicht vorüber. Es erschreckt mich, dieses Schwinden an Lust zu bemerken. Es steht für mich – hinter allen vernünftigen Gedanken – auch für ein Schwinden an Männlichkeit, Kraft und Attraktivität. Auch wenn meine Frau sich darüber freut, etwas mehr Ruhe vor mir zu haben, macht es mir viel aus. Hinzu kam seit einiger Zeit eine rasantere Veränderung, die durch ein Medikament entstand, dessen Nebenwirkung meine Libido verminderte. So kam es, als ich nach einem sechswöchigen Arbeitsaufenthalt im Ausland wieder nach Hause kam, dass wir nicht wie sonst unser Wiedersehen überschwänglich im Bett feierten, sondern ich mich körperlich zurückzog. Ich war verwirrt und empfand Schuld, weil ich keine Lust verspürte. Statt darüber zu sprechen, zog ich mich zurück. Meine Frau fühlte sich dadurch ohne Kontakt und nicht mehr begehrt. Bei den nächsten sexuellen Begegnungen entwickelte ich höhere Erwartungen an mich und half mir mit sexuellen Fantasien. Aber das brachte uns auch nicht näher. Sie hatte Angst, nicht mehr geliebt zu sein, ich hatte Angst, zu versagen und noch schlimmer, ich befürchtete, dass meine Gefühle für sie nachlassen würden. Wir bemühten uns beide, die Situation zu verbessern. Wir taten das, was uns auch sonst stimulierte, erlebten aber nicht die gewünschte Wirkung. Unsere Leichtigkeit verschwand. Ein Strudel zog uns immer tiefer in diesen Sog von Enttäuschung, Versagen und Erwartungsdruck. Dann kam der Urlaub. Am Meer, unter südlicher Sonne, sollte sich alles verändern. Doch natürlich erfüllten sich unsere Erwartungen auch da nicht, im Gegenteil, es wurde noch drückender. Wir waren unglücklich und verängstigt. Wo war unsere Lust, unsere Leichtigkeit unsere Liebe? Wir saßen eines Abends auf unserer Terrasse am Meer. Meine Frau hatte Kerzen angezündet und alles romantisch hergerichtet. Die Sterne leuchteten über uns und sie begann mit dem Satz: „Wir müssen reden!" Ja, das mussten wir wirklich! Und wir redeten! Wir redeten uns alles von der Seele. Ich redete von meiner Angst, meine Männlichkeit und mein Begehren zu verlieren. Sie redete über ihre Angst, nicht mehr begehrenswert zu sein. Wir redeten über unsere Angst, die Lust aufeinander zu verlieren, die uns 25 Jahre sehr verbunden hat. Wir redeten und weinten, bis wir uns wieder sehen konnten, sehen, wie wir wirklich waren. Wir hielten uns in den Armen und spürten die Liebe wieder. Auch wenn nicht alle Probleme dadurch gelöst waren, hatten wir unsere Liebe wiedergefunden. Wir hatten beschlossen, auch dieses Abenteuer der Liebe gemeinsam zu erleben. Diese Liebe war das beste Aphrodisiakum! Wir liebten uns noch auf der Terrasse mit unseren Körpern und unseren Seelen in einer lange nicht mehr erlebten Heftigkeit.

Die immerwährende Entscheidung, sich mit der Angst einander zuzuwenden, lässt unsere Liebe immerwährend neu entstehen. Wenn wir beide Angst haben, tun wir dass, was alle Menschen automatisch tun: Wir schützen uns und ziehen uns zurück. Manchmal schützen wir uns sogar mit Erwartungen, Angriffen und Vorwürfen. Damit schaffen wir Gräben. Je länger wir das tun, desto tiefer werden diese Gräben. Wir haben in unserer Liebesbeziehung gelernt, über diese Gräben zu springen und uns schutzlos mit dieser Angst zu zeigen. Das kostet jedes Mal wieder großen Mut. Aber jedes Mal vertieft sich dadurch unsere Liebe, und nicht der Graben zwischen uns. Ein Sprung über den Graben kostet immer wieder neuen Mut. Aber jedes Mal wird unsere Liebe tiefer und das Verständnis für die eigene Person klarer. Das führt bei mir und meiner Frau zu mehr Selbstakzeptanz und öffnet den Weg zu tieferer Selbstliebe. Deshalb lohnt es sich für uns immer, allen Mut zusammenzunehmen, um mit der eigenen Angst in Kontakt zu kommen und sich damit dem Anderen zu zeigen.

Was würde die Liebe tun?

Männerfreundschaften halten oft lange. Ich kannte meinen besten Freund schon aus unserer Teenager Zeit, gemeinsame Dummheiten, Abenteuer, Schule, Jugendleiden und die Entdeckung der Mädchen. Später, als junge Erwachsene suchten wir gemeinsam nach Antworten auf unsere Fragen an das Leben. Die althergebrachten Vorstellungen aus Schule, Elternhaus und Gesellschaft konnten uns nicht zufriedenstellen. Wir redeten, philosophierten und probierten. Mit meinem besten Freund konnte ich alles teilen. Wir hofften auf die Erleuchtung in meditativen Gemeinschaften und suchten Antworten bei spirituellen Führern. Es war eine bewegende Zeit, die wir gemeinsam durchlebten. Aber auf dieser Suche entfernten wir uns immer weiter voneinander. Ich fand die Welt der seelischen Gefühle und wollte mir und anderen Menschen nahe sein. Er suchte eine Welt, die frei von Angst und Schmerz war, und wurde sehr erfolgreich damit. Die Lehren, die er fand, gaben ihm ein Instrument an die Hand, das ihn unberührbar machte, unabhängig von allen emotionalen Höhen und Tiefen. Er lebte einen unerschütterlichen Gleichmut. Nichts konnte ihm wirklich etwas anhaben. Selbst dramatische Probleme schienen ihn nicht zu belasten. Ich war manchmal neidisch darauf! Ich litt unter dem Auseinanderdriften unserer Lebenswege. Ich wollte die Nähe zu ihm nicht verlieren, aber Beziehungen und Gefühle wurden ihm immer fremder und mir immer wichtiger.

Wenn ein Konflikt auftauchte, zog er sich zur Meditation zurück und kam mit Lösungen und Erklärungen wieder. Das brachte mich so manches Mal auf die Palme. Ich wollte einfach meine Gefühle mit ihm teilen, ausdrücken, was mich freute oder traurig stimmte. Aber da war keine Resonanz. Sein Gleichmut wirkte wie Watte. Erhabene, erleuchtete Watte, aber dennoch undurchlässig für menschliche Gefühle. So wurde es auch für mich immer schwerer, meine persönlichen Probleme mit ihm zu teilen. Es war, als würde ich meine intimsten Gedanken und Gefühle vor einem Arzt ausbreiten, der mir dann ein Medikament verschreibt, anstatt mitzufühlen oder seinerseits sich zu öffnen. Die Frauen, die eine Beziehung mit ihm anknüpften, kämpften ebenso um seine Liebe und seine Gefühle, aber auch da wusste er nicht, was sie von ihm wollten! Eine Freundin kehrte ihm ärgerlich den Rücken: „Immer nur deine lehrreichen Ratschläge zu hören, kann ich nicht mehr ertragen! Ich will dich und nicht deine erhabenen Weisheiten!" Aus ihrer Enttäuschung wurde ein Vorwurf. Aber auch das erreichte ihn nicht.

Ich wollte ihn nicht gleichermaßen verurteilen und tat es dennoch, weil ich ihn verändern wollte, damit unsere Wege sich wieder verbanden. Doch wenn ich ihn fragte, wie er sich fühlte, gab er immer die gleiche Antwort. Gut! Und das war ehrlich! Er empfand es so! Immer! Einmal rief er mich aus Afrika an. Er hatte einen schweren Autounfall und lag mit gebrochenen Beinen und einigen gequetschten Organen in einem kleinen Dorfkrankenhaus. Er hatte Schmerzen, war vollkommen allein und die hygienischen Zustände in dem Krankenhaus waren mehr als fragwürdig. Was er zu seinen Umständen sagte? „Es geht mir gut." Beneidenswert und fürchterlich unnahbar! Trotzdem war er ein wundervoller Mensch und ein felsenfester Freund. Wenn ich keine emotionale Unterstützung brauchte und gut in mir ruhte, konnten wir uns unbeschwert begegnen, über Gott und die Welt reden und unsere kleinen Abenteuer feiern. Doch wenn ich berührt vom Leben war, oder im Kontakt mit meiner Angst, stieg Enttäuschung in mir hoch, die sich als Ärger äußerte oder als Rückzug. Unsere wachsende Distanz machte mir zu schaffen. Es hatte sich so viel Unzufriedenheit angestaut, dass für mich eine Klärung notwendig war.

Ich teilte ihm mit, wie sehr ich mir eine menschlich emotionale Reaktion von ihm wünschte. Er schaute mich fragend an und erklärte mir seine Gedanken zur inneren Ruhe und Ausgeglichenheit. Seine Gedanken waren zwar richtig und weise, brachten aber nicht die Brücke, auf der wir uns begegnen konnten. Ich wollte einfach kein vergeistigtes Wesen werden. Er wollte aber auch kein Gefühlswesen werden. Gab es da noch eine gemeinsame Zukunft? Was könnten wir verändern? Wie sollte ich ihm begegnen? Müsste ich die Freundschaft zu ihm beenden, um ehrlich zu bleiben?

Ich nahm meinen Mut zusammen, um die Situation ohne Bewertung so wahrzunehmen, wie sie war. So konnte ich mir eingestehen, dass keiner unserer unterschiedlichen Lebenswege richtiger oder falscher als der andere war.

Ich nahm Zuflucht zu der Frage, die mir in so schwierigen Situationen schon oft geholfen hatte: *„Was würde die Liebe jetzt tun?"* In meinen Gedanken wirbelte diese Frage eine Menge auf:

Die Liebe würde nicht den Andern verändern wollen!

„Gut, dann lasse ich das jetzt mal los. Aber dann muss ich mich wohl damit anfreunden, dass unsere unterschiedlichen Wege uns weiter in entgegengesetzte Richtungen bringen. Das ist so traurig! Ich hätte ihn so gerne als Freund auf meinem Weg zu mehr Nähe an meiner Seite. Aber das geht nicht, wenn er mich nicht versteht und ich ihn nicht. Er fehlt mir!"

Die Liebe würde nicht bewerten!

„Sein Verhalten nicht zu bewerten, fällt mir wirklich schwer! Er hat einen Weg gewählt, der ihn von der Angst fernhält. Ich habe meine Seele wiedergefunden, indem ich mich meiner Angst stellte. Es wäre schrecklich, meine Seele wieder zu verlieren. Ja, ich habe wirklich Angst davor, wieder in dem Niemandsland ohne seelische Gefühle zu leben. Dass mich nichts mehr berühren könnte, ist für mich eine fürchterliche Vorstellung! Aber mein Freund kann gut so leben. Ich kann es nicht! Es tut mir weh, wenn ich sehe, wie jemand alles mit dem Verstand regelt und keine seelischen Gefühle zulässt. Es erinnert mich daran, dass ich mich ohne meine Gefühle so leblos gefühlt habe. Also ist meine Bewertung wohl nur mein Schutz!"

Die Liebe würde verstehen!

„Ja das geht! Ich kann seine Wahrheit sehen und verstehen. Ich kann seine Angst sehen, ich kenne die Kälte seines Elternhauses. Seine Schwester ist daran zerbrochen und lebt schon lange in der Psychiatrie. Vater und Mutter waren in ihrer kleinbürgerlichen Enge nur darauf bedacht, ihrem religiösen Eifer nachzukommen. Die Kinder wurden in ein moralisches Korsett gepresst. Keiner durfte Bedürfnisse haben. Das wäre verdammenswert und teuflisch gewesen. Menschliche Wärme und Nähe waren für die Mutter anstößige Begierden. Dafür hatte sie ständig religiöse Wahnvorstellungen und deutete alles, selbst eine Reifenpanne oder einen Pickel auf der Haut, als eine gerechte Strafe für ihre Sünden. An diese Kindheit erinnert zu werden, muss für meinen Freund schrecklich sein. Da ist der Weg, Emotionen sachlich zu betrachten und nach geistigen Lösungen zu suchen, eine sichere Alternative! So, wie ich mich für Liebe entschieden habe, weil die Lieblosigkeit in meiner Kindheit unerträglich war. Ja ich kann verstehen!"

Die Liebe würde akzeptieren!

„Mann, ist das schwer! Ich kann ihn ja auch gut so lassen, wie er ist, wenn ich nichts von ihm will. Es sind meine Bedürfnisse nach Nähe und Gefühlen, die die Frustration in die Freundschaft bringen. Er ist zufrieden, so, wie es ist! Ich will etwas anderes! Ich brauche etwas, was er nicht hat und nicht ist! Es ist meine Sache, loszulassen, zu sehen, wer er ist und was ich mit ihm leben kann, statt auf das zu schauen, was er nicht ist. Er ist ein liebenswerter Freund. Er ist so hilfsbereit und immer freundlich. Er ist immer bemüht, nie gleichgültig. Er ist ein wundervoller Berater für alle Problemlösungen. Er ist großzügig und gastfreundlich. Er ist in der Not immer da. Das sind sehr viele wundervolle Eigenschaften! Wenn ich darauf schaue, fällt es mir leichter. Ja, so kann ich ihn akzeptieren."

Die Liebe würde ihn so wollen, wie er ist!

„Oh Gott, ob ich das kann? Ja, ich kann ihn mit Mühe so nehmen, wie er ist, akzeptieren ohne Bewertung. Mir fällt es nicht schwer, ihn zu verstehen, aber ihn so wollen, wie er ist? Dann muss ich alles loslassen, was mir für eine so nahe Freundschaft wichtig ist. Wenn ich darauf verzichte, meine tiefen Gefühle mit ihm teilen zu wollen, kann ich ihn so wollen, wie er ist. Aber dann ist er auch nicht mehr ein so naher Freund! Stimmt das? Nein, ich kann schon meine Gefühle mit ihm teilen, aber ich kann nicht erwarten, dass er das auch macht. Das ist dann wohl immer eine Einbahnstraße. Dennoch, von ihm kommt schon eine Resonanz! Wenn ich genau hin fühle, berührt es ihn auch, nur zeigt er diese Berührung nicht. Ja, ich kann mich ihm mit meinen Gefühlen zeigen, ohne das Gleiche von ihm zurückzubekommen. Es ist nicht so leicht, es unterstützt mich nicht, aber es geht. Ja, ich kann ihn so wollen, wie er ist, wenn ich seine emotionale Unterstützung nicht brauche!"

Diese Gedanken haben mich damals wieder auf die Spur gebracht. Ich konnte wieder mit meiner Liebe klar zu ihm stehen. Es war, als hätte ich einen Schleier von meiner Seele fortgezogen. Ich war nicht mehr mit meiner Enttäuschung da, sondern mit meiner Freude, meiner Trauer, meinem Schmerz und meiner Liebe.

Dennoch veränderte sich der Kontakt. Wenn ich unsicher mit meinen Gefühlen war, konnte ich das besser mit anderen Menschen teilen, die auch ihre Schwächen zulassen konnten. So trafen wir uns weniger. Meine Welt und seine Welt entfernten sich voneinander. Schließlich trafen wir uns nur noch ein oder zwei Mal im Jahr. Dann waren es nur noch besondere Geburtstagsfeste und Hochzeiten. Schließlich verloren wir uns ganz aus den Augen.

Immer wieder kommt dieser Freund in meine Erinnerung, und ich kann mit viel Liebe an unsere gemeinsame Zeit denken. Dann umfangen mich Dankbarkeit und Wärme und keine Enttäuschung mehr. Vielleicht treffen wir uns einmal wieder und können diese alten Zeiten aufleben lassen, aber wir werden mit Wohlwollen und Liebe für den Anderen dort bleiben, wo wir stehen. Welch ein Unterschied zu einer Trennung mit Enttäuschung, Streit und Vorwürfen!

Liebe geht nicht nur durch den Magen

Seit drei Monaten bin ich durchgängig krank. Eine Grippe hier, eine Magen-Darm-Erkrankung dort, Husten, der nicht mehr verschwinden will, Probleme mit der Blase, ständige Entzündungen im Auge, allgemeine Schwäche und bedenkliche Magenschmerzen. All dies reiht sich aneinander, wie Glieder einer lästigen Kette, die mir immer schwerer um den Hals hängt. Viele Arztbesuche, unergiebige Untersuchungsergebnisse und noch mehr Gespräche über mögliche Ursachen meiner Beschwerden. Dann berichtet mir eine Mitarbeiterin über einen Bluttest, der eine umfassende Diagnose ermöglicht. So lasse ich mir ein wenig Blut abnehmen und warte eine Woche auf das Ergebnis. Die Auswertung ist für mich ein Schock und erhellende Klarheit zugleich. Meine Leber, Nieren, Magen und Darm sind stark belastet. Ich habe schwere Vergiftungen mit Formaldehyd und Cortison im Körper. Mein Magen und meine Prostata sind krebsgefährdet. Ich reagiere auf viele Lebensmittel allergisch.

Ich hatte so viel Zeit darauf verwand, ein liebevolles Verhältnis zu meinem Körper aufzubauen und mich in meiner Haut wohlzufühlen. Das zerrann mir wie Wasser zwischen den Fingern. Trauer wechselte sich mit Fatalismus ab. Es begann eine Behandlung, auf die ich sehr heftig reagierte. Aber nach einer Weile spürte ich erste Veränderungen! Die Schwäche, die ständigen Krankheiten verschwanden! Sogar mein Magen, der seit 30 Jahren Probleme machte, fühlte sich gesunder und leichter an! Trotzdem musste ich mein Leben radikal umstellen und auf viele Nahrungsmittel verzichten. Mein Tagesablauf war nun nicht mehr durch Freiheit und Selbstbestimmung, sondern durch Medikamente bestimmt.

Ich konnte mich nicht mehr mit Genuss mit Freunden in einer Gaststätte verabreden, weil ich dort nichts außer Wasser zu mir nehmen durfte. Das war sehr ungesellig. Ein gemütlicher Espresso im Cafe an der Ecke war ebenso wenig drin wie ein Bier oder ein Glas Wein. Alle anderen hatten ihren Spaß, ich blieb lieber zu Hause. Hinzu kam die Angst vor Verschlimmerungen in Richtung Krebs. Ich achtete genau auf meinen Magen und auf meine Prostata. Jede Veränderung konnte ein Anzeichen sein. Ich hatte die unbeschwerte Selbstverständlichkeit mit meinem Körper verloren. Mein Körper war nicht mehr mein Freund wie bisher, sondern wurde von mir argwöhnisch beobachtet. Das war keine Liebe mehr. So wollte ich nicht leben! Ich nahm mir eine kurze Auszeit, um mich wieder mit meinem Körper anzufreunden, wieder zur Liebe mit ihm zurückzukehren. Ich war ein paar Tage allein, ließ mich nicht ablenken und konnte wahrnehmen, wie sehr ich mich von meinem Körper entfernt hatte. Ich fragte mich, was ich tun würde, um mit einem wichtigen Menschen meines Lebens wieder in liebende Nähe zu kommen. Dann schrieb ich einen Brief an meinen Körper, so als wäre er eine andere Person.

Lieber Körper,
Du bist für mich so wichtig, so wundervoll besonders. Ich lebe schon so lange mit dir. Durch dich erfahre ich die Welt. Durch dich erlebe ich alle meine Gefühle. Ich spüre deine Großartigkeit, wenn ich mit dir den Frühling mit allen Düften und allen Farben aufsaugen kann.

Du umhüllst mich mit so empfindsamer Haut und schenkst mir damit die Sinnlichkeit der ersten Sonnenwärme. Sie erfüllt mein Herz und lässt meine Seele wieder aus der Enge der Winterräume in die weite Welt schweifen. Du schenkst mir damit wieder die Freude am Wind, der zärtlich über meine Haut streichelt. Mein ganzes Wirklich-Sein entfaltet sich dabei und reckt sich der Berührung mit anderen Menschen entgegen.

Du schenkst mir eine berührende Tiefe, wenn ich meinen Sohn umarme und unsere Seelen sich dabei begegnen. Du gibst mir die Augen, seine Stärke und Offenheit staunend zu sehen. Meine Liebe fließt durch sie hinaus zu ihm.

Du warnst mich mit Rückenschmerzen, nicht alles auf meinen Schultern zu tragen. So kann ich lernen, Lasten stehenzulassen.

Einen Apfel zu essen, kann zu einem Feuerwerk der Sinnlichkeit werden, wenn ich mich wirklich auf Entdeckungen mit dir einlasse.

Durch deinen Magen habe ich viel Gutes in mich aufgenommen. Er hat mich satt gemacht. Er hat mir Zufriedenheit vermittelt. Er hat mir auch gezeigt, wenn ich im Stress war. Er musste viel von den unverdaulichen Übergriffen und Lieblosigkeiten verarbeiten, die ich in meinem Leben geschluckt habe. Ich habe ihm so viel zugemutet und dennoch war er immer da, um mich zu nähren und als Hort vieler Gefühle zu dienen.

Deine Hände nutze ich, um Alltägliches zu tun, aber auch die Schönheit meiner Frau zu erforschen. Ich bin überwältigt von der Größe dieses Geschenks. Ich erlebe und begreife mit meinen Händen die Fülle des Lebens, das Begehren und die Liebe zu mei-

ner Seelengefährtin. Ich erlebe dann meinen Körper und ihren Körper als die Verbindung zweier Seelen zu einem sinnlichen Ganzen. Ich erfahre durch dich, lieber Körper, diese Tiefe und Lust, diese Berührung. Ich bin dir dankbar für diese Geschenke. Ich liebe dich mit all dem, was Du bist!

Ich habe dir oft geschadet, manchmal wissentlich und vielfach unwissentlich. Dennoch hast Du mich durchs Leben getragen, mir unbeschreiblich glückliche Momente ermöglicht, meiner Seele ein Zuhause geboten und meine Abwertungen und Überforderungen ertragen.

Du bist krank geworden nach soviel Gift, was dich belastet hat und dennoch tust Du dein Bestes, weiterzumachen und gesund zu werden. Du vermittelst mir immer weiter neue Erfahrungen und lässt mich das Menschsein in vollen Zügen erkunden. Ich will tun, was ich kann, die Gifte, die Menschen in der Welt verbreiten, wieder aus dir herauszubekommen. Symbolisch steht das chemische Gift für all die Herzlosigkeit und Gedankenlosigkeit, die Menschen den Menschen antun. Du lebst mit diesem Gift und lässt trotzdem die Liebe durch dich fließen.

Ich finde dich schön! Deine Haut wird faltiger und älter, aber auch durchlässiger und sensibler. Deine Muskeln sind nicht mehr so leistungsfähig, aber sie tragen mich noch wunderbar von einer Erfahrung zur nächsten. Ich mag deinen Po, der mal knackiger war, aber auch jetzt noch hält, was er verspricht. Ihn zu sehen ist immer eine Überraschung, ihn zu berühren eine Freude. Dein Bauch ist nicht mehr flach, wie in den frühen Jahren, aber ich mag seine Rundung. Sie zeugt von der Wonne, die Du jetzt viel mehr erleben kannst, als in diesen frühen Jahren. Ich mag dein Geschlecht, das mir so viel Glücksmomente, soviel Verbindung und Nähe, so viel körperliches Verschmelzen beschert hat.

Deine Augen sind schön, wie zwei tiefe Bergseen. So viel Berührendes ist durch sie in meine Seele geflossen, dass sie oft übergelaufen ist vor Glück und Traurigkeit, Liebe und Schmerz.

Ich liebe dich, Du mein schöner, liebenswerter Körper. Du bist voller Wunder. Du bist ein großartiges Geschenk. Danke, dass es dich gibt.

Dein Seelenfreund und Wegbegleiter

Ein Meer der Liebe entsteht durch das Zusammenfließen vieler Flüsse

Ich möchte von einer Liebe erzählen, die mich täglich trägt, die meine Arbeit erst möglich macht, und die auch dieses Buch entstehen lässt. Es sind die Menschen, die mich tragen, die da sind, wenn es schwer wird und die da sind, um mit ihnen die Liebe zu leben. Anke, Reno, Sabine, Andrea, Barbara, Phillip, Ingrid, Maren und so viele andere leben und arbeiten seit vielen Jahren in Liebe mit mir für die Liebe. Viele Menschen haben durch diese Arbeit ihre Liebe entdeckt und ich konnte das mit ihnen feiern. Sie zogen mit diesen Erfahrungen in die Welt und gaben es ihrerseits an Andere weiter. Von manchen höre ich bisweilen etwas, die meisten leben ihr Leben irgendwo.

Eines Tages wurde unsere Arbeit jäh unterbrochen. Wir mussten plötzlich das Haus räumen, das wir für unsere Arbeit gemietet hatten und standen auf der Straße. Unsere Arbeit brauchte ein neues Zuhause. Schon lange war es mein Traum, in einem großen Haus auf dem Lande zu wirken. Nun schien der Moment dafür gekommen zu sein. Wir fanden ein Haus, aber wir hatten kein Geld, es auszubauen oder einzurichten. Der Besitzer erklärte sich bereit, es nach unseren Wünschen umzubauen. Dann aber mussten wir die Räume ausbauen, gestalten und einrichten. Und das bei einem Anwesen, in dem 50 Personen Platz finden sollten! Aus dem Nichts! Wir hatten ein halbes Jahr Zeit, um all dies zu bewerkstelligen! Meine Frau und ich standen vor einer gigantischen Aufgabe. Wie sollte das nur alles in der kurzen Zeit zu machen sein? Woher sollte das Geld kommen? Das konnten wir nicht schaffen! Aber wir waren begeistert von der Idee, ein Zuhause für die Liebe zu bauen. So haben wir mit den Menschen um uns herum geredet, haben ihnen von diesem Traum erzählt und sie dazu eingeladen, mit uns zu träumen und zu lieben. Alleine konnten wir nichts ausrichten aber gemeinsam konnte es Wirklichkeit werden!

Wir haben uns unsern Freunden, unsern Kolleginnen und Kollegen, unseren Mitarbeitern und allen Menschen, die unsere Arbeit kennen, anvertraut. Die Idee und Begeisterung für das Projekt breitete sich wie eine Welle unter allen aus, die die Liebe hier mit uns erlebt und schätzen gelernt hatten. Eine Flut von Unterstützung brandete uns entgegen. Freunde halfen mit Geld oder Arbeit, mit Ideen und Fachwissen, mit Möbeln und Geräten. Wir brauchten eine Fräse, am nächsten Tag brachte Petra uns eine. Es gab ein Problem mit der Elektrik, Hermann nahm sich einen Urlaubstag, verließ den Chefsessel eines großen Unternehmens, zog einen Overall an und half uns mit seinem Fachwissen. Jutta unterstützte uns bei der Inneneinrichtung. Heinrich besorgte uns den dringend benötigten Tank. Der stand plötzlich auf dem Hof und musste mit seinen 500 Kilo vom Transporter abgeladen und über weichen Boden und viele Hindernisse in den Garten geschafft werden. Ein teurer Kran hätte dies bewerkstelligen können. Dafür aber hatten wir weder das Geld noch die Zeit. Ich war in Bedrängnis. Der Tank sollte am nächsten Tag von einer Firma eingebaut werden. Technische Lösungen kamen mir nicht mehr in den Sinn.

Ich saß an diesem Abend mit einem Freund zusammen. Er bemerkte meine reichlich bedrückte Stimmung, klopfte mir nur auf die Schulter und sagte: „Lass mal, ich mach das schon." Am nächsten Morgen waren 15 Menschen wie durch Zauberhand zur Stelle und trugen diesen schweren Tank mit Leichtigkeit über alle Hindernisse hinweg an den richtigen Ort. Und alle hatten obendrein noch viel Spaß dabei, freuten sich, helfen zu können, sich wiederzusehen und Liebe zu teilen. Nach 20 Minuten waren sie wieder verschwunden – in ihrer jeweiligen

Arbeit und ihrem Leben. Der Tank stand still und ruhig am richtigen Platz, und wenn ich nicht dabei gewesen wäre, hätte ich an ein Wunder geglaubt. Aber es war ja auch ein Wunder! Es war ein Wunder der Liebe, was die Menschen zu uns brachte. Mein Freund hatte einfach nur am Abend nach unserm Treffen einige Freunde angerufen und gesagt: „Ulrich braucht deine Hilfe". Und alle waren gekommen!

Diese freudige und lichte Atmosphäre legte sich oft über die ganze Baustelle. Auch die regulären Arbeiter der Baufirmen im Haus ließen sich – nach anfänglicher Skepsis – davon anstecken.

Wir mussten fertig werden! Der Eröffnungstermin rückte immer näher, und es war noch so viel zu tun. Alle Räume im Haus mussten noch gestrichen werden. Wir hatten für 900 Quadratmeter Wohnfläche mit 25 Räumen nur noch eine Woche Zeit! Die Farbe war da, alles war vorbereitet. Dann kamen 20 Freunde für ein Wochenende, und als sie wieder abreisten, war das ganze Haus gestrichen und tapeziert! So etwas hatte ich noch nicht erlebt!

Als die Handwerker der Baufirmen am Freitagmittag ins Wochenende gingen, hantierten meine Frau und ich in dem Rohbau nur zu zweit mit den Farbeimern und Tapetenrollen, um alles vorzubereiten. Als die Bauarbeiter am Montag das Haus wieder betraten, standen schon einige Möbel in den fertig gestrichenen Räumen. Sie hatten einen Rohbau verlassen, drei Tage später war er nicht mehr wiederzuerkennen. Das war nicht normal! Verwundert liefen sie durch das große Haus und verstanden nicht, wie das passieren konnte. Sie hatten noch nicht erlebt, was Menschen bewegen können, wenn viele in Liebe und Freude ihre Kraft gemeinsam einsetzen. Im Mittelalter wären meine Frau und ich vielleicht als Hexe und Zauberer verbrannt worden. Diesem Schicksal konnten wir im Münsterland noch knapp entkommen. Ich betrachte heute die Holzhaufen für die Osterfeuer mit anderen Augen …

Oft habe ich in dieser Zeit nach getaner Arbeit das Geschaffene mit Tränen der Rührung und Erschöpfung angeschaut. Ich fühlte mich getragen von der Liebe der Menschen zu mir und zum gemeinsamen Wirklich-Sein. Ich war ergriffen von der gestalterischen Kraft, die wir haben, wenn wir nicht vereinzelt vor uns hinleben, sondern uns öffnen und gemeinsam unsere Vorstellungen von der Liebe leben. Diese Geschichte widme ich all denen, die mich und meine Frau getragen haben und noch immer mit ihrer Liebe tragen.

Ich habe dadurch eine wichtige Erfahrung gemacht:

In Liebe lässt sich alles bewerkstelligen!

6 Fallgruben für die Liebe

Ein Leben in Liebe ist so wunderbar, dass keiner, der es kennengelernt hat, die Liebe wieder verlieren möchte. Dennoch erlebt jeder, wie schnell dieses ‚In-Liebe-Sein' abhandenkommen kann. Gerade hast du noch die Verbindung von Seele zu Seele gespürt, plötzlich ist sie verschwunden.

Ein Gedanke reicht manchmal schon, um die Liebe zu verlieren. Es gibt so viele Fallgruben, in die die Liebe stürzen kann. In diesem Kapitel wirst du einige Fallgruben genauer kennenlernen. So kannst du sie erkennen, bevor du hineintrittst und manche Gefahren vermeiden, weil du noch bewusster auf deinem Weg bist. Solltest du dennoch in einer landen, ist es gut zu wissen, wie diese Fallgrube beschaffen ist und auf welchem Weg du wieder hinausfindest.

Manchmal sind dazu mehr Hilfestellungen nötig, als dieses Buch sie bieten kann. Dazu ist dann die Unterstützung von erfahrenen, professionellen Helfern sinnvoll, die dir mit weiterem Fachwissen liebevoll die Hand reichen können.

Nicht jede Fallgrube mag dein Thema sein. Wenn du meinst, es betrifft dich nicht, überspringe sie einfach. Doch du wirst dich wundern, in welchen Fallen du dich wiederfinden kannst, ohne es vorher zu ahnen!

Liebe kommt und geht nicht wie eine Wetterlage, auf die wir keinen Einfluss haben.

🖎 Nur durch unsere Entscheidungen machen wir Liebe,
    oder wir verhindern sie.

Die große Gegenspielerin bei unseren Entscheidungen für die Liebe ist die Angst. Immer wenn dir die Liebe abhandenkommt, hat eine Angst deine Entscheidungen gelenkt.

Wir werden uns deshalb diese Reaktion auf die Angst noch einmal anschauen (siehe auch Abschn. „Gefühle sind die Sprache der Seele"), um besser zu verstehen, warum Angst die Liebe vertreibt.

Angst frisst Liebe

Angst hat eine große Bandbreite. Sie kann sich von leichter Unsicherheit bis zur blanken Panik erstrecken. Einige unserer Ängste nehmen wir deutlich wahr, andere würden wir auf den ersten Blick gar nicht als Ängste erkennen. Sie äußern sich eher als Reaktionsmuster wie negative Bewertungen, Ablehnungen oder Vermeidungen. Stellen wir uns die Angst als eine Art Warnblinklicht vor, wie es vor Bahnübergängen oder Baustellen steht. Es leuchtet auf, um uns vor der Gefahr eines Schmerzes zu warnen, den wir schon einmal erlebt haben. Wir haben uns in früherer Zeit entschieden, diesem Schmerz nicht mehr begegnen zu wollen. Daher sperren wir diesen Weg durch ein Angstblinklicht ab. Solch eine Warnung kann sinnvoll und überlebenswichtig sein. Ein Warnblinklicht vor einem Bahnübergang schützt uns ja auch vor einem nahenden Zug. Doch unser Blinklicht flammt bei einigen Wegen dauerhaft auf, selbst wenn gar kein Zug kommt. Je mehr dieser Warnlichter, oder Ängste wir in unserem Leben aufgestellt haben, umso weniger Wege stehen uns offen. Das kann unsere Lebensmöglichkeiten stark einschränken. Wir verlieren unsere Lebendigkeit und bewegen uns nur noch im Kreis oder verharren an ein und derselben Stelle. Die warnende Angst wird zum Fokus unserer Wahrnehmung. Wir starren wie hypnotisiert auf das blinkende Licht und verlieren jedes seelische Gefühl aus den Augen. Lähmung, Starre, Einschränkung und ständige Wiederholungen sind die Folgen. Sie beißen sich als Glaubenssätze in unserm Leben fest und fressen die Lebendigkeit – Stück für Stück.

Um diese Einschränkungen zu umgehen, entwickeln manche Menschen eine Gegenmaßnahme. Sie verdrängen ihre Angst. Die Wahrnehmung von und die Erinnerung an Schmerz und Angst wird zeitweilig ausgeschaltet. Es ist durchaus noch Angst vorhanden, aber bildlich gesehen schrauben sie gewissermaßen die Glühbirnen aus den Warnlampen heraus. Das bedeutet aber – um im Bild zu bleiben –, dass sie alle seelischen Gefühle ebenfalls herausschrauben, oder sie zumindest auf ein Minimum reduzieren. Dann sind die Wege wieder beschreitbar, aber ohne tiefere seelische Gefühle. Mitunter kommen Menschen damit sehr erfolgreich durch ihr Leben, aber sie verlieren dabei den Kontakt zur eigenen Seele. Mit diesen Einschränkungen und der Verbannung seelischer Gefühle kann Liebe kaum noch erlebt werden. Alle Ängste haben eine enorme Auswirkung auf unser Leben, egal, ob wir sie wahrnehmen oder nicht. Wir können aber nur mit den wahrgenommenen Ängsten bewusst umgehen. Deshalb ist es wichtig, sich so viele der eigenen Ängste bewusst zu machen, wie es geht. Über die bewusst wahrgenommenen Ängste können wir den Weg zum Schmerz finden und dann den Kontakt zu allen anderen seelischen Gefühlen wiederherstellen.

Übung

Denke einmal darüber nach, vor was du Angst hast! Angst versteckt sich auch hinter Unsicherheiten oder unangenehmen Gefühlen. Schließe auch dies in deine Nachforschungen mit ein.
Liste alles auf einem Bogen Papier auf.
Wie viel Ängste stehen da auf deiner Liste?
Wie beeinflussen diese Ängste deinen Kontakt zu anderen Menschen?
Schreibe hinter jede Angst oder unangenehme Situation die Auswirkung deines Verhaltens oder Denkens.

Angst steuert unsere Entscheidungen und unser Handeln.

Wir vermeiden, wovor wir Angst haben. Wir versuchen, durch vorausschauendes Handeln in einem Komfortbereich zu bleiben, der uns möglichst nicht mit unserer Angst in Berührung bringt. Je größer unsere Angst ist, umso mehr engt sie unser Leben ein. Wir werden immer unlebendiger. Eine tiefe Verbindung zu uns selbst und anderen Menschen ist dann nicht mehr möglich. Wir sitzen in einem Vermeidungsturm und schauen von dort auf das Leben und die Liebe, nehmen aber nicht mehr selbst daran teil.

Angst lässt uns unser Umfeld nach Gefahren absuchen, anstatt nach Möglichkeiten.

Wir fokussieren unsere ganze Aufmerksamkeit darauf und fragen uns: „Ist dieser Mensch gefährlich für mich? Bringt er Enttäuschung, Grenzverletzung, Verurteilung, kurz gesagt: Schmerz?"

Wenn wir so denken, ist die Wahrnehmung reduziert. Wir sehen nicht mehr die Möglichkeiten, die eine Begegnung bringt, sondern nur die Gefahr, die es zu vermeiden gilt. Wir können den anderen Menschen nicht so sehen, wie er ist. Wir sehen uns selbst nicht mehr so, wie wir wirklich sind, denn unser Blick ist nur noch auf Katastrophenfantasien geheftet.

Angst ersetzt Wahrnehmung und Akzeptanz durch vorauseilende Urteile.

Die Wahrnehmung ist die Grundlage für Liebe. Wenn wir aber vorausschauend weiteren Schmerz vermeiden wollen, tritt anstelle der wertfreien Wahrnehmung, die Beurteilung der Situation oder des Menschen. Aus der Beurteilung wird oft eine Verurteilung oder ein Vorurteil.

„Ich weiß ja schon, wie er oder sie handeln wird, da passe ich lieber auf."

Die Angst legt einen dumpfen Schleier über den Kontakt und unterdrückt die Wahrnehmung und Verbindung zur Wirklichkeit.

Liebe hat da keine Chance! Liebe braucht die Offenheit der Wahrnehmung und die Akzeptanz.

Angst wälzt Verantwortung ab.

Wenn jemand Angst hat, vermeidet er alles, was diese Angst heraufbeschwören könnte. Das gleiche erwartet dieser Mensch auch von allen anderen in seiner Umgebung. Das kann zu Konflikten in Liebesbeziehungen führen.

Marie hat große Verlustangst. In ihren Fantasien wird sie verlassen oder ihrem Liebsten passieren schreckliche Unfälle. Deshalb soll Hans immer über Handy erreichbar sein. Auch wenn er gerne auf sie eingeht, erlebt er diese ständige Kontrolle als eine große Einschränkung seiner Unbeschwertheit. Hans soll auf Maries Angst Rücksicht nehmen. Wenn er es tut, verleugnet er sich und seine Bedürfnisse. Tut er es nicht, ist sie böse auf ihn. Marie versucht, ihre Angst auf Hans zu übertragen, damit er auch daran trägt. In diesen Konflikten scheint immer der das moralische Recht auf seiner Seite zu haben, der Angst hat.

Die Angst unterbricht die Liebe in diesen Momenten bei beiden, weil sich beide nicht mehr entfalten können und den anderen nicht mehr so lassen können, wie er ist.

Angst ist ein Schutz, aus dem Schutz erwächst neue Angst.
Angst ist ein Schutz, aus dem Schutz erwächst neue ...

In manchen Situationen unsers Lebens, ist die Angst einfach stärker als wir selbst. Viele Menschen haben so Schreckliches erlebt, dass Schutz eine reflexartige Überlebensstrategie ist, die wir kaum noch als eigene Entscheidung wahrnehmen. Dennoch führt jeder Schutz in eine Fallgrube. Denn Liebe und Schutz schließen sich im aktuellen Moment gegenseitig aus. Wir sehnen uns nach Liebe und geraten in die Abhängigkeit von Liebesersatz wie Bewunderung, Besitz, Macht usw. Das bringt uns aber nicht wirklich in Verbindung mit unserer Seele, sodass wir immer mehr davon wollen. Schutzmechanismen produzieren immer wieder genau die Schmerzerfahrungen, die die Ursache der Angst waren und uns zu dieser Schutzhaltung veranlasst haben. (z. B. früher Liebesverlust, Angst vor Einsamkeit, ständige Suche nach Kontakten, Enttäuschung durch Liebesverlust). So geraten wir in einen Kreislauf, der sich ständig wiederholt. Es lohnt sich also – gerade bei heftigen Verletzungen – diese Fallgruben bewusster wahrzunehmen, um automatische Schutzverhaltensweisen abzubauen.

> **Übung**
>
> Vor wem oder in welcher Situation hast du Angst? Beginne damit, deine Angst erst einmal wahrzunehmen. Dann akzeptiere, dass sie da ist.
> - Wovor hast du Angst? Was könnte in schlimmstenfalls passieren?
> - Male dir alles aus, was sich in den geheimen Kammern deiner Fantasie sowieso schon abspielt. Wenn du kannst, male ein großflächiges Bild dazu oder schreibe deine Katastrophenszenarien auf.
> - Welcher Schmerz steht dahinter?
> - Schreibe einige Sätze dazu auf, oder teile dich jemandem mit.

– Woher kennst du diesen Schmerz?
– Schreibe einige Sätze dazu auf, oder teile dich jemandem mit.

Kannst du diesen Schmerz oder die Erinnerung daran in dein Leben lassen?
Wenn es unangenehm ist, dies alles zuzulassen, frage dich, was schlimmer ist, der Schmerz oder die Auswirkungen deiner Angst!
Triff deine Entscheidung, ob du weiterhin versuchen willst, deine Angst zu umgehen, oder ob du den alten Schmerz zulassen kannst.

Um aus diesem Kreislauf der Angst und der Schutzmechanismen auszusteigen, brauchst du die bewusste Entscheidung, dich dem ursprünglichen Schmerz zuzuwenden. Wenn die Schutzmechanismen dir im Wege stehen, um in einen liebenden Kontakt mit einem anderen Menschen zu kommen, dann erzähle diesem Menschen von deiner Angst und deinem Schmerz, anstatt dich heimlich oder unheimlich zu schützen. Versuche es, wie immer, erst einmal mit einer Angst, die deine momentanen Möglichkeiten nicht überfordert.

Mangel – eine bedrückende Fantasie

Seit frühesten Tagen tragen wir eine Vorstellung von Mangel in uns. Vielleicht haben wir Liebe entbehrt, Sicherheit oder Nahrung. Eingebrannt hat sich in uns der Gedanke: Es ist nicht genug für mich da! Selbst in Gesellschaften, in denen für jeden reichlich vorhanden wäre, wetteifern viele darum, weitaus mehr zu bekommen, als sie mit größter Mühe jemals verschwenden könnten. Dahinter steckt häufig eine Illusion des Mangels.

Erlebt wird der Mangel sehr real. Er kann einen Menschen wie ein Malstrom in die rastlose Suche nach MEHR hineinziehen. Dabei ist es austauschbar, wovon die Menschen mehr haben wollen. Hauptsache, die Situation verändert sich, weil das Leben mit diesem Mangel anscheinend nicht zu ertragen ist. Es beginnt eine Suche im Außen und manchmal auch im eigenen Verbesserungsprogramm. Essen, Alkohol, Drogen, Besitz, Erfolg, Macht, Sex, aber auch höhere Werte wie Frömmigkeit, Aufopferung oder Gutmenschentum sollen das Gefühl des Mangels vertreiben. Eigentlich taugt alles, was von diesem Mangelgedanken ablenken kann, als Ersatz für das, was hinter dem Mangel steht. Kaum ein Mensch ist frei von dieser Triebfeder im Leben. Das Empfinden eines Mangels hat fast immer mit der Abwesenheit von Liebe oder Nähe zu tun. Dieser Zustand ist so schwer zu ertragen, dass wir uns einen Ausgleich schaffen müssen.

Ich habe in meiner Seminararbeit eine interessante Entdeckung gemacht: Immer wenn sich eine Gruppe schwer damit tut, Nähe zuzulassen, baut sich eine stetig wachsende Unzufriedenheit auf. Die Teilnehmer dieser Gruppe essen oder rauchen beispielsweise erheblich mehr in den Pausen als die Mitglieder jener Gruppen, die berührt sind von sich und den anderen und die Nähe zulassen können. Seminarteilnehmer, die sich schwer tun, Nähe zuzulassen, sind insgesamt unzufriedener mit allem, was sie umgibt, inklusive ihrer Mitmenschen.

Der Mangel bleibt bestehen, weil alles, was als Ersatz für Liebe eingesetzt wird, die Liebe nicht ersetzen kann. Erfolg beispielsweise macht kurzzeitig zufrieden, weil er ein Hochgefühl vermittelt, aber er ersetzt nicht die Liebe. Schnell nach dem Erfolg wird wieder der Mangelgedanke spürbar und lässt uns nach dem nächsten Erfolg suchen. Das wird schnell zu einem Such(t)-Prinzip. Jeder Ersatz für die Liebe ist eben nur ein Ersatz und kann nicht wirklich das Bedürfnis stillen. Wenn wir Hunger hätten, und wir würden uns den Magen mit Sägespänen vollstopfen, wäre das Hungergefühl kurzzeitig überdeckt, aber Sägespäne nähren uns nicht. Ersatzstoffe können das eigentliche ureigene Bedürfnis nicht ersetzen und verlangen einen ständigen Nachschub. Den zu gewährleisten, beansprucht dann unsere ganze Aufmerksamkeit. Es ist wie ein Sog. Uns fehlt die Energie, dann noch die Liebe zu wagen. Die fehlende Liebe aber erinnert wieder an den Schmerz und bringt uns in den Sog des Mangels zurück.

Übung

Nur wenn du dich an die Liebe als das Eigentliche erinnerst, kannst du den Sog des Mangels unterbrechen. Du kannst dir bewusst machen, was dir wirklich fehlt. Erst dann kannst du damit beginnen, die Liebe wieder aus dir zu schöpfen, anstatt Ersatzformen zu suchen. Du kannst die Liebe überall finden, wenn du dein Herz dafür öffnest. Du kannst dich den Menschen und Situationen zuwenden, die Liebe möglich machen, anstatt dort zu suchen, wo nichts zu finden ist. Liebe ist immer da! Genügend und für alle!

Entdecke deine Liebe für eine Tätigkeit, ein Hobby, einen schönen Augenblick in der Natur oder auch die Liebe für andere Menschen und widme dich diesem, ohne Erwartungen und Rückforderungen. Du musst nichts dafür tun, außer, die bedingungslose Liebe dafür aufzubringen.

- Lebe einen Tag oder auch nur eine Stunde ganz in der Gegenwart! Lass alle Erwartungen und Sehnsüchte an diesem Tag hinter dir. Beobachte die Menschen und sieh in allen die Liebe.
- Wo siehst du ein liebevolles Lächeln, wo eine freundliche Geste? Nimm sie in dir auf! Du erlebst damit Liebe! Lass dich davon berühren!
- Mal dir an diesem Tag mit einem Kugelschreiber für jedes Mal, wenn du Liebe gefunden hast, ein kleines Zeichen in deine Handinnenfläche. So kannst du immer darauf schauen und dich erinnern.
- Wenn du keine Liebe gefunden hast, mache deine Augen und dein Herz weiter auf. Entscheide dich dafür, nicht mehr das halb leere Glas zu sehen, sondern das halb volle.

- Beschränke deine Suche nicht durch deine Erwartungen. Dann siehst du vielleicht eher ein Lächeln oder den offenen Kummer eines Kindes oder die Blume, die extra für dich blüht. Sieh es mit akzeptierenden Augen, fühle es mit offenem Herzen, ohne Bedingungen zu stellen.
- Verbinde dich mit dem, was du siehst, fühlst, erlebst. Lass dich berühren davon!

Finde, statt zu suchen!

Neid oder: „Es kann nur einen geben …"

Wenn sich die Vorstellung des Liebesmangels in den Gedanken festgesetzt hat, ist sie schwer wieder loszuwerden. Liebe ist dann nach unserer Vorstellung so selten zu finden wie Gold. Darum muss sie auch so bewacht werden. Ein Claim wird abgesteckt, Grenzen werden gezogen und Verteidigungsstrategien liegen bereit. Wir befürchten, jemand könnte uns die Liebe wegnehmen!

Oft gesellt sich ein weiterer Gedanke aus den Tiefen unseres kindlichen Denkens dazu: Liebe bekommt man nur als Belohnung für besondere Leistungen oder Fähigkeiten. Die Liebe ist der erste Preis, wenn man alles richtig macht. Alle anderen gehen leer aus, weil Liebe nach diesem Glauben so selten zu finden ist wie Gold. Wenn also jemand in der Nachbarschaft fündig geworden ist und liebt, wird die eigene Sehnsucht als beißender Mangel spürbar. Aus dieser Sehnsucht erwächst einem dann großer Stress, wenn in der Vorstellung nur der bessere, der erfolgreichere Liebesschürfer den Preis für die Leistung erhält. Schließlich bedeutet es: Die eigenen Leistungen oder Fähigkeiten haben nicht genügt! Wenn alle Anstrengungen, das Liebesgold zu finden, schon erfolglos ausgeschöpft sind, bleibt nur noch, dem anderen Menschen den Erfolg oder die Liebe zu neiden, ihn schlechtzumachen, herabzuwürdigen, sich über die Ungerechtigkeit des Lebens zu beklagen oder ihm den Liebesschatz abzujagen. Wer in diesen Glaubenssätzen aus der Kindheit gefangen ist, entwickelt eine automatische Feindseligkeit, einen bitteren Argwohn anderen gegenüber. Keiner darf mehr haben, besser oder liebenswerter sein als er selbst.

In meiner Praxis besuchten mich mit einem Abstand von einigen Jahren zwei Schwestern. Erst als mir – drei Jahre nach der jüngeren Schwester – die ältere ebenfalls ihre Familiengeschichte erzählte, wurde mir das ganze Drama zwischen den Frauen richtig bewusst. Beide waren zutiefst zerstritten. Sie neideten sich seit ihrer Kindheit jedes noch so winzige Mehr an Zuwendung. Jede erzählte mir, dass die jeweils andere vom Vater immer vorgezogen worden sei und sie selbst immer nur das Nachsehen hatte. Die andere hatte es immer besser. Beide hatten ohne Mühe eine lange Liste von Begebenheiten parat, mit denen sie bewiesen, dass der Vater die Schwester bevorzugte. Die Erzählende selbst beschrieb sich als total ungeliebt, die andere aber war Vaters Liebling. So sahen es beide und neideten sich die scheinbare Vaterliebe. Dieser Neid entwickelte sich zu einer fortwährenden Missgunst, die auch nach dem Tod des Vaters weiter anhielt und sich auf die Ehemänner, den beruflichen Erfolg, die Kinder, Kleider oder Urlaube ausdehnte. Nur weil beide ergründen wollten, warum die jeweils andere mehr Erfolg hatte, blieben sie in Kontakt. Es war ein zermürbendes Spiel. Ihr Kontakt war zerfressen vom gegenseitigem Neid.

Der Glaubenssatz, der sich hinter diesem Verhalten verbarg, war deutlich zu erkennen: „Wenn ein anderer geliebt wird, kann ich nicht gleichzeitig auch geliebt werden!" In der kindlichen Vorstellungswelt der beiden Schwestern war der Gedanke, dass der Vater niemandem Liebe geben konnte, so lebensbedrohlich, dass sie in ihrer Fantasie die ganze Liebe des Vaters auf die Schwester projizierten. Die Wirklichkeit war anders. Keine der beiden bekam vom Vater Liebe und somit konnten sie sich auch gegenseitig keine liebende Geste geben. Auf diese Art verdoppelte sich die Lieblosigkeit in der Familie. Erst als ich ihnen die Aufgabe gab, sich offen über ihre Erfahrung von Lieblosigkeit auszutauschen, ging ihnen ein Licht auf.

Ein solcher Neid ist vielen nicht unbekannt.

Ich entdecke Neid bei mir in allen Lebenslagen. Da hat jemand Erfolg mit einem Buch und ich versuche, es gleich besonders kritisch zu lesen! So viele Anlässe es für meine Angst vor Mangel an Liebe oder Anerkennung gibt, so viele Gelegenheiten für Neid gibt es auch. Aber es ist im Grunde immer nur die eine Angst: nicht gut genug zu sein, um als liebenswert zu gelten. Letztendlich geht es nur darum, wie liebenswert ich mich selbst finde, oder wie sehr ich bereit bin, den Liebesmangel meiner Kindheit auszuhalten. Das scheint weit hergeholt zu sein, aber es lohnt sich, das in einem leichten Beispiel einmal auszuprobieren.

Übung

Schreibe zu jeder Frage eine Antwort auf:
- Was neidest du jemandem? (Komm mir nicht damit, dass du nie neidisch bist)
- Was könnte passieren, wenn dieser Mensch das bekommt, was du dir wünschst?
- Welcher Gedanke kommt, wenn du dich nicht kontrollierst?
- Was macht dieser Gedanke mit dir?
- Nun stelle dir vor, dass für diesen anderen Menschen und genauso auch für dich genügend Liebe, Anerkennung, Erfolg, Begehren etc. da ist. Du musst auf nichts verzichten, wenn der andere Mensch etwas hat, was du auch gerne möchtest.
- Wie fühlst du dich jetzt?

Sprich einmal probeweise den Satz aus: „Ich freue mich mit dir, dass du etwas hast (erlebst), was ich auch gerne hätte."

Wenn wir Liebe verhindern und uns mit der Entbehrung arrangieren, rutschen wir leicht in Missgunst ab. Wir können dem anderen nicht das gestatten, was wir uns selbst versagen. Folgende Idee kann dir in schweren Situationen helfen:

🖐 Liebe wird nicht weniger, wenn man sie teilt!

Konkurrenz ist nicht nur eine Männerfalle

Männer tun es und Frauen auch: Wir kämpfen um den ersten Platz. Wer von uns ist besser? Wer bekommt mehr Ansehen, Aufmerksamkeit, Macht und Einfluss? Erfolg, Statussymbole, Fans, Followers, Hierarchie: Eigentlich ist Konkurrenz nur die Fortsetzung des Mangel- und des Neidthemas, verkappt in Argumenten, Meinungen, Aussehen und eingebildeten Stärkebeweisen. Je intellektueller die Menschen sind, umso verdeckter erlebe ich das Konkurrenzverhalten, aber vorhanden ist es überall. Die deutschen Autobahnen sind ein ständiger Beweis für diesen Kampf. Selbst in der Schlange an der Kasse des Supermarktes wird um den besseren Platz gerungen. Aber besonders eindrucksvoll erlebe ich Beispiele für Konkurrenz im Beruf. Auf Fachtagungen treffen in vermutlich allen Arbeitsfeldern verschiedenste Alphatiere aufeinander. Oft werden Tagungen zu Plattformen, auf denen sich Menschen darstellen wollen. Selbstdarstellung wird noch eindrucksvoller, wenn die Anderen schlecht gemacht werden. „Seht mal, wie toll ich bin! Seht mal, was ich alles kann und weiß! Seht mal, wie schlecht die anderen sind, wie verkehrt! Ich weiß es besser! Ich kann es besser! Ich habe eure Aufmerksamkeit viel mehr verdient, als alle Anderen!" Ich fühle mich auf solchen Meetings manchmal wie in einem Kindergarten, nur dass Kinder ehrlicher zu dem stehen, was sie eigentlich wollen.

Konkurrenz ist ein hartes Geschäft. Jeder, der sich nicht gesehen glaubt, will trotzdem die Liebe, die Aufmerksamkeit, den Erfolg oder den Respekt. Da wird mit allen Mitteln gekämpft, weil es um alles geht! Es geht nie nur um das offensichtliche Thema, sondern immer um weitaus Tieferes. Da sind tatsächlich Kinder miteinander beschäftigt, die um Liebe kämpfen und so tun, als sei die Liebe ein seltenes Gut, das nur einer haben könnte. Wieder ist der kindliche Glaube an den Mangel die Ursache für dieses kämpferische Schutzverhalten. „Es kann nur einen geben", so könnte der Titel des Filmes lauten, der in den Kopfkinos abläuft. Das geschieht in der Aufsichtsratssitzung genauso, wie im Bundestag, im Privatleben oder bei der Teambesprechung im Kollegenkreis.

Wenn Männer sich begegnen, schätzen sie sich augenblicklich ab und ordnen sich in eine Hierarchie ein. Wer von uns ist stärker, erfolgreicher, mächtiger? Wer steht über wem? Davon scheint viel abzuhängen. Wenn sich zwei Männer in der Hierarchie als gleichrangig einstufen, beginnt der Kampf mit Worten oder

Taten. In dieser Auseinandersetzung geht es ums Überleben, so scheint es. Liebe hat da keinen Platz. Liebe würde der Konfrontation nur schaden. Ich frage mich, ob das ein Grund sein kann, warum Liebe unter Männern so verpönt ist. Aber auch Frauen messen sich untereinander und ziehen noch viel subtiler gegen ihre Konkurrentinnen in den Kampf.

Die Angst, nicht genug zu bekommen, hält diesen Konkurrenzkampf aufrecht. Das kann eine sehr bedrohliche Angst sein. Sie kann die Luft dünn machen, einem die Kehle zuschnüren, Ringe ums Herz legen, den Magen umdrehen, die Brust einengen oder einen in Rage bringen. Aber es ist immer die eigene Angst, die dahinter steht! Es geht gar nicht um die Ebene, auf der die Konkurrenz ausgetragen wird. Das Thema kommt aus ganz anderen Tiefen. Es sind fast immer Kinderängste, die uns da leiten. Sie bestimmen unser Denken und Handeln in einem viel höheren Maß, als uns lieb ist. Dieser Fallgrube können Menschen nur da entrinnen, wo sie auch hereingefallen sind, nämlich bei der alten Angst, nicht genug zu bekommen, bei der Vorstellung, es ist nicht genug für mich da. Mit dieser Illusion leben wir! Es ist nicht genug für alle da! Die ganze Welt glaubt an diese Täuschung! Dabei gibt es genug Ressourcen, um jedem Menschen eine Lebensgrundlage zu bieten. Keiner müsste verhungern. Jede Person auf diesem Erdball könnte im Überfluss der Liebe leben. Keiner müsste hassen. Aber wir kämpfen miteinander um jeden kleinsten Vorteil, jedes Mehr, jedes Besser, gerade so, als ginge es gleich mit uns zu Ende, wenn wir nicht sofort diesen Konkurrenzkampf gewinnen.

Übung

Wenn du das nächste Mal in Konkurrenz gerätst, nimm es wahr und lass die Angst, die bei dir dahinter steht zu. Wenn du in deinem Leben im Augenblick in keiner Konkurrenzsituation bist, erinnere dich an eine solche Situation und stelle sie dir vor. Wenn dir nichts einfällt, frage einen Menschen, der dir nahe steht, wann und wie er dich konkurrierend erlebt hat.
Beschreibe die Konkurrenzsituation kurz und formuliere zu jeder Frage eine Antwort, oder teile dich jemandem mit:
- Wie reagierst du in dieser Konkurrenz?
- Was macht dir Angst?
- Was würde passieren, wenn das eintritt, wovor du Angst hast?
- Woher kennst du diese Gedanken / Erfahrungen?

Jetzt stell dir eine Situation mit einem Menschen vor, mit dem du nicht konkurrierst! Ich stelle mir immer meinen Sohn vor, der schon mit 16 Jahren stärker war als ich, erfolgreicher bei den Mädchen oder besser in der Schule. Ich kann ihm das mit Freude und Rührung gönnen! Ich liebe ihn und freue mich, wie gut es ihm geht und wie viel Liebe er bekommt. Suche auch du dir eine Person aus deinem Leben aus.

Vergleiche nun die Situation und den Menschen in der Konkurrenzsituation und in der Nichtkonkurrenz.
Stell dir vor, du könntest auch in einer Konkurrenzsituation gelassen und großzügig reagieren, selbst wenn dein Gegenüber einen „besser-schneller-weiter-schöner-intelligenter Stress" produziert.
– Wie würde sich dein Leben dann gestalten?
– Wie würde sich wohl der Kontakt zu diesem Menschen gestalten?
– Was hält dich davon ab, es auszuprobieren und deinem Gegenüber das „Besser" zu gönnen?

Stell dir eine Welt vor, in der wir uns gegenseitig darin unterstützen, das Beste für jeden zu erlangen. Nicht der Gedanke, möglichst viel für mich selbst zu bekommen, wäre der Antrieb für unsere Gemeinschaft, sondern die Frage: „Was tut uns allen gut?" Stell dir vor, wir würden alle begreifen, dass wir in einer Welt leben, in der wie bei einem Organismus alle Teile mit Allem verbunden sind. Dann wäre es einsehbar, dass es jedem nutzt, wenn der andere nicht leidet. Es ist keine moralische Frage, sondern ein einleuchtender Vorteil für mich als Einzelnen, dass es dem Andern gut geht. Wenn es meinem Fuß schlecht geht, hat das eine Auswirkung auf jeden Teil meines Körpers. Da wäre der Gedanke, Hauptsache, meine Hand ist besser als mein Fuß, wirklich absurd! Die Hand wird sich darum kümmern, dass es dem Fuß besser geht, damit beide zusammen sich wohlfühlen. Die Welt ist so ein Organismus. Es ist an der Zeit, uns als Teil dieses Ganzen zu sehen, als ein einziger Organismus, der zusammenwirkt und sich gegenseitig unterstützt.

Enttäuschung – eine Säure, die Liebe zersetzt

Vogelgezwitscher weckt mich. Endlich kommt der Frühling. Die Sonnenstrahlen lassen mein Herz aufleuchten. Es ist der 1. Mai. Alle machen heute einen Maiausflug, oder verlängern mit einem späten Frühstück zu zweit die Party der vergangenen Nacht. Doch das Bett neben mir ist leer. Ich wache allein auf. Meine Frau wollte ein paar Tage nur für sich und ist aufs Land gefahren. Das kann ich eigentlich gut verstehen. Aber ausgerechnet heute! Ich hatte mir vorgestellt, eine Radtour mit ihr zu machen, aber sie wollte ja ausgerechnet an diesen Tagen weg! Ich bin enttäuscht! Diese Enttäuschung verätzt wie eine Säure mein Herz. Gerade hat es noch mit dem Sonnenlicht um die Wette gestrahlt, jetzt ist es stumpf geworden. Alles ist stumpf geworden. Das Vogelgezwitscher klingt ohne sie an meiner Seite dumpf! Mein Frühstück ohne sie ist trist! Die Enttäuschung beginnt ihr Zersetzungswerk. Ich hatte mir so sehr einen schönen Tag gewünscht, so wie damals, als wir nach einem herrlichen Frühstück im Bett aufs Fahrrad stiegen und mit tausend anderen Menschen durch die blühende Landschaft radelten. Sie hatte dieses wunderschöne leichte Sommerkleidchen an. Es umflatterte ihren atemberaubenden Körper. Ich konnte sie noch vor meinen Augen herschweben sehen. Warum kann der heutige Tag nicht auch so sein! Jeder hat heute Spaß, nur ich nicht!

Notgedrungen fahre ich allein mit dem Fahrrad los. Die Landschaft zieht unbeachtet an mir vorbei. Was ich sehe, sind verliebte Paare! Überall! Auf jedem Weg, auf jeder Bank, überall scheinen nur turtelnde Pärchen unterwegs zu sein, als wollten sie mir meine Enttäuschung noch bewusster machen. Ich bin gefangen in diesem Zustand wie in einem Käfig! So beschließe ich, mir ein einsames Plätzchen zu suchen, weit weg von den Menschen, die ihr Zusammensein so unverschämt genießen. Endlich sitze ich an einem Flüsschen, jenseits aller Wege und aller Menschen. Jetzt bin ich allein. Jetzt kann ich auch die Sonne auf meiner Haut wieder spüren. Ich komme zur Ruhe. Ich kämpfe nicht mehr dagegen.

Enttäuscht sind wir immer dann, wenn sich eine Erwartung nicht erfüllt. Wir haben eine Vorstellung von der Zukunft entwickelt. Etwas, das wir uns erhofft hatten, ist nicht eingetreten. Menschen neigen dazu, mit ihren Vorstellungen die Zukunft vorwegzunehmen. Wir planen und bauen Wunschwelten auf. Wir umgeben uns mit einem gigantischen Berg an Erwartungen. Sie entstehen aus dem Gefühl des Mangels. Wir leben oft in der Vorstellung, nicht genug zu haben oder nicht genug zu sein. Wir suchen die Zufriedenheit außerhalb von uns oder in der Verbesserung der Zukunft. Wir knüpfen unser Glück an bestimmte Bedingungen. Wenn dieses und jenes eintritt, oder wir mit einer bestimmten Person auf eine bestimmte Weise in Verbindung treten können, dann, ja dann werden wir glücklich sein! Diese Vorstellungen blockieren unsere Wahrnehmung der Wirklichkeit. Wir haben unsere Erwartung fest eingeplant, weil wir glauben unser Glück hängt davon ab. Da wollen wir uns nicht auf etwas anderes einlassen! Wenn dann die Erwartungen nicht erfüllt werden, sickert sofort Enttäuschung wie eine ätzende Säure in unser Denken. Augenblicklich werden alle akzeptierenden seelischen Gefühle zersetzt. Was bleibt, ist die Angst, nicht genug zu bekommen, nicht das Richtige zu bekommen. Wenn wir enttäuscht sind, akzeptieren wir die Wirklichkeit nicht. Wir wollen es anders! Damit trennen wir uns von der Wirklichkeit im Hier und Jetzt. Diese Trennung macht es so schwer, den Zustand auszuhalten. Wir wollen unbedingt wieder aus der Trennung heraus. Doch wir glauben immer noch, dass das nur möglich ist, wenn sich die äußeren Bedingungen, der Partner, die Freundin, der Kollege ändern, oder wenn wir genau das bekommen, von dem wir meinen, dass es uns fehlt. Wir suchen nach Begründungen, warum unsere Erwartung nicht erfüllt wird und geben persönlichen Misserfolgen oder anderen Menschen die Schuld. So versinken wir immer tiefer in einem Enttäuschungssumpf.

So ging es auch mir an diesem 1. Mai. Ich konnte nicht mehr die Wirklichkeit wahrnehmen, die ich beim Aufwachen noch so intensiv gefühlt hatte. Mit den Gedanken an meinen Mangel trübten sich meine Wahrnehmungen und hüllten mich in den Nebel der Enttäuschung. Ich hatte die Verantwortung für meinen Mangel an meine abwesende Frau übertragen. Sie sollte mich aus dem Mangel befreien und das tat sie nicht. Ich fühlte mich unwichtig, ungeliebt, unbeachtet. Das war in meinen Gedanken eine Ungerechtigkeit!

Eigentlich tat ich mich nur schwer damit, einen nahen Kontakt zu mir zustande zu bringen. Ich war getrennt von mir selbst! Ich wollte mich mit dieser Realität aber nicht abfinden und suchte nach Auswegen. Aber es gab so schnell keine Lösung außerhalb von mir. So wäre ich eigentlich gezwungen gewesen, meinen Mangel zu spüren. Doch durch die Enttäuschung konnte ich weiterhin meinen Blick auf das Außen richten. Da waren die Abwesenheit meiner Frau, die Liebespaare in der Natur und die Ungerechtigkeit, auf die ich meine Aufmerksamkeit richtete. Das änderte sich erst, als ich am Flussufer zur Ruhe kam. Dort erinnerte ich mich an mein Wundermittel: Wahrnehmung und Akzeptanz!

Ja, ich erlebte mich einsam, zurückgesetzt und nicht beachtet. Das war jedoch nicht die Wirklichkeit, die ich wahrnehmen konnte. Als ich mir den Mut nahm, wirklich hinzusehen, erkannte ich meine Wahrheit. Dort, am Flussufer konnte ich wieder sehen, wie getrennt ich von mir war und wie einsam ich mich dadurch fühlte. Indem ich diesen Zustand akzeptierte, kam meine Traurigkeit hoch und brachte mir die Nähe zu mir selbst zurück. Jetzt brauchte ich nicht mehr meine Liebste für mein Glück verantwortlich machen. Ich konnte die Schönheit des Flusses wieder sehen, konnte die Vögel wieder zwitschern hören und sah prompt ein Liebespaar in einem Kanu vorbei paddeln. Sie schaute sich immer wieder zu ihm um und warf neckisch Luftküsse nach hinten. Jetzt war kein Neid mehr in meinem Blick und über meinem Herzen lag kein Enttäuschungsschleier. Ich konnte traurig sein und mich gleichzeitig über das schöne Bild vor mir freuen. Ich war wieder in der Liebe gelandet. Die Gedanken an Zurücksetzung und Einsamkeit konnte ich wieder in meine Kindheit einordnen. Von dort kamen sie ja auch. Sie gehörten nicht in die Gegenwart und nicht in die Beziehung zu meiner Frau.

Übung

- Nimm deine Enttäuschung wahr und erlaube sie dir! Sie ist sehr menschlich!
- Mach dir bewusst, wem oder was du die Verantwortung für dein Glück oder deine Bedürfnisse übertragen hast!
- Entlasse alle und alles aus der Verantwortung für dich! Denke daran, dass du dich getäuscht hast.
- Spüre deinen Mangel! Was entbehrst du? Wovon fühlst du dich getrennt? Wenn du allein bist, spreche laut aus, wovon du dich getrennt fühlst.
- Erlaube dir die Gefühle, die dann aufsteigen, und unterscheide dabei alle Empfindungszustände wie Enttäuschung, Verzweiflung, Wut, usw., die die Verantwortung anderen geben, von den seelischen Gefühlen – Schmerz,

Trauer, Freude, Liebe! (siehe Abschn. „Unterschied zwischen seelischen Gefühlen und Empfindungszuständen")
- Feiere den Kontakt, den du durch diese seelischen Gefühle wieder zu dir
  selbst gewonnen hast, auch wenn die Gefühle dich nicht immer fröhlich
  stimmen.

Tauschhandel in Beziehungen

„Wir passen so gut zusammen! Er gibt mir alles, was ich brauche und liest mir
jeden Wunsch von den Augen ab. Dafür tue ich alles, was er will, auch wenn ich
manchmal nicht so begeistert davon bin." So beschrieb mir eine Klientin ihre
Ehe. Sie war zu mir gekommen, weil eben diese Ehe sie nicht mehr wirklich
zufriedenstellte. „Mir fehlt das gewisse Etwas. Es läuft alles super, aber es ist
keine Flamme mehr da, wie früher! Aber wir lieben uns doch! Ich fühle mich
undankbar!"

Hier tat sich eine sehr hinterhältige Fallgrube auf, in die das Paar langsam
hineingeglitten war und nun tief darin festsaß. 'Gibst du mir, so gebe ich dir' ist
eine gängige Basis für Beziehungen und wird oft mit Liebe verwechselt. Doch in
erster Linie ist es ein Tauschhandel. Wenn es passt, läuft dieser Austausch für
beide Seiten befriedigend ab. Das ist sehr verlockend. Es entsteht vielleicht sogar
so etwas wie Vertrauen, aber es bleibt ein Handel. Wenn ein Kauf einmal gut
gelaufen ist, geht man gerne wieder in dieses Geschäft und lässt sich auf den
nächsten Tauschhandel ein. Für das, was ich gebe, bekomme ich etwas Gutes
zurück. Beziehungen gestalten sich oft zu einem tragenden Teil aus solchen
Tauschaktionen.

Ich gebe dir Sicherheit, dafür schaffst du mir ein Zuhause. Du zeigst mir deine
Wertschätzung, dafür gebe ich dir Sexualität. Ich opfere dir meine Freiheit oder
Selbstverwirklichung, dafür opferst du mir deine auch. Viele dieser Handelsgüter
geistern unerkannt durch den Tauschhandel einer Beziehung. Wenn es erfolg-
reich ist, wird ein beständiges Arrangement daraus. Die Gewissheit, dass dieser
Austausch dauerhaft befriedigend läuft, hat was Beruhigendes und erspart den
Partnern die Wachsamkeit, mit der sie sonst nach Enttäuschungen und Verlet-
zungen Ausschau halten. Die Partner richten ihre Aufmerksamkeit auf andere
Lebensbereiche. Das kann sehr vorteilhaft sein, wenn wichtige Lebensentschei-
dungen im Beruf, in der Ausbildung oder in der Existenz anstehen.

Gerade diese Aufmerksamkeit aber fehlt nach einer Weile in der Beziehung.
Der Tauschhandel funktioniert zwar weiterhin gut, verliert aber auf Dauer an
Spannung. Vergleichbar mit einem Geschäft, in dem ich immer wieder einkaufe
und dessen Sortiment ich auswendig kenne. Und plötzlich wird der neue Laden
in der nächsten Straße sehr interessant. Ich besuche ihn, weil ich etwas Neues
erleben will, etwas was meine Aufmerksamkeit wieder weckt. Interesse und

Wachheit sind entscheidende Triebfedern unserer Lebendigkeit! Liebe braucht diese Wachheit. Andernfalls trocknet sie aus wie ein See ohne Zulauf in der heißen Sonne.

Bisweilen funktioniert dieser Tauschhandel auch nicht. Einer der Tauschpartner fühlt sich dann benachteiligt oder gar übers Ohr gehauen. Dann wird gefeilscht, lamentiert oder von „Betrug" gesprochen! Ein Kampf entbrennt oder man zieht sich zurück. Die Partner entzweien sich. Doch unabhängig davon, ob ein Tauschhandel erfolgreich läuft oder nicht: Wer sich auf ihn einlässt, fällt so oder so aus der Liebe. Wenn Paare sich scheiden lassen, geht es vornehmlich um diese Geschäfte.

Liebe handelt anders!

🕉 Liebe tauscht nicht, Liebe gibt, weil es eine Freude ist,
   in Liebe zu geben.

Es ist eine Freude, sich in Liebe zu verschenken, sich zu öffnen, dem Anderen etwas zu geben und zu sehen, wie es diesen Menschen freut. Es ist ein großes Glück, mit einem weit offenen Herzen großzügig zu sein und dieses offene Herz mit anderen, ja mit der ganzen Welt zu teilen! Liebe passt nicht in die Enge eines Tauschhandels. Liebe ist die Weite des grenzenlosen Verbundenseins. Meine Seele und deine Seele sind eins! Besitz, Bedürftigkeit und die Angst, nicht genug zu bekommen, entstehen aus dem verschreckten Rückzug aus diesem Einssein. Es lohnt sich, aus den ängstlichen Gedanken: „Bekomme ich auch wohl genug?", auszubrechen und die Großzügigkeit der Liebe immer wieder neu zu entdecken.

Übung

Betrachte mit wachem Herzen deine Beziehungen zu Partnern oder Freunden! Wenn du einen Tauschhandel entdeckst, verteufele dich nicht dafür, aber benenne ihn und sprich mit deinem Gegenüber darüber. Besinnt euch beide auf Momente, in denen ‚Gibst-du-mir-gebe-ich-Dir' keine Rolle gespielt haben. Erzählt euch davon! Dann plant, wie ihr zusammen in den nächsten Tagen solch eine Situation für zwei Stunden wieder herstellen könnt.
- Finde dein Bedürfnis, was sich im Kontakt mit deinem Gegenüber einstellt. Im Beispiel meines Klientenpaares äußerte die Frau: „Mein Bedürfnis ist es, von dir Sicherheit zu bekommen und für dich wichtig zu sein." Der Mann fand ein anderes Bedürfnis: „Ich möchte von dir gerne hemmungslosen Sex bekommen."
- Führe dein Bedürfnis auf dein Ureigenes-Bedürfnis zurück (siehe Abschn. „Finde dein Bedürfnis und …"). So fand die Frau zu ihrem Satz: „Ich bin so unsicher mit mir selbst und fühle mich so unbedeutend. Ich möchte meine eigene Größe mehr spüren!" Der Mann fand seinen Satz mit: „Ich ersticke

manchmal in meinen alten Moralvorstellungen und möchte so gern meine Lust ohne schlechtes Gewissen leben."

– Teile dein Ureigenes-Bedürfnis deinem Gegenüber als deine Angelegenheit mit, für die nur du verantwortlich bist. Die Frau: „Ich nehme mich selbst wichtiger und achte darauf, was ich für meine Sicherheit brauche." Der Mann: „Ich traue mich, meine Lebenslust und meine Scham als meine Geschichte zu akzeptieren. Ich zeige sie dir, aber du bist nicht für meine Bedürfnisse verantwortlich."

Finde deine Sätze, jenseits des ‚Gibst-du-mir-so gebe-ich-Dir'-Handels und sprich nur von dir und nicht davon, was dein Gegenüber tun oder lassen soll!

Gewöhnung laugt die Liebe aus

Gewöhnung macht das Leben leichter. Wir wissen, wie es läuft und können uns auf das verlassen, was wir schon erfahren haben. In Beziehungen wird uns der andere Mensch dadurch vertrauter. Wir brauchen nicht mehr jedes Erlebnis neu einordnen und können gelassener zusammen sein. Es kann sehr beglückend sein, in die vertrauten Arme zu sinken, die gewohnten Abläufe zu genießen, nach Hause zu kommen. Gewohnheit lässt jedoch auch die eigene Wahrheit absterben. Das Interesse daran, wer das Gegenüber wirklich ist, schläft durch die Gewohnheit ebenfalls ein. Wege, die wir einmal gegangen sind und die uns irgendwie erfolgreich zu etwas Wünschenswertem gebracht haben, werden wir immer wieder beschreiten.

Franzis begegnet Sven. Für sie ist er etwas ganz Besonderes. Ihr Blick auf ihn ist frisch und forschend. Sie entdecken gemeinsam das Abenteuer des Zusammenseins. Sie nehmen sich wirklich wahr! Dann lernen sie immer mehr voneinander kennen, bis sie schließlich schon im Vorhinein wissen, was der andere jetzt gleich sagen wird, was er tun wird und was sich daraus entwickelt. Das kann wundervoll vertraut sein, aber es kann auch schnell dazu führen, den Anderen nicht mehr wirklich wahrzunehmen. Beide ersetzten den offenen Blick auf das Gegenüber durch ihre gespeicherten Erfahrungen. Wenn wir glauben, den anderen Menschen zu kennen, hören wir auf, ihn mit neuen Augen zu sehen. So kann keiner mehr das Außergewöhnliche wahrnehmen. Wir haben uns gewöhnt. Wir leben in Mustern. Der Partner wird zu etwas Selbstverständlichem. Das Gleiche machen wir mit unserer Umwelt, unserer Arbeit, den Menschen, mit denen wir zu tun haben, ja auch mit uns selbst. Wir haben uns so an unsere Denkmuster gewöhnt, dass wir sie nicht mehr bewusst erfahren. Wir denken und leben in ausgetretenen Pfaden und nehmen das Wunder unserer Wirklichkeit nicht mehr wahr. Wir haben uns sogar an unseren Körper so sehr gewöhnt, dass wir ihm nicht mehr die Achtung schenken, die er verdient.

Das kann auch mit dem Partner oder der Partnerin geschehen, oder mit jedem anderen nahen Menschen. Die Wahrnehmung der Wirklichkeit als ein besonderes Erlebnis geht uns verloren. Das geschieht langsam und schleichend und endet in der Selbstverständlichkeit. Es scheint leichter, so zu leben, aber es reduziert unsere Lebendigkeit und Liebesfähigkeit, weil wir nicht mehr in vollem Umfang bewusst neu wahrnehmen. Liebe braucht die Wachheit der bewussten Wahrnehmung. Dazu müssen wir uns ständig wachrütteln, um neu zu sehen. Wenn wir nach einem längeren Urlaub wieder nach Hause kommen, sehen wir für einen Moment die vertrauten Räume mit diesen neuen Augen, mit einem wachen Blick. Dann fallen uns Dinge auf, die wir vorher nicht mehr gesehen haben. Um diesen Blick geht es!

Übung

- Probiere neue Wege aus, oder überdenke alte Gewohnheiten. Tu etwas, was du noch nie getan hast. Du kannst auch Gewohntes so tun, so wie du es noch nie getan hast. Erkenne so viele deiner Gewohnheitsmuster, wie du kannst.
- Wähle dir eine Gewohnheit und versuche, diese einmal anders anzugehen. (Nimm z. B. deine Tasse einmal beim Trinken in die andere Hand oder begrüße einen vertrauten Menschen deutlich anders als gewohnt.)
- Welche Erfahrung machst du jetzt? Es muss nicht besser sein, als die gewohnte Erfahrung. Bist du wacher dabei?
- Verändere weitere Muster und Gewohnheiten im Zusammenleben mit anderen. Sammle neue Erfahrungen!
- Teile diese Erfahrungen mit den Menschen, die dich umgeben und entdecke die Liebe für alles neu! Jeden Tag, wenn du es schaffst!

Diese gewohnten Denk- und Verhaltensmuster sollen Sicherheiten schaffen. Oft handelt es sich nur um Kleinigkeiten. Wenn sich hinter ihnen aber eine tiefe Angst vor Veränderung verbirgt, so war genau dieses Verhalten einst ein Ausweg aus einer gefährlichen Not. Erwies sich dieser Weg als erfolgreich, wählen wir ihn immer wieder. Das bedeutet einerseits, dass wir weiterhin erfolgreich unsere Angst vermeiden, andererseits jedoch, dass wir uns immer weiter von dem Schmerz, der dahinter steht, entfernen. Je erfolgreicher wir mit diesen Mustern sind, umso weniger ergibt sich die Notwendigkeit, diese Gewohnheiten aufzugeben. Irgendwann merken wir gar nicht mehr, dass es sich überhaupt um Schutzmaßnahmen handelt und unsere Gewohnheiten werden zum normalen Alltag. Ohne uns dessen bewusst zu sein, schneiden wir uns mit diesem Schutzverhalten von der Lebendigkeit und der Liebesfähigkeit ab. Ich habe Menschen kennengelernt, für die es selbstverständlich war, dass sie keine tiefen Gefühle erlebten, oder die Teile ihres Körpers kaum wahrnahmen. Ich erlebte Menschen, die gänzlich ohne Liebe lebten und dies für selbstverständlich hielten. So lange, bis sie etwas anderes kennenlernten! Dann standen sie vor der Entscheidung: Soll ich mich auf das Neue, Unbekannte, Unheimliche einlassen und Gefahr laufen, dass ich meine Angst wahrnehme, dass mein Leben nicht mehr so sicher und überschaubar abläuft? Oder soll ich diese beunruhigende neue Erfahrung von mir weisen, um weiter in meinem Schutz zu bleiben? Viele Menschen in meinen Seminaren standen einmal an genau diesem Punkt in ihrem Leben; die Gewöhnung wurde aufgemischt und sie duften neue Erfahrungen mit sich machen. Ein Beispiel dafür findet sich in Gretas Brief, den ich hier mit ihrer Erlaubnis wiedergebe:

„Als ich in das Seminar kam, glaubte ich, bei mir ist alles in Ordnung. Ich hatte alles, was ich brauchte und fühlte keine Notwendigkeit etwas zu ändern. Ich war nur nicht glücklich, aber das war für mich normal. Wer ist das schon! Als ich dann in den Übungen merkte, wie tief ich fühlen kann, war ich erstaunt und beängstigt. Aber es weckte mich auch auf! Ich stellte dir (ihrem Seminarleiter) die Frage, warum ich sonst nicht so tief empfinden kann. Deine Antwort verwirrte mich. Du sagtest mir, ohne meine Angst und den Schmerz, der dahinter steht, könnte ich diese Tiefe nicht erreichen. Ich habe immer gedacht, dass Angst und Schmerz nichts in meinem Leben zu suchen haben. Jetzt stelle ich mich ihnen und mein Leben wird komplizierter. Ich kann nicht mehr so einfach über alles hinweggehen. Aber ich bin auch mehr mit mir selber in Kontakt und freue mich über so vieles in meinem Leben. Sogar die eingeschlafene Beziehung zu meinem Mann ist wieder von Liebe erfüllt. Ich glaube, das ist es mir wert, den Schmerz dann auch zu fühlen! Ich bin glücklich und manchmal auch traurig!"

Greta konnte diesen Schritt machen, weil sie bereit war, ihre Wahrheit wirklich wahrzunehmen und ihre Gefühle zu akzeptieren. So konnte sie aus ihren Mustern aussteigen. Sie hat neue Erfahrungen zugelassen, sie hat sie ernst genommen und sie verstanden. Über ihre Angst kam sie wieder in Kontakt mit ihrem Schmerz. So konnte sie dieses wichtige seelische Gefühl wieder in ihr Leben zurückholen. Mit der Akzeptanz für den Schmerz erweckte sie auch die anderen seelischen Gefühle wieder zum Leben.

Übung

Gewöhnung ist eine sehr vertrackte Fallgrube für die Liebe, weil durch sie die Wahrnehmung ausgeschaltet wird. Du kannst dich bewusst nur für oder gegen etwas entscheiden, was du auch wahrnehmen kannst. Also ist der wichtigste Aspekt der, erst einmal wieder in die Wahrnehmung zu kommen. Das geht am besten, wenn etwas Außergewöhnliches passiert. Außergewöhnliche Situationen ereignen sich oft unvorhersehbar. Wenn dir ein solches Ereignis widerfährt, versuche, es akzeptierend wahrzunehmen, als etwas, das dich wachrütteln kann. Derartige Ereignisse sind jedoch sehr unkontrollierbar und oft mit weit-reichenden Auswirkungen verbunden. Leichter ist es, außergewöhnliche Erfahrungen bewusst anzusteuern.

- Tu etwas, was du noch nie getan hast.
- Gehe einen völlig anderen Weg nach Hause.
- Mach in deiner Partnerschaft etwas Ungewöhnliches.
- Kleide dich für einen Tag besonders.
- Fahre irgendwohin, wo du noch nie warst.
- Finde weitere Möglichkeiten, dich aus der gewohnten Perspektive heraus-zubringen.

Oder lass dir dabei helfen und besuche Selbsterfahrungsgruppen, die dich im geschützten Rahmen mit deinen wirklichen Seiten in Berührung bringen. Ich habe sehr viele Menschen erlebt, die das für sich nutzen konnten.

Sucht – die verweigerte Liebe

Sucht ist eine besonders starke Form der Gewöhnung. Wenn wir einen Flucht-weg so erfolgreich beschritten haben, dass er uns wieder und wieder aus der Gefahrenzone bringt, werden wir ihn immer wieder wählen. Wir verlassen uns auf diesen Weg und nach einer Weile brauchen wir ihn. Das ist der Beginn von Abhängigkeit. Aus der Gewöhnung an diesen Ausweg wird ein bevorzugtes Suchtmittel. Wir kennen die Alkohol- und Drogensucht, Spielsucht, Eifersucht und vieles mehr. Aber auch Fernsehen, Computer, Sport und Arbeit können zu Suchtmitteln werden. Jeder von uns ist in Kontakt damit. Wir spüren es erst, wenn wir auf irgendetwas verzichten müssen. Dann beginnen wir genauso zu argumentieren, wie ein Drogensüchtiger auf Entzug. Beobachte dich doch ein-mal dabei, wenn du auf einfache Dinge wie beispielsweise Kaffee, Süßigkeiten oder Zigaretten für eine Weile verzichtest. Was passiert dann mit dir? Welche Gedanken kommen, wenn du es dir nur vorstellst? Probiere es einmal aus, dann weißt du, was Sucht ist!

Alle Süchte haben nach meiner Erfahrung ihren Ursprung in der Angst um die fehlende Liebe, ich könnte auch sagen, in einer fehlgeleiteten Erfahrung von Kontakt. Die schmerzliche Abwesenheit von Liebe und Einssein ist verdrängt worden und wurde durch das Suchtmittel ersetzt. Wenn Liebe nicht zu haben ist, oder zu bedrohlich scheint, flüchten wir uns in die Sucht. Vielleicht schauen wir übermäßig Fernsehen oder essen zu viel, anstatt uns klarzumachen, dass wir eigentlich Nähe brauchen. Vielleicht betätigen wir uns manisch im Fitness-studio, wenn uns etwas seelisch zu nahe geht. Wir nehmen Drogen, wenn wir Angst haben, wenn wir uns unsicher fühlen oder wenn uns Liebe im Leben fehlt. Zugrunde liegt der Sucht immer ein ungestilltes Bedürfnis, das sich in eine Erwartung gesteigert hat. Im Glauben, ohne die erfüllte Erwartung nicht leben zu können, stürzen wir uns in die Abhängigkeit. Dabei spielt es keine Rolle, ob es sich um allgemein anerkannte Verhaltensweisen, wie beispielsweise übermäßiges Arbeiten handelt, oder um Süchte, die durch Drogen, Alkohol, Medikamente oder Nikotin getragen werden. Keiner ist ganz frei von diesem Fluchtverhalten in die Sucht.

Je tiefer ich mich auf diesen Fluchtweg einlasse, umso mehr verliere ich die Liebe aus dem Blick.

Ich nehme wegen meines Suchtmittels weniger wahr. Ob ich Fernsehen schaue, Alkohol trinke, oder mich einer anderen Abhängigkeit hingebe, Sucht dämpft die Wahrnehmung der Wirklichkeit. Der Süchtige behauptet oft das Gegenteil, aber seine Argumente halten einer Überprüfung der Wirklichkeit nicht stand. Durch die Ersatzhandlung eines beispielsweise esssüchtigen Menschen kann das Bedürfnis nach Nähe erfolgreich überdeckt werden. Auch Fixierungen sind Formen dieser Sucht. Zwanghafte Gedanken, die darauf hinauslaufen, dass ich nur mit dem unerreichbar teuren neuen Auto, mit einem exquisiten Kleid, mit genau diesen Schuhen oder an genau dem Urlaubsort glücklich sein kann, sind solche Fixierungen. Ebenso können obsessive sexuelle Fantasien zu Fixierungen werden, die wirkliche Nähe verhindern. Wenn nur noch die Erfüllung einer Fantasie gesucht wird, reduziert sich die Intimität auf diesen einen Punkt und macht die Begegnung von Seele zu Seele unmöglich.

Statt die Angst vor Kontakt oder Ablehnung zu fühlen, kann Alkohol helfen, sich scheinbar locker zu geben. Doch wirkliche Nähe entsteht dabei nicht, weil die Wirklichkeit nicht mehr wahrgenommen werden kann.

Wir handeln in der Sucht nicht mehr bewusst, weil wir mit den Gedanken an das Suchtmittel gebunden sind. So ersetzt die Sucht nach und nach die Liebe und reduziert jedes seelische Gefühl. Bei suchtkranken Menschen kann man das sehr deutlich beobachten. Aber es wirkt genauso im Kleinen – bei jedem von uns.

Bei welchen „liebgewonnenen Angewohnheiten" fällt es dir schwer, sie loszulassen?

Wie nah bist du damit an einer Sucht?

Was verhinderst du durch diese Angewohnheiten?

Welche Nähe baust du damit eventuell ab?

Ich habe das in meiner Familie zur Frage gestellt. Dabei haben wir alle feststellen müssen, dass Fernsehen und Computer uns oft von einem nahen Kontakt zueinander abhalten. Als wir dann den Fernseher verbannt hatten, entstanden deutlich mehr berührende Gespräche zwischen uns. Es lohnt sich, das eigene Umfeld nach Nähe verhindernden Gewohnheiten oder Süchten abzusuchen. Dann kannst du dich entscheiden, ob du dieses Verhalten verändern willst. Wenn es dir sehr schwer fällt, das Verhalten loszulassen, kannst du dir dafür auch Unterstützung suchen. Es gibt für fast jede Sucht Selbsthilfegruppen oder professionelle Ausstiegshelfer. Aber schon ein offenes, bekennendes Gespräch mit nahen Menschen, kann ein Schritt zurück zur Liebe sein. Wo vorher der Liebesersatz als Fluchtweg gedient hat, kann durch die Wahrnehmung der Sucht-Wirklichkeit das Problem oder die Angst aufgedeckt werden. Wenn zu diesem Problem eine akzeptierende Haltung gefunden werden kann, kommen die seelischen Gefühle, die Nähe und die Liebe leichter wieder zurück ins Leben.

Übung

Welche Angewohnheiten, welche kleinen und großen Süchte gibt es in deinem Leben?
Die Antwort braucht ein ungeheuer großes Maß an Ehrlichkeit! Alles, auf das du nicht für ein paar Tage oder Wochen verzichten kannst, weist auf eine Angewohnheit oder Suchtverhalten hin.
- Schreibe sie alle auf! Verzichte dabei auf Rechtfertigungen oder Urteile!
- Nimm einfach nur deine Süchte wahr und erlaube sie dir für diesen Moment! Wir sind auf keinem moralischen Feldzug! Du bist mit deinen Süchten nicht verdammungswürdig! Fertige eine Liste davon an!
- Suche dir eine Angewohnheit, ein Suchtverhalten aus der Liste heraus.
- Wann gerätst du in den Sog dieser Sucht?
- Was würde in dir hochsteigen, wenn du dich nicht diesem Sog überlässt?
- Was verhinderst du mit der Sucht?
- Dann geh diesem Sog nach, und zwar in dem vollen Bewusstsein dessen, was du zu verhindern suchst.
- Oder entscheide dich dagegen und stell dich dem aufkommenden Gefühl.
- Was passiert dann mit dir?

Tausch dich unbedingt mit einem Menschen deines Vertrauens aus!

Es haben schon einige Menschen auf diese Art mit dem Rauchen oder anderen Süchten aufgehört oder sind sich klarer über ihre Motivation geworden. Aber gesteigerte Süchte haben einen sehr starken Sog, weil wir mit ihnen tiefe Ängste überdecken. Ohne Hilfestellung aus einem zwanghaften Sog heraus zu kommen, ist nur sehr schwer möglich. Für alle tieferen Suchtproblematiken gibt es professionelle Hilfestellungen, um einen Ausstieg zu finden. Entscheidend bei starken Abhängigkeiten ist, ob du dich zu einer solchen Problematik bekennen kannst, oder noch auf der Rechtfertigungsebene feststeckst.

Anpassungstrieb – Bindungsunsicherheit – Flucht

Anpassung kann wie ein Gefängnis sein. Die Türen dieses Gefängnisses sind zwar unverriegelt, doch niemand versucht, sie zu öffnen.
Ich bin nur wirklich ganz bei mir, wenn ich allein bin. Dann habe ich ein klares Gefühl dafür, was passend für mich ist und was ich brauche. Dann fließe ich und

gehe ganz in dem auf, was ich tue. Ich brauche immer eine Weile, um mich ganz auf mich zu besinnen. Nach ein paar Stunden oder Tagen bin ich dann ganz bei mir. Weit weg von meinem Alltag geht es am Besten. Ich finde meinen Rhythmus. Schlafen hat dann seine Zeit und Essen, tiefstes Fühlen und Zerstreuung. Mein Leben fließt und ich bin mit meinem ganzen Herzen dabei. Das ist wundervoll. Sobald aber jemand meine Welt betritt, ist meine Aufmerksamkeit sofort bei diesem Menschen. Je näher mir jemand ist, desto mehr drifte ich von meiner Spur ab. Automatisch erahne ich die Gefühle und Bedürfnisse des Anderen und passe mich an. Im Fokus meiner Aufmerksamkeit steht dann mein Gegenüber. Das ist keine bewusste Entscheidung, es passiert mir einfach. Selbst wenn mein Gegenüber das gar nicht von mir will, ich fädle mich in seine Spur ein und verlasse die meine. Ich verliere meinen eigenen Weg und den nahen Kontakt zu mir. Meine Bedürfnisse stehen dann nicht mehr im Vordergrund. Ich bin vollkommen auf mein Gegenüber ausgerichtet und weiß nicht mehr, was ich will. Ich bin nicht mehr mit mir verbunden. Das ist eine sehr unangenehme Erfahrung, zumal ich unmerklich dort hinein gleite und es erst merke, wenn ein Übermaß erreicht ist. Zu diesem Zeitpunkt ist oft schon ein dramatischer Selbstverlust eingetreten. Es ist ein schrecklicher Zustand, mich selbst nicht mehr zu haben, nicht mehr zu fühlen, wer ich bin und was ich brauche. Dann setzt eine Art Panik ein und ich würde am liebsten sofort die Flucht ergreifen. Ich ziehe die Notbremse und verschwinde in mein Niemandsland. Keiner kann mich dort erreichen. Ich mich selbst jedoch auch nicht! An Liebe ist dann nicht mehr zu denken.

Ich schaffe es immer häufiger, in diesem Moment des Selbstverlustes nicht in die Panik abzurutschen, sondern in meiner Wahrnehmung zu bleiben. Dann kann ich mich wieder bewusst für mich entscheiden. In einer Art Befreiungsschlag, breche ich dann aus jeder Abhängigkeit und jeder Anpassung aus. Ich muss mich aus jeder Verpflichtung lösen und für einige Zeit alleine sein. Manchmal genügt es mir, einige Stunden mit dem Motorrad oder Fahrrad durch die Landschaft zu fahren, ein Bild zu malen oder zu schreiben. Hin und wieder muss ich aber auch für Tage oder Wochen aus allem aussteigen, um mich wiederzufinden.

Ein Freund, dem ich dies erzählte, kannte diesen Ablauf sehr gut. Er berichtete mir von seiner panikartigen Angst vor diesem Selbstverlust und seinem anschließenden Rückzug von ausgerechnet den Menschen, die ihm nahestanden. Seine Partnerin reagierte aus ihrem Unverständnis und aus ihrer Angst heraus mit Vorwürfen und Erwartung auf seinen Rückzug. Das steigerte seine Panik dermaßen, dass er sich von ihr trennte, um wieder Raum zum Atmen zu bekommen. Doch nach einer Weile suchte er eine neue Beziehung, weil er sich Nähe und Kontakt ja eigentlich wünschte. Jetzt begann das Spiel von vorn: Wieder konzentrierte er sich so stark auf die neue Partnerin, dass all seine eigenen Interessen verblassten und er auf dem Weg war, sich aufzulösen. Da half nur Rückzug. So setzte sich der Reigen weiter fort.

Aus Angst vor diesem Selbstverlust gehen einige Menschen von vornherein gar keine nahen, festen Bindungen ein. Sie sind gefangen in dieser Anpassungssucht und können die Folgen nicht ertragen. Bevor sie sich binden und mit den Erwartungen eines anderen Menschen konfrontiert werden, blocken sie den Kontakt bereits ab. So verhindern sie eine tiefe Liebesbeziehung schon im Entstehen.

Das verhindert Intensität und wirkliche Intimität. Liebe braucht keine Abhängigkeit, Liebe braucht Tiefe. Wer nicht zwischen Abhängigkeit und Tiefe unterscheiden kann, wird immer dann in Panik geraten, wenn diese Nähe zwischen zwei Menschen an seine eigene Angst rührt. Die Erfahrung dieses Menschen sagt dann: „Achtung, du wirst dich jetzt wieder verlieren!" Wir können oft nicht zwischen den Erfahrungen, die wir noch aus der Kindheit mitbringen und der Realität im Hier und Jetzt unterscheiden. Zudem suchen wir uns oft Partner, die in die Muster unserer Kindheitserfahrungen passen. Sie bestätigen dann den Eindruck, dass wir uns selber aufgeben müssen, um Nähe zu leben. So wiederholen wir, was wir von früher kennen.

Ich habe vor über fünfundzwanzig Jahren meine Frau kennengelernt und konnte mit ihr diesen Kreis durchbrechen. Sie hat auf meine Angst vor Selbstverlust anders reagiert als ihre Vorgängerinnen. Ich war verblüfft über ihre Reaktion, als ich ihr sagte, ich müsse eine Weile allein sein, um zu mir zurückzukommen. Sie hatte Verständnis! Sie kam weder mit Vorwürfen noch mit Erwartungen. Ich wollte damals für zwei Wochen alleine wegfahren. Wir waren frisch verliebt und ich merkte, wie sehr ich mich aufzulösen begann. Sie sagte: „Ich werde dich vermissen!" Sofort geriet ich in Panik, weil ich hörte: „Ich kann ohne dich nicht leben. Du musst hier bleiben!" Sie sah, was mit mir geschah und ergänzte: „Ich werde dich vermissen, aber ich freue mich schon auf die Zeit ohne dich! Ich werde viel Spaß haben!" Das war verwirrend und bewegend gleichzeitig. Noch heute rechne ich tief in mir mit Vorwürfen, sobald ich mich mal wieder zum Schreiben für ein paar Tage oder Wochen in einen einsamen Winkel der Welt zurückziehe. Aber es kommen kein Vorwurf, kein Druck und keine Erwartung. Nach einem oder zwei Tagen bin ich dann derjenige, der glücklich nach Hause schreibt: „Ich vermisse dich!"

Dieser Drang, den Fokus in einer Beziehung nur auf das Gegenüber zu richten und sich selbst dabei aufzugeben, reicht bis tief in unsere Kindheit zurück und hat mit einer Angst vor Liebesverlust zu tun. So war es vielleicht für uns als Kind besser, sich selbst zu verlieren, als die Liebe der Eltern, oder das, was wir dafür hielten. Der Verlust des Selbst ist jedoch eine äußerst beängstigende Angelegenheit. Dazu kommt, dass Liebe nicht eine Gegenleistung für diesen Selbstverlust sein kann. Liebe stellt keine Bedingungen und ist kein Tauschobjekt. So steht das Kind ohne sein Selbst und ohne Liebe da. Das ist doppelt grausam. Das Kind schützt sich und wird diesen Schutz bis ins hohe Erwachsenenalter beibehalten. Die Folge ist eine tiefe Bindungsunsicherheit. Viele Menschen leben in so einem Dilemma. Sobald sich eine engere Beziehung anbahnt, wird auch die Angst geweckt. Es kann die Angst vor Verlust sein oder vor Vereinnahmung, oder auch vor enttäuschten Erwartungen. Die neue Beziehung steht somit von Anfang an unter den Zeichen der Angst oder Vorsicht. Das verhindert ein Einlassen auf die eigenen Gefühle und auf den Partner oder die Partnerin.

Auch in andauernden Beziehungen kann es zu ständigem Selbstverlust kommen. Manche Menschen versuchen auch, den eigenen Selbstverlust mit dem gleichzeitigen Selbstverlust des Partners oder der Partnerin zu kompensieren. Fallen Sätze wie: „Wenn ich von dir abhängig bin und mich darin verliere, sollst du auch von mir abhängig sein!", so haben beide ihre Standfestigkeit verloren und klammern sich aneinander, um nicht vom Leben weggeweht zu werden. Es gibt einen großen Unterschied zwischen dem Sich-ausliefern mit dem daraus resultierenden Selbstverlust und der Hingabe an einen geliebten Menschen. Hingabe geschieht im klaren Bewusstsein und mit eindeutigem Willen zur schutzlosen Öffnung. In der Hingabe kann ich meine tiefste Liebe spüren. Der Selbstverlust ist ein unbewusstes und unwillentliches Ausliefern, weil Anpassung mit Liebe verwechselt wurde.

Der Ausstieg:

Um aus dem Schutzmuster der Anpassung auszusteigen, bedarf es viel Mut und ein unterstützendes Umfeld. Wenn du dir darüber bewusst wirst, dass du dich in der Anpassung verloren hast, ist es wichtig, nicht in Stress zu geraten. Stelle einfach nur fest: „Ich fühle mich nicht mehr wirklich". Anschließend machst du dir schnellstens klar: „Ich finde einen Weg heraus!" So kannst du leichter in die Akzeptanz kommen. Jetzt brauchst du Abstand von allen Erwartungen – denen anderer und deiner eigenen.

Übung

Schaffe dir ein Zeitfenster und einen Platz, die dir einen Abstand von allen Erwartungen und Verpflichtungen ermöglichen. Das kann eine Stunde Sport sein, ein Spaziergang durch die Natur, eine Meditation oder einfach nur bewusstes Atmen. Finde deinen Weg zurück zu dir! Eine erwartungsfreie Zone und bewusstes Atmen ist immer gut. Alles was dich darin unterstützt, zu dir selbst zu kommen, ist hilfreich. Dann stelle dir folgende drei Fragen!
– Wovor habe ich jetzt Angst und woher kommt diese Angst in meinem Leben?
– Was fühle ich gerade?
– Was ist mein Ureigenes Bedürfnis?

Dann vergleichst du die Antworten mit deiner Lebenssituation! Dein Gegenüber ist nicht für deine Angst verantwortlich, und du bist nicht für ihre oder seine Angst verantwortlich!

- Welches meiner Ureigensten Bedürfnisse lebe ich, oder lebe ich nicht, im Kontakt mit meinem Gegenüber?
- Warum lebe ich es nicht?

Solche Fragen verhelfen oft zu mehr Klarheit. Suche einen geeigneten Moment, um die Erfahrungen dieser Übung mit der Person zu besprechen, mit der du dich verloren hast. Erzähle ihr von deinem Selbstverlust, von deiner Angst, von deinen Gefühlen und deinem Ureigensten Bedürfnis. Erwarte nichts und behalte die Verantwortung für dich. Miteinander reden hilft! Es führt zu mehr Tiefe und es kann dir die Liebe zurückzubringen! Miteinander reden ist immer einen Versuch wert!

Abhängigkeit verdrängt die Liebe

„Ich kann ohne ihn nicht mehr sein", „Sie ist meine bessere Hälfte" ... das sind Sätze, die die Liebe gefährden. Sie zeugen von Abhängigkeit und erheben diese zu einem Beziehungsideal. Gesellschaftlich wird diese Abhängigkeit oft als Ausdruck einer intensiven Partnerschaft gesehen.

Abhängigkeit und Liebe schließen sich aus. Beides kann nicht zur gleichen Zeit nebeneinander existieren. In jeder Abhängigkeit entscheidet die Angst vor Verlust über unser Denken und Handeln und verhindert klare Wahrnehmung. Akzeptanz beispielsweise ist nicht möglich, weil ich mit der Abhängigkeit Bedingungen schaffe, die meine Angst vor Liebesverlust mindern sollen. Die Aussage: ‚Ich brauche dich', ist immer gekoppelt an ‚Du sollst in einer bestimmten Art für mich da sein'. So kann ich mein Gegenüber in seiner oder ihrer Wirklichkeit weder wahrnehmen, noch akzeptieren, wie dieser Mensch mit all seinen Eigenheiten ist. Ich brauche ihn in einer bestimmten Art und Weise, weil ich hoffe, dass er oder sie meine Bedürfnisse stillt. Er oder sie soll so sein, wie ich es brauche, soll mir das geben, was mir fehlt, soll meine Angst und unguten Gedanken vertreiben. In der Abhängigkeit machen wir uns klein und hilflos und geben anderen Menschen die Macht, uns zu retten. Der Partner erhält die Aufgabe, mich glücklich oder zumindest mein Leben erträglich zu machen. Auch Kinder bekommen oft aus einer Abhängigkeit der Eltern heraus solche Aufträge. Sie sollen es besser machen, um die Eltern zufriedenzustellen, einen Lebenswandel führen, den die Eltern sich gewünscht hätten, oder abhängig bleiben, damit Vater und Mutter nicht allein gelassen werden. Liebe ist so aber nicht möglich.

In jeder Beziehung gibt es Abhängigkeiten. Das ist durch und durch menschlich. Mir geht es auch nicht darum, jede Abhängigkeit auszumerzen. Wenn wir versuchten, jede Abhängigkeit zu vermeiden, würden wir ja neue Abhängigkeiten von einer zwanghaften Unabhängigkeit schaffen. Vielmehr geht es darum, das Maß der Abhängigkeit in einer Beziehung nicht unnötig auszubauen. Wir können lernen, bewusst mit ihr umzugehen und wir können uns immer wieder klar machen, dass wir selbst die Verantwortung für uns übernehmen können, anstatt sie an den Beziehungspartner abzugeben. Denn wir wissen ja schon, dass Liebe und Abhängigkeit nicht zur gleichen Zeit gelebt werden können. Je mehr Abhängigkeiten da sind, umso weniger Liebe ist möglich. Folgende Frage ist deshalb immer nützlich: „Was von dem, was ich mir vom anderen wünsche, kann ich mir selbst geben?"

Übung

Schaffe dir mit deinem Beziehungspartner eine ungestörte Gesprächssituation und sprecht über eure Abhängigkeiten. Jeder erzählt von sich, während das Gegenüber ausschließlich zuhört. Es werden keine Kommentare zu dem abgegeben, was der über sich geäußert hat.
Wann und wofür brauche ich dich?
Wie wäre meine Welt, wenn ich das nicht von dir bekäme?
Wie könnte ich selbst mir das geben, was ich von dir brauche?
Wie kann ich die Verantwortung für mich wieder selbst übernehmen?

In einer zweiten Runde ist noch ein anderes Thema hilfreich.
Welche Interessen, Vorlieben und Lebensinhalte teilen wir miteinander?
Welche Interessen, Vorlieben und Lebensinhalte teilen wir nicht miteinander?
Jeder von euch malt auf ein Blatt Papier zwei große Kreise, die sich überschneiden. Jeder Kreis steht für einen von euch beiden. Die Überschneidungszonen geben die Gemeinsamkeiten wieder. Der sich nicht überschneidende Bereich eines Kreises gibt die eigenen, nicht geteilten Lebensinhalte wieder. Dann schreibt jeder, für den anderen nicht sichtbar, nach eigenem Dafürhalten Interessen, Vorlieben und Lebensinhalte entweder in den Individualteil des Kreises oder in die Schnittmenge beider Kreise. Schaut dabei nicht, was der Andere tut. Lasst euch Zeit bei den Zuordnungen. Dann vergleicht ihr eure Vorstellungsbilder und redet darüber.

Eifersucht, die verletzte Herrscherin

Eifersucht gehört, wie das Wort es schon ausdrückt, zu den Süchten. Sie entsteht aus einer tiefen Verlustangst und oft auch aus dem Gedanken, nicht liebenswert genug zu sein. Sie kann eines der brisantesten Themen in einer Partnerschaft werden. Es gibt in jeder Beziehung einige ausgesprochene und viele unausgesprochene Regeln. Eine dieser Regeln ist oft: ‚Tue nichts, was mir wehtun könnte!' Das ist ein schwerer Auftrag, denn keiner weiß hundertprozentig, was den Partner oder die Partnerin verletzen könnte. Sexualität mit einem anderen Menschen außerhalb der Beziehung gehört aber meistens zu diesen Verletzungen. Selten ist es als bewusste Kränkung gemeint, wenn einer von beiden dies tut.

Dennoch bringt Sexualität am schnellsten von allen menschlichen Interaktionsformen, Freude und Schmerz an die Oberfläche. Bei der Eifersucht kommen Gedanken, wie: ‚Wenn du deine Sexualität mit anderen lebst, bin ich wohl nicht mehr gut genug‘, oder: ‚Ich fühle mich nur sicher, wenn du meiner Sexualität nicht mit der von anderen vergleichen kannst‘. Eine sexuelle Handlung des Partners oder der Partnerin außerhalb der Beziehung wird als Angriff und als tiefe Verletzung empfunden. Auch wenn es kein Angriff ist, kann der sich verletzt fühlende Partner das nicht mit dem nötigen Abstand sehen. Bei ihm kommt nur eine Botschaft an und die heißt: Du bist nicht gut genug. Klar, dass gegen diesen vermeintlichen Angriff Gegenmaßnahmen ergriffen werden. Wenn das innere Selbstbild sehr verunsichert ist, lauert die Gefahr in praktisch jedem Kontakt des Partners mit einer dritten Person. Selbst wenn dieser Kontakt nicht sexueller Natur ist, werden schnell entsprechende Fantasien produziert. Die eifersüchtige Person ist darin genauso verstrickt wie ihr Gegenüber. Abhängigkeiten und Angst spielen auf beiden Seiten mit. So ist die Angst vor Einschränkungen und Verurteilungen der eigenen Gefühle für den Partner, der die Eifersucht auslöste, bisweilen genau so bedrohlich. Schuld und Verantwortung spielen eine weitere Rolle. Die Liebe kann in einer Situation beidseitiger Angst nicht mehr gedeihen. Sie geht ein, wie eine Blume, die mit Salzwasser gegossen wird. Die Vielschichtigkeit des Beziehungsgeflechtes in einer Eifersucht ist zu groß, als dass ich ihr hier gerecht werden könnte. Ich habe immer wieder festgestellt, dass es dazu einer Hilfe von außen bedarf. Was aber hilft, ist die Besinnung auf das, was beide an Nähe und Liebe miteinander teilen. Eine ständige Erinnerung ist wichtig: Wir müssen begreifen, dass die Handlungen der Partnerin oder des Partners keine absichtlichen Verletzungen sind. Der andere Mensch löst nur einen alten Schmerz aus. Daher kann ein Gespräch über diese Schmerzen, Ängste und Bedürfnisse die Partner wieder zueinander führen. Voraussetzung aber ist, dass keiner den anderen für die eigenen Geschichten verantwortlich macht. Schuld oder Urteile zerstören die Brücken zur Liebe. Die Eifersucht in einer Beziehung kann nur dann bearbeitet werden, wenn beide Seiten einsehen, dass keiner in diesem Geflecht Schuld auf sich geladen hat, weder der Eifersüchtige, noch der, der den Grund zur Eifersucht lieferte. Bewertungen und Schuld würden gegen die Liebe arbeiten. Beide Seiten müssen sich darauf konzentrieren, sich selbst zu verstehen, den anderen zu verstehen und dessen Unterschiedlichkeit zu akzeptieren, ohne ihr Gegenüber verändern zu wollen. Der eifersüchtige Mensch kann sich der eigenen Sucht bewusst werden und Moral und Regeln in diesem Zusammenhang beurlauben. Derjenige, der die Eifersucht auslöste, setzt sich mit den Auswirkungen seiner Handlungen auseinander und sucht nach einem Zusammenhang zwischen seiner eigenen Geschichte und der Beziehung. Das klappt mit einer professionellen Hilfe von außen besser, da diese unparteiisch und ohne Werturteile auf beide eingehen kann. Beide Partner sollten sich bei dieser Person gleichermaßen gut aufgehoben fühlen. Mit Schuldzuweisungen oder Anklagen steuert die Beziehung mit Sicherheit in eine Sackgasse. In einer Paarberatung kann eine dritte Person von außen auf das Beziehungsgeflecht schauen.

Übung

Diese Übung können beide Partner unabhängig voneinander machen. Bevor du mit der Übung beginnst, gib dir etwas Zeit und finde zur inneren Ruhe, um folgende Sätze in dein Herz zu lassen.

Liebe ist im Überfluss vorhanden, sie wird nicht weniger, wenn wir sie mit mehr Menschen teilen. Für den Eifersucht auslösenden Menschen in der Beziehung lohnt der Gedanke: Sehnsucht nach Liebe und Selbstbestätigung ist menschlich, aber beides findet der Mensch nicht wirklich befriedigend im Außen.

Die aufwühlende Sexualität hat nicht zwangsläufig etwas mit Liebe zu tun. Schau hin, was wirklich passiert! Sieh das kleine Kind in dir, das vor Angst schreit. Aber sieh es auch als das, was es ist: ein Kind in Not, das aus der Vergangenheit zu dir spricht. Sieh es nicht als oberste Gerichtsbarkeit. Dann begib dich in offene und ehrliche Kommunikation über deine Ängste und die deines Gegenübers.

Schreibe eine Liste mit deinen spontanen Gedanken zu dem Satzanfang:
– Wenn mein Partner, meine Partnerin ihre Liebe nicht nur mir schenkt, dann …
– Wenn ich mehr als einem Menschen meine Liebe schenke, dann …

Das sind deine Gedanken! Viele dieser Gedanken lösen Ängste oder Sehnsüchte aus. Welche davon erzählen von deinem inneren Kind in Not? Welche Gedankensätze sind zwingend schlüssig oder überschneiden sich mit den Ideen dieses Buches?

Tausch dich darüber mit jemandem aus, dem du vertraust. Erst dann besprich dich mit deiner Partnerin, deinem Partner.

„Ich bin es nicht wert" – die selbstgegrabene Fallgrube

Warum schuftest du dich ab? Warum lebst du über deine Möglichkeiten? Warum gibst du schnell auf, oder gar nicht? Warum versuchst du ständig, dich zu verbessern? Warum hast du Angst, zu versagen? Warum musst du so gut sein?

Die Triebfeder zu all dem liegt vielleicht in dem tief eingegrabenen Glaubenssatz: „Ich bin nicht liebenswert!" Selbstliebe ist selten, selbstzerstörerisches Handeln dagegen weit verbreitet. Liebe zerrinnt uns in den Händen, wenn wir denken, dass wir es nicht wert sind, geliebt zu werden. Nach außen hin mag es anders aussehen. Da versuchen wir, die Welt und uns selbst davon zu überzeugen, wie liebenswert wir sind. Aber die meisten von uns müssen ständig diese Überzeugungsarbeit leisten! Tief im Inneren hat sich der bohrende Satz festgesetzt: So, wie ich bin, habe ich keine Liebe verdient. Es ist die Antwort auf die Erfahrung von fehlender Liebe (siehe Kapitel 4.6 „Schenke dir Akzeptanz"). Wann und wo das geschah, wissen wir nicht mehr. Aber wir glauben an diesen

Satz und verurteilen uns damit zu einem Leben ohne Liebe! Wenn wir davon überzeugt sind, nicht liebenswert zu sein, können wir uns nicht vorstellen, dass ein anderer uns liebt. Wenn wir uns nicht selbst lieben können, können wir die Liebe auch nur schwerlich anderen geben. Das ist eine schreckliche Falle! Neid, Eifersucht, Stolz, Abhängigkeit, Anpassung, selbst Zeitdruck zeugen von diesem alles umklammernden Glaubenssatz.

Es ist eine große Lebensaufgabe, trotz dieses Satzes in Frieden mit sich zu kommen und sich liebend anzunehmen. Was auch immer einem dabei begegnet: Akzeptanz ist der wichtigste Schritt. Alles was wir an uns wahrnehmen können, ist wert, dass wir es annehmen! Uns mit all unseren Macken und Schrullen zu bejahen ist verflixt schwer. Aber es lohnt sich! Ich habe einen wichtigen Erinnerungssatz dafür: „Ich muss nicht ein besserer Mensch werden, um geliebt zu werden! Liebe ist bedingungslos!" Das hilft! Manchmal! Sonst müssen wir noch tiefer gehen und verstehen lernen, warum wir so sind, wie wir sind. Das ist oft mühselig und kostet Mut, weil wir an alte Wunden rühren. Doch auch dieser Weg lohnt sich.

Übung

Erinnere dich, was wundervoll an dir ist! Schreibe ein Loblied über dich! Mache ein Gedicht über diese fantastische Seite an dir oder schreibe dir einen Anerkennungsbrief. Lese dir das Geschriebene laut vor. Wenn du es noch steigern willst, lese es dir laut vor einem Spiegel vor! Du darfst dich ruhig dabei schämen. Es darf dir peinlich sein! Tu es trotzdem!
Dann zähle so viele Punkte vor dem Spiegel auf, wie du kannst:
Ich bin liebenswert mit …
Beginne mit all dem, was dir leicht fällt, es positiv zu sehen. Dann wechsele über zu den Dingen, die du an dir nicht so gut annehmen kannst. Benenne sie in der gleichen Art:
Ich bin liebenswert mit …
Lass die Liste so lang werden, wie du kannst!

Zeitdruck – die Alltagsfalle

– Ich schaffe nicht genug.
– Ich bin nicht genug.
Beginnen wir mit einem kleinen Experiment zum Thema Zeitstress.

Übung

Stell dir dafür bitte eine Tätigkeit vor, die du gerne – und gerne in Ruhe machst. Gib dir einen Moment Zeit, um etwas zu finden, was du wirklich gerne

tust. Stell dir jetzt vor, wie du es das letzte Mal genossen hast. Breite dich in dieser Vorstellung aus. Noch besser, tu das Vorgestellte jetzt! Genieße es! Koste es aus!
Was fühlst du?
Jetzt tu das Gleiche weiterhin, aber stelle dir dabei vor, du musst es entweder so schnell wie möglich zu Ende bringen, oder so viel wie möglich davon schaffen. Konzentriere dich mit aller Aufmerksamkeit darauf, dass alles davon abhängt, wie schnell du bist. Du hast nur wenig Zeit und solltest möglichst viel schaffen.
Was fühlst du jetzt?
Vergleiche diese beiden Erfahrungen miteinander!

Ich habe mir mein morgendliches Zeitunglesen vorgestellt. Ich genieße es, mit einer Tasse Kaffee und der Zeitung den Tag zu beginnen. Ich mache mir Gedanken über die Welt, die mir das Blatt beim Frühstück präsentiert, ärgere mich über die Politiker, freue mich über gute Nachrichten und philosophiere darüber, wie man die Welt verbessern könnte. Als Letztes lese ich noch die Klatschspalten und freue mich, wie menschlich doch auch die berühmten Persönlichkeiten sind.

Das ändert sich abrupt, wenn ich unter Zeitstress gerate. Ich brauche mir nur vorzustellen, dass meine Frau auf die Zeitung wartet. Schon überfliege ich die Überschriften und lese nur noch das Wichtigste. Die Freude am Stöbern und Philosophieren ist sofort weg. Das Schmunzeln über die Berühmtheiten entfällt ganz. Ich lese effizient! Ich lese ohne Spaß! Ich bin froh, die Zeitung abzugeben, weil dann der Stress aufhört. Mein genussvolles ,In-den-Tag-Gleiten' wird zum Abhaken eines Programmpunktes. In meiner Arbeitswelt lauert diese Gefahr ständig.

Lass mich vorbei! Ich hab's eilig! Das kann ich noch schaffen! Ich hab keine Zeit für Gespräche! Halt mich nicht auf! Ich muss mich beeilen! Schnell noch dies und jenes! Innerhalb kürzester Zeit sind Nähe und Liebe aus meinem Herzen geflohen und haben meinem Stress Platz gemacht. Ich bin nicht mehr offen, ich bin nicht mehr im Kontakt mit mir und ich habe keinen akzeptierenden, liebevollen Blick mehr auf die Welt. Ich sehe Feinde um mich herum, die mir die Zeit stehlen, und die Zeit arbeitet ständig gegen mich. Ich muss mich total konzentrieren und habe den weiten, erkennenden Blick der Liebe mit dem engen Fokus auf das schnellste Ergebnis vertauscht. Ich habe mich von einem herzensfrohen Menschen in ein nervöses Nervenbündel verwandelt. Ich fühle nicht mehr. Ich kenne auch Menschen, die im Zeitstress ganz ruhig werden, aber auch diese fühlen dann nicht mehr mit der Seele.

Von meinem Aufenthalt in einem Zenkloster habe ich eine wunderschöne Übung mitgebracht, die ich jedem Leser und jeder Leserin ans Herz legen möchte.

Übung

Stell dir eine Arbeit vor, die du oft in großer Eile und Effizienz erledigt hast. Jetzt wirst du sie bewusst langsam machen. Du konzentrierst dich darauf, alles mit dem Herzen zu tun. Es spielt keine Rolle, wann du fertig wirst. Es spielt nur eine Rolle, dass du diese Arbeit – und nur diese Arbeit – in Ruhe und mit aller Hingabe tust. Du denkst an diese Arbeit und lässt dich ganz von ihr durchdringen. Wenn dich Gedanken an etwas anderes ablenken, lässt du sie durch dein Bewusstsein ziehen, kümmerst dich aber nicht darum. Du bist mit der vollen Aufmerksamkeit nur bei der Arbeit, die du in diesem Augenblick machst. Keine Anrufe, keine zweite Ebene, kein Nebenher, kein Zeitdruck. Tue, was du tust. Mehr nicht! Du musst kein Ziel in irgendeinem Zeitraum erreichen. Du bist jetzt einfach nur deine Arbeit. Beurteile nicht, was du tust, sei es einfach.
Mache dies Experiment! Welche Erfahrung machst du? Schreibe alles auf, was dir passiert ist und bespreche es mit einer Person deines Vertrauens.

Unter Zeitdruck reduziert sich unsere Fähigkeit, bewusst wahrzunehmen. Wir beurteilen zwar aus unserer Erfahrung heraus blitzschnell eine Situation und handeln entsprechend, aber eine freie, bewusste Entscheidung treffen wir im Zeitstress meist nicht. Weitaus tragischer ist dabei zudem der Verlust der Nähe zur eigenen Person. Seelische Gefühle und ureigene Bedürfnisse können in der Anspannung nicht mehr wahrgenommen werden. Zeitstress entsteht auch durch äußere Bedingungen, aber weitaus gravierender sind die inneren Einstellungen. Besonders anfällig dafür macht der unterschwellig lauernde Gedanke, nicht genug, nicht gut genug oder nicht liebenswert genug zu sein. Diesen Gedanken versuchen alle Menschen, mit irgendeiner Gegenmaßnahme zu bekämpfen. Mehr Leistung beispielsweise ist häufig ein Versuch, dieses negative Selbstbild abzubauen. Mehr Leistung und Zeitstress liegen da nah beieinander. So ergibt sich oft aus dem Gedanken, nicht genug zu sein, ein erhöhter Zeitdruck. Das kann sich bis zur Arbeitssucht steigern und bis in die Freizeit hineinwirken. Menschen stehen dann ständig unter Druck, können schlecht entspannen, schlafen schlecht oder sind nicht mehr zu nahen Kontakten in der Lage. Familie, Partnerschaft und Freundschaften werden auf äußerster Sparflamme weitergeführt und erkalten schließlich ganz. Die Liebe sickert aus dem gesamten Leben. Die Arbeit wird zu einer Belastung für diesen Menschen und für sein soziales Umfeld.

Klaus ist ein Beispiel für so eine Tretmühle. Er ist ein wundervoller, sensibler Mann, der mit ganzem Herzen in Kontakt sein kann, wenn er einmal aus seinem Zeitstress aussteigt. Die Begegnungen mit ihm erlebe ich als nah und berührend. Er ist mir ein sehr besonderer Freund. Doch er glaubt, nicht genug zu sein. So taucht er nach kurzer Begegnung wieder in seinen selbst produzierten Zeitdruck ab und entfernt sich aus dem nahen Kontakt. Ich bedaure das jedes Mal, kann es aber akzeptieren, weil ich nicht mit ihm zusammenlebe. Seine Frau und er hatten eine wirklich tiefe Liebesbeziehung. Sie hat ihn jedoch verlassen, weil sie es nicht mehr ertragen konnte, nur alle paar Wochen eine kurze nahe Begegnung mit ihm zu haben. Sie hatte es satt, lediglich eine Randfigur in seiner zeitlichen Überforderung oder seinem Workaholic-Verhalten zu sein. Er leidet noch heute, fünf Jahre nach dieser Trennung, an dem Verlust, kann aber an seiner Einstellung zur Arbeit nichts ändern. Es ist eine Sucht, aus der er den Ausstieg nicht findet. Sein Gedanke, nicht gut genug zu sein, ist so stark. Seine Angst vor einem Versagen ist so übermächtig.

Mein eigener Zeitstress greift sogar bisweilen in meine Freizeit hinein. Ich fahre zur Entspannung gerne mit dem Motorrad durch die Landschaft. So auch an diesem schönen Sommertag. Ich hatte eine sehr aufreibende Woche hinter mir, in der ein Termin den nächsten jagte. Dann kam mein freier Tag. Ich saß auf meinem Motorrad und fuhr. Und fuhr. Und fuhr. Und fuhr! Ich fuhr an allem Schönen in der Natur einfach vorbei, als ob ich möglichst viele Kilometer abreißen müsste. Ich war noch immer in meinem Stress und konnte mein Herz für die Schönheit rings um mich herum nicht öffnen. Als mir das klar wurde, musste ich irgendwo anhalten, um wieder zur Besinnung zu kommen. Es war nicht einmal ein besonders schöner Platz, aber meine Seele brauchte die Zeit, um bei mir anzukommen! Ich saß da, habe einfach nur geatmet, alles in mich aufgenommen, was um mich herum war und mich für diesen Moment von jeder Erwartung verabschiedet. Das hat geholfen. Danach konnte ich meine Fahrt entspannt fortsetzen und genießen. Ich war wieder mit einem liebenden Herzen unterwegs.

Achtlosigkeit, in der die Liebe ertrinkt

Brighton Peer, England, morgens um halb sieben. Ich schaue aus dem Fenster über die Partymeile der Stadt. Die kühle, klare Luft bläst eine neue Frische über die Vergnügungen der letzten Nacht. Alle Karussells und Verkaufsbuden liegen wie vergessene Handtücher am menschenleeren Strand. Der Platz schläft seinen Rausch aus, während der makellos blaue Himmel wieder einen heißen Tag verspricht.

Ein Müllwagen durchkreuzt diesen Frieden. Er setzt mit seinen stechend piepsenden Warntönen zurück, bis an die großen Müllcontainer. Die Männer in den grellen Anzügen erledigen mit automatischen Bewegungen ihre frühe Pflicht. Kein Wort muss dazu gewechselt werden. Jeder Handgriff hat eine traumwandlerische Gleichförmigkeit. Der Container wird eingehängt, der Deckel aufgeklappt, der Knopf gedrückt. Mit einem Zischen übernimmt die Hydraulik die Arbeit: Heben, Kippen, Schütteln, Absetzen.

Doch nicht alles läuft so automatisch. Ein Schwall des süßlich, fauligen Inhalts landet auf dem Boden, statt in der Schütte des Müllwagens. Die Müllmänner machen in ihrem gewohnten Ablauf weiter. Container aushängen, Deckel schließen, wegrollen. Jetzt werden sie sich als Nächstes den Besen greifen, der am Wagen hängt, und die Bescherung am Boden beseitigen. Sie gehen auf den Wagen zu, lassen aber den Besen unberührt, steigen ein und fahren mit gelbem Blinklicht zum nächsten Einsatzort.

Zurück bleibt der wieder stille Platz, nun übersät mit Müll. Der Wind verteilt sofort das Papier und Plastik. Die Möwen übernehmen kreischend und balgend den unappetitlichen Rest, bis alles weit über den Platz und den Strand verteilt ist. Kein friedvolles Bild mehr, sondern eine übel riechende Beleidigung für Nase und Auge. Bald werden die Straßenfeger kommen und alles, was sich großflächig verteilt hat, mühsam wieder zurück in die Container fegen. Das Meer wird den Rest vom Strand spülen und irgendwo anders anlanden.

Einige kurze Handbewegungen der Müllmänner hätten viel bewirken können. Die Gleichgültigkeit bei der vielleicht ungeliebten Arbeit zieht eine Schleppe von Wirkungen hinter sich her. Die Gleichgültigkeit des Bankers genauso, wie die Achtlosigkeit des Handwerkers oder die Lieblosigkeit des Lehrers. Aber besonders direkt wirkt die Achtlosigkeit in unseren Beziehungen. Durch sie friert ein Teil dieser Begegnungsmöglichkeit ein und wird unlebendig.

Wir handeln so oft ohne unsere Achtsamkeit und ohne unser Herz. Die Folgen davon sind weitreichender, als uns bewusst ist. Es geschieht nicht in böswilliger Absicht, sondern in achtloser Unbewusstheit. Dennoch sind die Auswirkungen gravierend. Wir nehmen nicht mehr wahr! Wir sind nicht mehr in Verbindung. Wir tun etwas, an dem unser Herz und unsere Seele nicht mehr beteiligt sind!

Um die Liebe in unser Leben zurückzubringen, brauchen wir die Achtsamkeit, die die Wirklichkeit wahrnehmen und ihre Wahrheit annehmen kann.

Übung

Mach dir eine beliebige routinemäßige Handlung in deinem Leben bewusst. Wie verabschiedest du dich, wenn du morgens dein Zuhause verlässt? Oder wie parkst du dein Auto? Oder wie begrüßt du die Menschen an deinem Arbeitsplatz, im Supermarkt, beim Bäcker? Oder was isst du tagsüber? Oder, oder, oder …

Hebe eine Gewohnheit heraus, indem du dir klar machst, was diese Handlung bewirkt. Alles, was du tust, hat eine Auswirkung, auf dich, auf andere und auf deine Umwelt. Mach dir die tatsächliche Auswirkung deutlich und stelle dir danach weitreichendere Auswirkungsmöglichkeiten vor. Es geht nicht um eine moralische Betrachtungsweise! Beobachte und verstehe die Zusammenhänge. Mehr nicht!

– Was erlebst du dabei?
– Jetzt wende dich bitte einer routinemäßigen Arbeit zu, die du nicht gerne verrichtest. Mach sie genauso wie sonst, aber sei mit deiner ganzen Wahrnehmung dabei.

- Wie arbeitest du?
- Was sind die Auswirkungen deiner Arbeit?
- Welche Zusammenhänge siehst du?
- Was würde sich verändern, wenn du diese Arbeit lieben würdest oder liebevoll ausführen würdest?

Wenn du dich dazu entscheiden kannst, übe diese Tätigkeit einmal so aus, als wenn du sie lieben würdest! Nur eine halbe Stunde. Mach ein Vorstellungsspiel daraus und denke es dir einfach liebenswert. Es kann zu einer Schauspielübung werden.
Was passiert bei dir, nach diesem Schauspielversuch?
Du kannst diese Vorstellung einer liebevollen Tätigkeit weiter üben! In diesem Fall hilft vielleicht: „Fake it until you make it" (Tu so als ob, bis du es wirklich erlebst).

Wenn du dir die Auswirkungen deiner Handlungen bewusst machst, wird dein Leben auch in Kleinigkeiten intensiver und liebevoller, noch nachhaltiger wirkt sich dies auf deine zwischenmenschlichen Kontakte aus.

Stolz und Überheblichkeit – die Starkmacher für die Unsicheren

Stolz kann etwas sehr Schönes sein. Ich bin stolz auf meinen Sohn, ich bin manchmal stolz auf etwas, das ich gut gemacht habe, ich bin stolz, mit meiner Frau verheiratet zu sein. Das sind alles liebevolle Haltungen, die aus dem Herzen kommen. Sie durchströmen mich mit einem warmen Gefühl. Es gibt aber auch einen Stolz, der hart und hölzern macht. Dann wird er zu einer Schutzhaltung und verbirgt die tiefe Unsicherheit eines Menschen, der sich nicht liebenswert fühlt. Diese Unsicherheit soll durch eine übermäßige Betonung der eigenen Leistung, der eigenen Herkunft oder der Stellung, die man innehalt, kompensiert werden. Der Stolz sagt: „Ich bin besser!" Ein dermaßen stolzer Mensch versucht immer, sich abzuheben und die anderen zu degradieren. Er erhöht sich, um von oben herab auf seine Umgebung herabzuschauen. In allen Situationen muss unbedingt herauskommen: „Ich bin besser." Diese Überheblichkeit schafft Distanz. Das muss auch so sein, denn sonst könnten die anderen herausfinden, wie schwach das Selbstbewusstsein des so stolz Wirkenden wirklich ist. Noch schlimmer wäre, der Betreffende würde es selbst bemerken. Ein dermaßen stolzer Mensch lebt ständig im Wettstreit mit anderen – und sich selbst. Er muss seine eigene überhöhte Stellung dauernd unter Beweis stellen. Das ist nicht nur anstrengend, sondern auch ein immerwährender Bewertungsmarathon. Stolz führt weg von jeder Selbstliebe und von jeder Nähe zu anderen, da der so stolz Wirkende auf unerreichbar hoher Stufe steht. Wenn die Persönlichkeit sehr

schwach ist und diese Schwäche um jeden Preis überdeckt werden muss, kann
Stolz auch in Verachtung umschlagen. Dann ist der Betreffende nicht nur besser,
sondern der Andere zusätzlich minderwertig. Verachtung dient so als Starkma-
cher für die eigene Schwäche.

Wir finden diese Art Stolz in Rassismus wieder, in Verachtung des Anders-
denkenden, Pogromen und politischer und religiöser Intoleranz. Ganze Völker
geben sich diesem Wahn hin. Der Gedanke, besser zu sein als andere, ist unge-
mein dumm! Aber es wäre zu simpel, ihn nur anderen Menschen anzulasten.
Ich selbst erwische mich auch gelegentlich bei dieser Dummheit. Egal, ob ich
mich über die Kleidung einer Passantin lustig mache oder Kollegen gegenüber
eine überhebliche Haltung einnehme. Wenn ich es bemerke, halte ich inne.
Dann lächele ich über mich, weil mir bewusst wird, wie sehr ich doch in meiner Unsicherheit feststecke. Statt weiter in diesem arroganten Stolz zu verweilen, nehme ich dann mein unsicheres kleines Ich in den Arm und erlaube ihm
diese Unsicherheit. Das hilft mir sehr und entfernt mich von dem zerstöreri-
schen, distanzierenden Stolz und der Arroganz. Ich kann mit mir und dem
anderen Menschen wieder in wirklichen Kontakt treten.

Übung

- Bei welchen Begegnungen erlebst du deinen überheblichen Stolz? Fertige
  eine Liste der Menschen und Situationen an. Dann such dir die Begegnung
  mit einem Menschen heraus.
- Stell dir die Frage, vor was du dich grade bei diesem Menschen abgrenzen
  musst!
- Was hat dieser Mensch an sich, das du vermeiden musst?
- Warum musst du das vermeiden?
- Was ist deine Angst dahinter?
- Gib dir selber eine liebevolle Geste zu dieser eigenen Angst.
- Sieh die Verbindung mit diesem anderen Menschen, wie auch immer sie
  geartet ist. Vielleicht seid ihr euch ähnlich oder ihr lebt den Gegenpol, der
  aber aus der gleichen Unsicherheit gespeist wird.
- Lass dich von dem Sein des anderen Menschen berühren!
- Was ist aus deinem Stolz geworden?

Die Opferrolle – Machthaber mit Unterlegenheitsgefühl

Anne-Marie kam zur neuen Therapiegruppe. Sie war schon etwas früher da
als die anderen neuen Teilnehmer. Trotz ihrer 58 Jahre wirkte sie eher mäd-
chenhaft. Unsicher setzte sie sich mit einem großen Sicherheitsabstand zu
mir und fragte: „Sind auch Männer in der Gruppe?" Ich erläuterte ihr, dass
drei männliche Teilnehmer dabei sein würden, worauf es augenblicklich aus

ihr herausplatze: „Das sind drei zu viel!" Immerhin hatte sie mich nicht miteinbezogen, aber ihre ausgeprägte Abneigung gegen Männer sollte ich in den nächsten Monaten auch zu spüren bekommen. Aber es waren nicht nur die Männer, die es ihr angetan hatten, auch wenn Teilnehmerinnen etwas mitteilten, was ihr nicht passte, bekamen sie die Macht von Anne-Maries Leidensrolle zu spüren. Sie fühlte sich ständig angegriffen, auch dann, wenn jemand nur über sich erzählte. Anne-Marie wähnte hinter jeder Formulierung und jeder Handlung einen persönlichen Angriff. Wenn Männer etwas sagten, war ihr Abwehrverhalten besonders ausgeprägt. Ihre Reaktionen gingen dann durchaus auch unter die Gürtellinie. Trotzdem fühlte sie sich zu ihnen hin gezogen. Sie hatte Sehnsucht nach einer liebevollen Beziehung. In ihren Glaubenssätzen jedoch war für sie eine klare Rolle vorgeschrieben. Sie war das Opfer. Das junge Mädchen Anne-Marie war tatsächlich auch ein Opfer gewesen. Der Vater hatte dem pubertierenden Mädchen seine Verachtung sehr deutlich gezeigt. Nichts machte sie richtig, alles an ihr war verkehrt. Ihr Bruder bekam dagegen die volle Aufmerksamkeit und später sogar das Erbe. Sie hatte viel Leid erlebt, aber das war nicht ihr eigentliches Problem. Jetzt ging es darum, dass sich die erwachsene Anne-Marie in die Rolle des Opfers verrannt hatte. Sie konnte sich nicht mehr auf ihre Wahrnehmung verlassen, denn ihre Angst vor Abwertung und Angriffen, überschattete alles. Sie vernahm ständig die Botschaft „du bist nicht liebenswert", auch wenn niemand so etwas sagte. Sie deutete es in einen Blick hinein oder in eine Geste, keiner war sicher vor ihren einseitigen Deutungen. Ihre Wahrnehmung war durch die bereits festgeschriebene Rolle vergiftet. Ihr Leben wurde zur Selbstverteidigung und zur Bestätigung ihrer Opferrolle. Sie selbst teilte nach allen Seiten kräftig aus, Angriffe könnten schließlich von überallher kommen und überall lauerte Gefahr! So wurde sie argwöhnisch und behielt immer diese aggressive oder leidende Grundhaltung.

Wer sich in der Opferrolle befindet, erwartet vom Gegenüber zu jeder Zeit Angriffe oder Verletzungen. Es gibt ganze Nationen, die diese Grundhaltung einnehmen und ständig verteidigungsbereit sind. Dabei greifen sie vielleicht sogar selbst an und wundern sich, dass ausgerechnet ihnen feindseliges Verhalten entgegengebracht wird.

Genauso erlebte es Anne-Marie. Sie musste erst ihre eigene Geschichte wieder kennenlernen und die Not des jungen Mädchens verstehen, um sich zu heilen. Dieser Ausstieg aus der reaktiven Opferrolle war entscheidend für ihren Weg zu einem liebevolleren Leben. Sie musste lernen, dass nicht alle Menschen so sind wie ihr Vater, und dass viele Menschen ihr Wohlwollen und Liebe entgegenbringen können, wenn sie es zulässt. Sie erkannte, wie sie sich als Erwachsene selbst zum Opfer machte. Aber es war ein schwieriger Schritt für sie, die Sicherheit der Opferrolle loszulassen. Sie musste sich in die Gefahr begeben, die Wirklichkeit wahrzunehmen.

Übung

- Such dir einen ruhigen Platz, an dem du eine halbe Stunde alleine sein kannst.
- Stell dich hin und schließe die Augen.
- Stell dir vor, andere wollen dir Böses. Gehe in eine Körperhaltung, die deine Verteidigung vor Angriffen ausdrückt.
- Übertreibe diese Körperhaltung.
- Welche Gefühle nimmst du wahr?
- Welche Gedanken kommen dir?
- Erinnert dich das an etwas?
- Wechsele jetzt sehr langsam deine Körperhaltung in das genaue Gegenteil.
- Welche Gefühle nimmst du jetzt wahr?
- Welche Gedanken steigen hoch?
- Erinnerst du dich an Momente des Geliebtseins?
- Finde eine Körperhaltung irgendwo zwischen den beiden Polen, die dir jetzt passend erscheint.
- Was fühlst du jetzt?

Schreibe eine Liste, auf der du alles Negative notierst, mit dem du rechnest. Dann beginne noch eine Liste, auf der du das Wundervollste festhältst, was dir im Kontakt mit Anderen passieren könnte.
Für welche Seite entscheidest du dich?

Welche Gedanken bringen dich immer wieder in die Opferrolle?
Wofür brauchst du sie?
Gib versuchsweise in Gedanken einmal deinen Schutz auf und denke darüber nach, was dein liebendes Herz in deinem Leben alles erleben kann!

Verletzung und Vorwurf

Gerade war in der Beziehung noch alles in Ordnung. Sie waren zusammen, sie waren sich nah, die Welt gehörte ihnen. Dann plötzlich war alles anders. Ein falsches Wort, vielleicht eine Zurückweisung. Was er getan hatte, war unverzeihlich, was sie sagte, war gemein und schon waren beide weit voneinander entfernt. Schimpfen oder Schweigen, Vorwürfe oder sich verletzt fühlen, Angriff oder Rückzug.

Eine Partnerschaft ohne Streit habe ich noch nicht erlebt. Streiten ist normal! Aber die Liebe kommt uns dabei abhanden. Zumindest zeitweilig. Es passiert so schnell, dass es einem den Atem raubt. Ein Vakuum entsteht, wo vorher noch Liebe war. Schuld, Verurteilung, Eifersucht, Enttäuschung, Moral, alles kann dann hochbrodeln. Alles kann als Waffe dienen, oder als Schild, aber es beginnt immer gleich. Einer von beiden fühlt sich verletzt.

Er kam gestern erst spät nach Hause. Die Arbeit musste noch gemacht werden und dann riefen die Freunde an und nannten ihm die Kneipe, in der sie zusammensaßen und auf ihn warteten. Das war für ihn ein willkommener Anlass, mal zu entspannen. Als er dann um Mitternacht nach Hause kam, hatte sie das romantische Überraschungsessen schon in den Müll geschüttet, den Tisch wieder abgedeckt, das sinnliche neue Kleid ausgezogen und im hintersten Winkel des Kleiderschranks versteckt. Gekränkt lag sie nun im Bett, die Decke bis über beide Ohren hochgezogen. Schon länger war es nicht mehr nah zwischen ihnen gewesen, an guten Sex konnte sie sich in den letzten Wochen kaum mehr erinnern. Er hatte wohl an allem mehr Interesse als an ihr! Seine Arbeit, seine Freunde, sein Sport. Dafür fand er immer Zeit! So hatte sie sich ihre Partnerschaft nicht vorgestellt. Sie fühlte sich abgeschoben, missachtet und ungeliebt. Dabei hatte gerade der heutige Abend eine Überraschung werden sollen. Sie hatte toll gekocht und das eng anliegende Kleid angezogen, um mit einem romantischen Abendessen wieder die Leidenschaft der ersten Jahre aufleben zu lassen. Und dann war er nicht nach Hause gekommen! Seine Freunde waren mal wieder wichtiger! Nur eine SMS mit der Mitteilung, dass es später würde, war drin gewesen. So wenig war sie ihm wert! Der alte Drache der Wertlosigkeit wurde in ihr wach und spie giftiges Feuer in ihr Herz: Er liebt mich nicht mehr! Ich bin ihm gleichgültig! Er hat mich verletzt!

So lag sie zusammengekrümmt im Bett, als er sich, entspannt nach dem netten Abend mit Freunden, an sie ankuscheln wollte. Ach was war es schön, so eine wundervolle Partnerin zu haben! Aber warum rückte sie so unwirsch von ihm ab? Sie war wach, aber sagte kein Wort. Irgendwas war falsch gelaufen. Aber was? Hatte er den Hochzeitstag vergessen? Geburtstag? Ein Versprechen? Er hatte keine Ahnung. Aber irgendetwas musste sein. Er fühlte sich ohne Grund verurteilt. Sein warmes Gefühl war verschwunden. Sein Herz zog sich zusammen. Er drehte sich auf die andere Seite und schlief einsam ein. Der nächste Morgen verlief schweigend. Ein stiller Vorwurf lag über dem Frühstückstisch und drückte beide nieder. Sie waren froh, zur Arbeit zu entkommen.

Dann kam der Feierabend, und die Anspannung ging in die zweite Runde. Am Esstisch explodierte sie! Sie hatte eine Nacht und einen Tag ihre Verletzung zurückgehalten. Jetzt brach alles aus ihr heraus, der ganze alte Schmerz. Sie wollte ihn nicht mehr fühlen! Wenn er sich nicht so unmöglich verhalten hätte, gäbe es diesen Schmerz ja auch nicht! Er hatte sie verletzt! Er war schuld an ihrem Kummer, ihrer Wut! Wie konnte er nur so gedankenlos und lieblos zu ihr sein. Warum verletzte er sie so sehr? Sie hatte ihm doch nichts getan! Dann eröffnete sie das Feuer! „Du bist gemein zu mir! Du missachtest mich! Ich mache alles besonders schön für dich und du kommst dann so spät nach Hause! Du tust nichts für unsere Beziehung. Du liebst mich nicht mehr! Du tust mir weh mit deinem unachtsamen Verhalten!"

Nun war die Anklageschrift wenigstens auf dem Tisch, und er wusste, um was es ging. Er war mal wieder falsch. Er hatte mal wieder die Schuld. Das war ihm schon seit Kindheit vertraut! Immer war er zu wenig, zu unerfolgreich, zu unsensibel. Immer war er es nicht wert, so geliebt zu werden, wie er war. Immer reichten seine Anstrengungen nicht, wie sehr er sich auch bemühte. Das neue Projekt hatte er nur deshalb angenommen, damit endlich in die schönere Wohnung ziehen konnten, die sie so gerne wollte. Jetzt war das auch wieder nicht richtig. Was er auch machte, es war nie genug! Er wusste nicht mehr weiter. Er fühlte sich verletzt und tat das, was er immer in diesen Situationen gemacht hatte. Er schwieg.

Das brachte sie nur noch mehr auf die Palme! Es war ein weiteres Zeichen für sein Desinteresse an ihr! So wollte sie nicht mit ihm zusammenleben! Er verletzte sie ja nur!

Das Paar in diesem Beispiel hält uns allen einen Spiegel vor. So oder ähnlich laufen die meisten Streitereien ab. Manchmal eskalieren sie noch dramatischer, enden vielleicht sogar in verbaler oder tätlicher Gewalt. Selbst wenn es harmloser zugeht; die Liebe zieht sich zurück, sobald der Gedanke auftaucht: „Ich werde verletzt". Dann geraten wir in unseren persönlichen Abwehrmodus. In der geschilderten Situation fühlen sich beide verletzt und angegriffen und beide begeben sich in die Abwehr. Dort wieder herauszukommen und zur Liebe zurückzufinden kostet eine gewaltige Anstrengung!

Wenn wir uns den jeweiligen Hintergrund der verletzten Streithähne anschauen, entdecken wir, dass die eigentliche Geschichte, die bei jedem abläuft, nicht viel mit dem anderen zu tun hat. Beide lösen durch ihr Verhalten beim anderen etwas aus, das vertraute Schutzmechanismen in Gang setzt, und diese Schutzmuster sind eingeschliffene Verhaltensweisen. Sie gehen auf weit zurückliegende schmerzhafte Erfahrungen zurück. Die Auslöser liegen zwar in der Gegenwart und haben mit dem Verhalten oder den Äußerungen des Gegenübers etwas zu tun. Aber das ist dann auch schon alles.

Was eigentlich passiert ist Folgendes: Der eine erinnert den anderen durch sein Verhalten oder seine Äußerung an eine schmerzhafte Erfahrung aus der Vergangenheit. Diese Erfahrung kann tief in der Erinnerung vergraben sein, ihr Schmerz ist aber immer noch zu spüren. Der verletzte Mensch will diesen Schmerz auf keinen Fall erneut erleben. Dann wird er durch eine Äußerung oder durch das Verhalten seines Gegenübers daran erinnert. Und plötzlich ist die mit dem Schmerz einhergehende Not und Verzweiflung wieder da. Der Partner oder die Partnerin reißt also eine vergessene oder verdrängte alte Wunde auf, und allein deshalb bekommt er auch die Schuld an dem Schmerz zugewiesen. Zwischen der Erinnerung an diese alte Wunde und der tatsächlichen Verletzung besteht aber fast immer ein Unterschied. Der Mann in unserem Beispiel hatte keine Ahnung, was er mit seinem Verhalten ausgelöst hat. Er hat ganz einfach eine Entscheidung für sich getroffen. Dass er damit seine Frau an ihr liebloses Missachtet-Werden aus deren Kindheit erinnern würde, lag nicht in seiner Absicht. Dass sie ihn im Gegenzug an seine Kindheit, die von vernichtender Kritik überschattet war, erinnerte, war ihr nicht klar. Beide spüren alte Wunden wieder neu, die sie lieber nicht wahrnehmen wollen. Wenn es um Verantwortung geht, so hat in diesem Beispiel jeder nur die Verantwortung dafür, den anderen an eine immer noch schmerzende Wunden herangeführt zu haben. Keiner von beiden wollte den anderen mit Absicht verletzen. Verletzung entsteht fast immer nur in unseren eigenen Köpfen und prägt als gesteigerte Leiderfahrung unser Denken. Wir wehren uns gegen den Anderen, weil wir sie oder ihn mit in unsere eigene Verletzungsgeschichte hineinnehmen. Doch da gehört der Andere nicht hin. Es ist unsere eigene alte Wunde. Je stärker wir sie verdrängen, umso intensiver werfen wir dem anderen vor, uns zu verletzen.

Oft haben wir in Beziehungen das Gefühl, verletzt zu werden und finden keinen Ausgang aus der Spirale der schützenden Verhaltensweisen. In der folgenden Übung bekommst du einen Ausweg angeboten. Du musst dich nur dafür entscheiden, ihn zu gehen.

Übung

Du musst nicht darauf warten, bis sich eine Situation von Verletztwerden ereignet. Erinnere dich einfach. Du kannst ein Erlebnis aus einer Partnerschaft oder Freundschaft wählen, das dir sehr nah ist. Beginne auch hier mit einer „Verletzung" die nicht zu tief geht. Du kannst es später immer noch mit einem schweren Beispiel versuchen. Achte immer darauf, was für dich machbar ist!
Womit hat dich dein Gegenüber scheinbar verletzt?
Welche Gefühle und Gedanken kommen in dir hoch?
Werde dir bewusst, wie sehr du diese Gefühle und Gedanken loswerden möchtest, oder gar nicht erst an dich herankommen lassen möchtest!
Nun musst du dich entscheiden! Wenn du aus deinen Schutzmechanismen aussteigen möchtest, musst du dir deine eigenen Stimmungen und Erlebnisse bewusst machen, auch wenn es schmerzhaft wird. Du musst diesen Schmerz jetzt selbst tragen!
Woher kennst du diese Erlebnisse? Folge deinen Erinnerungen an ähnliche Situationen bis weit in deine Vergangenheit zurück! Wie weit kommst du? Häufig sind es Erlebnisse aus der Kindheit. Kannst du dich als Kind in eben diesem Schmerz sehen?

Wenn du dich nicht davor scheust, male ein Bild von dir in diesem Schmerz. Nimm dazu ein DIN-A-3 Blatt und die Farben oder Stifte, die dir zur Verfügung stehen und lass dir 20 Minuten Zeit. Male so, wie ein Kind in diesem Alter gemalt hätte.
Wie fühlt sich das Kind, das du einmal warst?

Ein Teil von dir ist immer noch dieses Kind mit seinem Schmerz und seiner Entscheidung, den Schmerz nicht mehr fühlen zu wollen.
Kannst du jetzt eine neue Entscheidung treffen und diesen Schmerz in dein Leben lassen?

Immer wieder werden andere Menschen dich an diesen Schmerz von damals erinnern! Kannst du ihnen die Erlaubnis dafür geben oder willst du dieses Erleben weiterhin aus deinem Leben verbannen?

Triff deine Entscheidungen!

Stell dir jetzt vor, du erzählst der Person, die diese Erinnerungen ausgelöst hat, von den schmerzhaften Erfahrungen aus deiner Vergangenheit. Entscheide dich, ob du es tun willst!

Welche Erfahrungen hast du mit dieser Übung gemacht?

Schreib die Erfahrungen auf und tausche dich mit einer Person deines Vertrauens aus.

Wenn dein Gegenüber dazu bereit ist, macht diese Übung parallel zur gleichen Zeit. Dann erzählt euch nur von euren Erfahrungen in der Übung. Einer erzählt und der andere hört zu, ohne das Gehörte zu kommentieren. Dann wechselt ihr.

Nicht bei allen schmerzhaften Erfahrungen mit anderen Menschen ist es möglich, sich für ein sich öffnendes Verhalten zu entscheiden. Manchmal glauben wir, den Schutz vor diesem Menschen und diesem Erlebnis aufrechterhalten zu müssen. Doch auch dann kann es sinnvoll sein, den Weg der oben aufgeführten Übung für sich allein zu gehen. Es gibt zwischenmenschliche Begegnungen, bei denen ich bewusst entscheide, mich nicht zu öffnen. Ich glaube dann, mich schützen zu müssen. Aber mit dem Wissen um meine alten Verletzungen lasse ich die Verantwortung bei mir und klage mein Gegenüber nicht an.

Schuld, die in den Eingeweiden wütet

„Du bist schuld!" Dieser Vorwurf kann direkt ausgesprochen werden oder auch indirekt vermittelt werden. Auch der Gedanke „Ich bin schuld" begleitet uns als bewusster oder unbewusster Glaubenssatz. Schuld ist eine scharfe Waffe und vernichtet jede Liebe. Wo Schuld ist, wächst lange Zeit keine Liebe mehr. Schuld ist nicht zu ertragen. Wenn sie in uns wütet, können wir nur noch die Flucht ergreifen. Wir hören entweder auf zu fühlen und werden starr vor Schreck oder wir wehren uns und geben die Schuld zurück. Wir geben sie weiter, um sie nicht selbst tragen zu müssen oder wir vergraben sie tief in uns.

Schuld ist ein Spiel zwischen Macht und Machtlosigkeit. Keine Macht über das eigene Leben oder das eigene Schicksal zu haben, erscheint uns unerträglich. Dennoch hat jeder Mensch schon Situationen erlebt, in denen er einer unangenehmen oder bedrohlichen Situation hilflos ausgeliefert war. Liebe, die dringend gebraucht wurde und nicht zur Verfügung stand, Angst vor etwas, dem man nicht entfliehen konnte oder Not, Enttäuschung und persönliche Katastrophen führen zu diesen Gefühlen des Ausgeliefertseins oder der Machtlosigkeit. Indem wir Schuld übernehmen oder Schuld auf andere abladen versuchen wir, diese Machtlosigkeit wieder auszugleichen. Deshalb machen wir andere für unser Unglück verantwortlich oder übernehmen die Verantwortung für andere. So holen wir uns die Macht zurück. Wir wollen liebenswert sein, wir wollen bedeutungsvoll sein. Es geht dabei um den Einfluss, den wir auf andere Menschen nehmen, um sie von unserer Liebenswertigkeit, oder zumindest Wichtigkeit zu überzeugen. Wenn wir glauben in das Schicksal eines Anderen eingreifen zu können, erleben wir eine Macht, die wir in Wahrheit nicht besitzen. Mit Schuld können wir die Illusion dieser Macht aufrechterhalten. Wir nehmen uns Schuld! Selbst wenn wir beschuldigt werden, entscheiden wir, ob wir sie nehmen oder nicht. Fanatische Attentäter sind selbst vor Gericht noch stolz auf ihre bestialischen Grausamkeiten, weil sie überzeugt sind, das Richtige getan zu haben. Eine Mutter hingegen, die sich hingebungsvoll um ihr Kind kümmert, kann Schuld empfinden, weil sie glaubt, nicht genug getan zu haben. Schuld sitzt sehr tief in uns. Wenn wir Schuld empfinden, können wir nicht mehr lieben. Wenn wir Schuld austeilen, auch nicht. Die Muskeln spannen sich an, der Kopf wird eingezogen, die Schultern ziehen sich zusammen. So tragen wir die Schuld auf den Schultern. Es können auch heiße Wellen durch Bauch und Brust laufen, die alles in Aufruhr bringen. Manchen Menschen schnürt es die Kehle zu, andere werden passiv und lassen die Arme hängen.

Obwohl der ganze Körper mit Abwehr reagiert, ist Schuld kein seelisches Gefühl. Es ist ein Zustand der seelischen Erstarrung.

Im Zustand der Schuld trennen uns Gedanken von unserer Seele. Wir sind so damit beschäftigt, über richtig und falsch zu urteilen, dass unsere Wahrnehmung darunter leidet. Das wiederum verhindert genau jenes Verstehen eines Gegenübers, das uns zur Akzeptanz bringen würde. Stattdessen werden wir ärgerlich. Das alles wehrt Nähe ab. Wir können weder zu uns selbst noch zu jemand anderem einen liebenden Kontakt aufbauen.

Eine Klientin berichtet von ihren Schuldgedanken ihrem sterbenskranken Vater gegenüber. Er hatte sie schon immer mit abfälligen Bemerkungen zur Seite geschoben, sie nie geachtet oder gar geliebt. Sie hatte, wie auch ihre Geschwister, keine Chance, jemals seine Liebe zu bekommen, weil er selbst nicht lieben konnte. Während ihre Geschwister sich jedoch von dem Vater abwandten, versuchte meine Klientin durch intensiveres Kümmern, ihre Wichtigkeit für den Vater zu erhöhen. Sie war die Einzige, die ihn im hohen Alter bis zum Schluss pflegte, immer in der Hoffnung, seine Anerkennung zu erhalten, oder zumindest ihre Schuld abzutragen. Sie gab sich die Schuld daran, von ihm immer abgewiesen und beleidigt worden zu sein. Schuld war der Motor, der sie dazu antrieb, den Vater zu pflegen. Sie tat es nicht gerne, ging aber davon aus, dass es ihre einzige Möglichkeit war, die Schuld abzutragen. So war ihre Pflege auch niemals liebevoll, sondern eher nur eine lästige Pflicht. Das war für den Gepflegten ebenfalls bedrückend. Beide Seiten machten eine leidvolle Erfahrung miteinander. Der Vater beschimpfte und beleidigte sie bis zum Ende weiterhin. Sie schaffte es nicht, sich von ihm abzuwenden und die Pflege an andere abzugeben. So lebte sie über Jahre in ihrer ganz persönlichen Hölle, begleitet allein von der Hoffnung, die vermeintliche Schuld, die sie sich selbst gegeben hatte, auf diese Weise loszuwerden. Als der Vater starb, übertrug sie ihre Schuldgedanken auf ihren erwachsenen Sohn, indem sie sich für jedes Ungeschick dieses eigenständig lebenden jungen Mannes verantwortlich fühlte. Das wiederum belastete die Mutter-Sohn-Beziehung, denn er wehrte sich dagegen. So kam sie zum ersten Mal dazu, ihre Schuldgedanken zu hinterfragen. Schon bald wurde ihr bewusst, wie sehr sie an diesem Schuldprinzip hing und wie sehr es ihre Liebe verhinderte. Sie wollte wichtig sein, das war der einzige ihr bekannte Ersatz für Liebe. Nachdem sie das erkannt hatte, konnte sie sich der eigentlichen Liebe zuwenden.

In Partnerschaften wirkt Schuld oft wie ein Schwert, das Liebe trennt. Unter dem Vorzeichen der Schuld wird Verantwortung abgegeben oder übernommen. Das alles nur, weil die eigentlichen Themen als zu bedrohlich empfunden werden und man sich dann nicht mit ungele(i)bte Gefühlen oder der Angst vor Hilflosigkeit und dem Ausgeliefertsein auseinandersetzen muss. Beispiele für unterschwellige Schuldgedanken sind Sätze wie: „Wenn ich mich besser verhalten hätte, wäre es nicht passiert." Oder: „Wenn der andere sich besser verhalten hätte, wäre es nicht passiert."

Wenn wir mit einem Ereignis emotional nicht fertig werden oder selbst Schuld empfinden, geben wir diesen unerträglichen Zustand gerne an andere weiter. Wir suchen einen Schuldigen. Dann erfahren wir eine Art Ableitung der unangenehmen oder bedrohlichen Situation. Als ein Tsunami vor einigen Jahren im Pazifik sehr viele Todesopfer und einen verheerenden Schaden verursachte, war nach etwa einer Woche in Zeitungen wörtlich die Überschrift zu lesen: „Wer hat Schuld an dem Tsunami?" Diese Naturkatastrophe hat uns allen gezeigt, wie machtlos wir doch gegenüber den weit größeren Kräften der Natur sind, aber die Frage nach einem Verantwortlichen scheint die Machtlosigkeit wieder zu dämpfen. Es ist dann nur ein menschlicher Fehler, der die verheerende Wirkung des Tsunami ausmacht und nicht die Unabwendbarkeit eines Seebebens. Schuld nimmt der Betroffenheit die Schärfe und wälzt sie auf die Suche nach falschem Verhalten ab. Und dieses falsche Verhalten ist korrigierbar oder bestrafbar. So behalten wir die Illusion, Macht über die Ereignisse zu haben. Das ist in der Gesellschaft nicht anders als im zwischenmenschlichen Bereich. Wie viel Schuld geben wir Partnern, Kollegen, Eltern, Kindern oder uns selbst, anstatt die Verantwortung für unsere seelischen Gefühle zu übernehmen, sie akzeptierend wahrzunehmen und aus dem Schuldgeflecht auszusteigen!

Wir können aus dem Schuldkarussell aussteigen, wenn wir uns auf uns selbst besinnen, uns selbst wahrnehmen und selbst die Verantwortung für die eigenen Gefühle, Handlungen und Lebensumstände übernehmen. Dazu gehört nicht, die Verantwortung für andere zu übernehmen, es sei denn, dies ist dringend notwendig. Und es ist meistens nicht notwendig, auch wenn Menschen uns gern in ihre Unselbständigkeit hineinziehen wollen. Statt dem eigenen Schuldgedanken nachzukommen und zu fragen: „Was kann ich für dich tun?", wird dann gefragt: „Was hast du für Ideen, um deine Probleme zu lösen?" Vielleicht entsteht daraus eine Freude, den Menschen dann dabei zu unterstützen.

Wenn du dir Schuld gibst am Zustand eines anderen Menschen, frage dich lieber:
– Welches seelische Gefühl wird von dem Schuldgedanken verdrängt? Ist es Trauer, ist es Schmerz? Oder erlebst du Hilflosigkeit?
– Was wäre, wenn du gar keine Schuld hast?

Lebe und zeige dieses Gefühl.

Lebe Nähe mit einem Menschen, anstatt aus einer Schuld heraus deine Pflicht zu tun. Letzteres kann nie liebevoll werden! Wenn du dir als Vater oder Mutter vorwirfst, nicht oft genug für deine Kinder dagewesen zu sein, spüre lieber den tiefen Erlebnissen nach, die ihr gemeinsam verpasst habt und teile deine Trauer mit ihnen. Das schafft Nähe. Schuld schafft nur Distanz. Wenn du merkst, dass du jemandem Schuld gibst, frage dich stattdessen, welche Gefühle du dadurch bei dir vermeidest. Dann lebe diese Gefühle! Möglicherweise eröffnet es dir einen Weg, den von dir Beschuldigten zu verstehen, statt ihn zu verurteilen. Das bedeutet nicht, dass du ihn aus der Verantwortung für sein Handeln entlässt! Es ist nicht an dir, diesem Menschen seine Verantwortung und die Konsequenz seiner Handlungen abzunehmen!

Was könnte das für deine Beziehungen mit nahen Menschen bedeuten? Was könnte das im gesellschaftlichen Leben verändern? Versuch es doch mal!

Verbitterung

Schutzmuster wie beispielsweise die Opferrolle, Schmerzabwehr und all die anderen vermeiden den eigentlichen Schmerz mehr schlecht als recht. Indem wir uns schützen, produzieren wir immer wieder aufs Neue den Schmerz, den wir eigentlich vermeiden wollen. Dadurch erfahren wir unser Leben als eine ständige Wiederholung jener unangenehmen oder gar bedrohlichen Situationen, denen wir doch eigentlich ausweichen wollen. Manche geben sich selbst die Verantwortung dafür: „Immer passiert ausgerechnet mir das!" Oder wir übertragen die Verantwortung auf andere Menschen oder gar die ganze Welt: „Die Menschen sind schlecht. Die Männer lassen dich ja doch nur im Stich. Die

Frauen sind an allem schuld. Die Welt ist undankbar und gemein!" Hinter all diesen Aussagen stehen unverarbeitete Leiderfahrungen und viele gescheiterte Abwehrversuche. Mit solchen Gedanken versuchen wir, die sich wiederholenden Erfahrungen einzuordnen und Strategien zu entwickeln, um uns vor weiterem Leid zu wappnen. Doch diese gedanklichen Einordnungen zementieren unsere Glaubenssätze: „Die Menschen sind nun mal so, oder die ganze Welt ist so! Da kann man nichts machen!" Als Konsequenz bleibt dann letztendlich nur noch die Resignation. Man findet sich damit ab, dass dieses Leid zum eigenen Leben dazugehört. Fatalismus ist eine schwere Bürde! Im Mittelalter übertrugen die Menschen ihre Leiderfahrung höheren Mächten. Widriges Wetter, Naturplagen, Krankheiten und andere Katastrophen waren Prüfungen und Strafen Gottes, oder aber teuflische Pläne, denen man hilflos ausgesetzt war. Das ist nicht so weit entfernt von dem Gedanken „die Welt ist schlecht, ungerecht oder undankbar".

Verbitterung oder Sarkasmus ist eine naheliegende Konsequenz. Wir weisen auch damit eine Eigenverantwortung für unser Leben von uns. „Die Welt ist schuld, ich kann da gar nichts machen!" Hinter dieser Grundhaltung gedeiht Hoffnungslosigkeit. Anders als in der mittelalterlichen Schicksalsergebenheit steckt in diesem Satz aber auch Wut auf die Welt.

Der enttäuschte, verbitterte Mensch sieht für sich keine Veränderungsmöglichkeit, da die Ursache seines Scheiterns scheinbar außerhalb seines Einflusses liegt. Er gibt den Kampf auf, behält aber die Wut auf die Umstände bei.

Verbitterung lässt keinen Raum für Liebe, weil sie jeden von der Wahrnehmung der Wirklichkeit abschneidet. Ein verbitterter Mensch versucht, alle negativen oder schmerzhaften Ereignisse gedanklich vorwegzunehmen, um sich darauf einstellen zu können. So wird die Welt mit einer vorgefassten Ansicht betrachtet. Eine Bestätigung für die negative Annahme ist dann sicherlich irgendwo zu finden.

Um zu lieben, braucht jeder Mensch die Offenheit der wertfreien Wahrnehmung, sonst kann niemals ein Zugang zum Verstehen, zum Annehmen und Wollen erreicht werden. Ein verbitterter Mensch hat sich durch seine Vorwegnahme des Schmerzes selbst von der Liebe abgeschnitten und wird durch die Erfahrung weiterer Abwesenheit der Liebe auch noch in seiner Verbitterung bestätigt. Die ganze Welt wird dann zu einem dunklen Ort. In der Verbitterung gibt es keinen Platz für Freude, Liebe oder Lebenslust. Da der verbitterte Mensch diese sonnigen Gefühle nicht hat, duldet er sie auch bei keinem anderen.

Wenn jemand seinen Zustand noch als Verbitterung wahrnehmen kann, gibt es eine Möglichkeit, einen anderen Weg zu wählen. Viele verbitterte Menschen haben sich jedoch so sehr in sich und ihren enttäuschten, bitteren Gedanken eingeschlossen, dass es keinen Weg mehr herausgibt.

Übung

Beginne damit, deine Enttäuschung als ein Produkt deiner Erwartungen zu sehen.
- Was willst du von Anderen oder der Welt, das du dir selbst nicht gibst?
- Wie kannst du dein Leben mit weniger Erwartungen leben?
- Suche nicht nach der Erfüllung deiner Erwartung, sondern finde das, was an kostbaren Erfahrungen vor deiner Nase liegt!
- SEI DANKBAR FÜR ALLES, WAS DIR BEGEGNET!

 Dankbarkeit ist eine Antwort auf Verbitterung!

Moral – „ich darf nicht sein, wer ich bin, dann darfst du es auch nicht"

Wenn wir uns der Moral zuwenden, lohnt sich zuvor ein freier und forschender Blick auf sie.

Im Zusammenleben der Menschen hat der Einzelne nicht immer die Einsicht, was für den Zusammenhalt der Gruppe notwendig ist und stellt das eigene Interesse in den Vordergrund. Das kann der ganzen Gruppe schaden und ihr Überleben bedrohen. Durch Regeln und Gesetze versuchen wir deshalb, die Verhaltensweisen und Bedürfnisse des Einzelnen an die Notwendigkeiten der Gruppe anzupassen. Viele dieser Regeln sind allgemein bekannt und in Gesetzen festgeschrieben. Ein persönlicheres Regelwerk ist die Moral. Jeder Mensch, jede Familie, jede Kultur entwickelt eine individuelle Moral. Es gibt Übereinstimmungen unter den einzelnen Gruppierungen und auch große Abweichungen. Während die Gesetze und Regeln meist von außen bestimmt werden, ist Moral eine verinnerlichte Instanz. Gesetze werden hinterfragt oder umgangen, die eigene Moral aber ist unumstößlich. Sie ist im eigenen Weltbild verankert. Es gibt zwischen Gesetzen und Moral Überschneidungen. Moral vereinfacht komplizierte Zusammenhänge. Etwas, dass für die Gruppe schädlich wäre, wird durch ein moralisches Gebot geregelt, auch ohne, dass es von allen verstanden wird. Der Mord an einem Menschen der eigenen Gruppe z. B. würde nicht nur den Bestand der Gruppe gefährden, sondern auch die Sicherheit im Zusammenleben unmöglich machen. Die Gruppenprozesse, die daraus entstehen, wären sehr schwer zu durchschauen und in den Griff zu bekommen. „Das tut man nicht!" reicht aus, um das Zusammenleben zu gewährleisten, auch ohne die Folgen zu verstehen.

Das gleiche Prinzip wenden wir auch individuell im eigenen Leben an. Moral hilft dabei, das eigene Verhalten auch dort zu steuern, wo die Zusammenhänge noch nicht bewusst verstanden werden. So sollen vermeintlich bedrohliche Auswirkungen abgewendet werden, z. B. bei Ängsten, die das Individuum nicht bewusst erleben möchte.

Die nicht hinterfragte Moral hat jedoch auch bedenkliche Auswirkungen auf unser Zusammenleben:

Nicole erzählte mir ihre Erfahrungen mit ihrer besten Freundin. Beide kannten sich schon lange und waren unzertrennlich. Die Freundin hatte vor etlichen Jahren eine Beziehung zu einem sehr aufregenden Mann. Das Zusammensein mit ihm war außergewöhnlich, abenteuerlich und mitreißend. Dann eröffnete er ihr, dass er zu einer anderen Frau ebenfalls einen sexuellen Kontakt aufgenommen hatte. Die Freundin fühlte sich sehr verletzt und trennte sich. Da war Nicole als beste Freundin ein guter Halt in der Not. Nach zwei Jahren verliebte sich die Freundin wieder in einen Mann. Diesmal war die Beziehung sehr verlässlich aber nach einer Weile auch wenig ereignisreich. Sie richtete sich mit dieser Unzufriedenheit in der sicheren Partnerschaft ein. „Man muss bescheiden bleiben!", wurde ihr moralisches Motto, ebenso wie: „Wer die Gefahr liebt, kommt darin um." Sie hatte ein Bedürfnis nach Sicherheit, war aber auch enttäuscht von ihrem aktuellen Partner. So versuchte sie, ihre Ansprüche zu reduzieren. Bescheidenheit als moralisches Prinzip war da ein sehr hilfreiches Instrument und machte das Prinzip: „was ich nicht haben kann, darf auch nicht sein", zur Grundlage ihrer Moral. Dafür war es natürlich wichtig, ihre eigentlichen Bedürfnisse in den Bereich der Unmoral zu stellen.

Nun hatte ausgerechnet Nicole neben ihrem Ehemann einen anderen Mann kennengelernt. Sie hatte ihrem Mann davon erzählt und dieser war damit einverstanden, dass sie ihren Liebhaber ab und zu traf. Natürlich wollte sie ihrer besten Freundin von diesem außergewöhnlichen Abenteuer erzählen! Doch die Freundin reagierte nicht mit dem Verständnis, das gewöhnlich in ihrer Freundschaft vorhanden war. Sie war entsetzt! Sie verurteilte Nicole aufs Schärfste für ihre Unmoral und wandte sich entrüstet von ihr ab. Auf Kontaktversuche teilte sie nur noch mit, dass sie nie wieder etwas mit so einer liederlichen Person zu tun haben möchte.

Die liebevolle Freundschaft zerbrach an der Moral; die Freundin verurteilte Nicole, ohne sich darüber bewusst zu werden, dass sie selbst sich mit der Moral vor der schmerzlichen Erinnerung an einen fremdgehenden Mann schützte. Weil die Moral nicht hinterfragt werden durfte, konnte Nicoles Freundin nicht zwischen den verschiedenen Situationen unterscheiden. In der Lebenssituation der nun so moralischen Freundin wurde die Liebe zum Opfer der Moral. In ihrer Beziehung zum sicheren Mann diente die Moral als Mittel, um ihre Unzufriedenheit im Zaum zu halten, verhinderte aber gleichermaßen eine aufrichtige Hinwendung zu ihrem Partner. „Man muss mit dem zufrieden sein, was man bekommen kann", ist keine liebevolle Aussage, wenn man von einem Partner spricht. Ein solcher Satz drückt Bewertung aus, keine Liebe. Noch gravierender aber beschneidet Nicoles Freundin sich selbst mit ihrer Moral. Sie kann sich nicht eingestehen, große Angst vor einer weiteren Verletzung zu haben und vermeidet es so, sich dem Thema zu stellen, das die Situation mit dem abenteuerlichen Freund einst bei ihr heraufgeholt hatte. Sie entfernt sich vom Verstehen der eigenen Person. Ohne dieses Verstehen kann die Liebe zum Selbst aber nicht wachsen.

Moral hat einen tiefen Sinn im Zusammenleben. Aber wenn sie nicht hinterfragt wird, kann sie schnell zu einem Gefängnis für die Menschlichkeit und die Liebe werden. Sie spielt sich zum gnadenlosen Richter über eigene und fremde Verhaltensweisen auf. Deutlich wird uns das erst, wenn wir die Moral außerhalb unseres Lebenskreises anschauen. Das, was beispielsweise im Mittelalter als Moralkodex selbstverständlich war, erscheint uns heute absurd. Die Frau als Besitztum des Mannes zu sehen gilt in unseren westlichen Denkstrukturen als diskriminierend und gewalttätig. Vor 200 Jahren war das jedoch noch eine allgemeine, nicht hinterfragte Moral. Einige Staaten dieser Welt leben auch heute noch mit dieser Moral. Ein weiteres Beispiel finden wir in einem Staat unserer westlichen Welt. Er propagiert die moralische Unantastbarkeit des Lebens und will gleichzeitig die Todesstrafe aufrechterhalten. Ein so eklatanter Widerspruch kann nur bestehen, weil die Moral nicht hinterfragt wird. So ist denn auch die Unantastbarkeit der Moral ein wichtiges Merkmal ihrer selbst.

Übung

Nimm keine moralischen Grundsätze als selbstverständlich hin, sondern frage immer, warum du dich so entscheidest, warum dir etwas falsch oder richtig erscheint!
- Was siehst du unter moralischen Gesichtspunkten?
- Formuliere deine Moral anhand deiner Erlebnisse.
- Wofür ist diese Moral wichtig?
- Woher kommt diese Moral?

Hinterfrage deine Gesetze, Regeln und deine Moral. Sind sie wirklich passend für dich?
Verurteile weder andere noch dich selbst, bevor du wirklich verstehst!

Der Gutmensch

„Ich bin gut! Ich versuche immer, dem Anderen das Beste zu geben. Ich helfe, wo ich kann. Ich gebe dir alles, was du brauchst. Ich bin immer für dich da. Ich teile alles, was ich habe. Ich versuche, immer ein guter Mensch zu sein. Ich handele immer korrekt. Ich nehme mich nicht so wichtig, sondern gebe dir meine ganze Aufmerksamkeit. Ich opfere gerne alles, was ich habe, damit es dir gut geht. Ich habe keine bösen Gedanken. Ich verurteile keinen. Ich bin ein guter Mensch und versuche, alles richtig zu machen."

Jede dieser Aussagen kann, für sich genommen, eine wunderbare Möglichkeit sein, die Welt zu einem liebevolleren Lebensraum zu machen. Eine durch und durch eigennützige Aufgabe! Der Wunsch, Liebe zu leben, kann aus dem tiefsten Herzen kommen, weil ich weiß, dass ich eins bin mit dem Anderen. Diese Welt in Liebe mit Anderen zu teilen heißt, auch mich mit anderen zu teilen. Doch oft tritt grade in der Häufung dieser Aussagen eher ein sehr geschickter Schutzmechanismus zutage.

„Gutmenschentum" oder „Political Correctness" Dies ist eine sehr schwer zu fassende Variante des Schutzverhaltens, sich nicht offen zu zeigen. Alles, was unter diesem Vorzeichen unternommen wird, hat den Sinn, lediglich seine gute und sichere Seite zu offenbaren. Das kann zu zwanghaften Verhaltensmustern ausarten. Ich erinnere mich, dass ich mir als Kind niemals die größere Portion vom Dessert nahm, sondern diese meinen Geschwistern überließ. Das hat zwar keiner gemerkt, aber ich hatte dadurch kein schlechtes Gewissen mehr und war sauber vor mir selbst. Ich kenne Menschen, die ständig mit ihren Gedanken damit beschäftigt sind, wie sie es anderen recht machen können, welche Bedürfnisse sie ihnen befriedigen könnten, welche Arbeit sie ihnen noch abnehmen könnten, oder wie sie sie vor schmerzhaften Erfahrungen bewahren könnten. Viele Menschen, die sich so verhalten, nehmen das nur noch schwer als ein Schutzmuster wahr. Sie werden vielleicht sogar ärgerlich denken: „Was ist denn falsch daran? Ich bin doch nur lieb! Ich will doch nur das Beste! Ich tue doch nur Gutes!"

All das stimmt ja auch! Es gibt nichts Verkehrtes daran und es ist sicherlich eine nettere Art, als jemanden zu verletzen, vor den Kopf zu stoßen, auszunutzen oder zu übervorteilen.

Doch oft entmündige ich den anderen Menschen mit meiner zuvorkommenden Art. Ich nehme ihm die Möglichkeit, sich selber mit seinen Bedürfnissen zu äußern. Ich nehme ihm die Chance, eigene Erfahrungen zu machen und eigene Entscheidungen zu treffen. Besonders Kinder wehren sich vielfach gegen diese Form der elterlichen Fürsorge, wenn sie wirklich selbstständig werden wollen. Aber was noch gravierender ist und eng mit dem Gutmenschentum verbunden ist: Ich verhindere, dass die Anderen mich wirklich sehen. Ich verstecke einen Teil von mir. Ich zeige nur die Seite, für die ich Anerkennung, Wohlwollen oder Liebe zu bekommen glaube. Ich verberge mich hinter der Fassade des guten Menschen. Diese Fassade hebt mich aus dem Menschsein heraus und macht mich unnahbar! Ich bin damit besser als die meisten. Ich bin nicht mehr angreifbar. Ich bin unberührbar. Ich bin weg! Und zwar weg aus der Welt des wirklichen Kontaktes und der Nähe. Für die Anderen lebe ich oben auf dem Olymp. Ich selbst nehme mich vielleicht gar nicht so wahr, aber die Anderen. Für sie ist es einerseits angenehm oder auch bequem, jemanden zu haben, der immer gut und fürsorglich ist, aber genau das kann ihnen auch auf die Nerven gehen! Denn der da oben steht für einen menschlichen Austausch auf gleicher Ebene nicht zur Verfügung. Er muss sein Umfeld ständig kontrollieren, um immer und überall als guter Mensch eingreifen zu können.

Gut-Sein hat viele Gesichter. Es kann moralisch korrekt sein, oder fromm, politisch korrekt oder sehr umweltbewusst, aber auch erleuchtet oder fundamentalistisch, sozial hyperaktiv oder vorbildlich.

Mir hat in jungen Jahren ein sehr gütiger Mann einmal gesagt: „Das Gegenteil von gut ist nicht schlecht, sondern es ist gut gemeint." Der entscheidende Punkt für die Liebe ist nicht, *wie* lieb ich bin. Denn Liebe ist keine Belohnung für richtiges Verhalten. Liebe ist die Folge einer Einstellung, Liebe ist eine Entscheidung. Und der erste Schritt dazu ist der Verzicht auf Schutz (siehe Kapitel 4).

Liebe kann nur wachsen, wenn ich ganz da sein kann, wenn ich mich nicht verstecken oder schützen muss. Menschen, die immer korrekt, gut, erfolgreich und lieb sind, ernten zwar Bewunderung, aber wirkliche Liebe erfahren und erleben sie nicht.

Ich hatte einen Kollegen, der mit mir Therapiegruppen leitete. Er aß das Richtige, er kleidete sich ökologisch, er hatte kein Auto, weil es die Umwelt belastete, er lächelte stets, er verlor nie ein ärgerliches Wort. Er machte nie ungebührliche Witze und war immer gleichbleibend nett zu jedem Teilnehmer der Workshops. Ihn belastete nichts, er beklagte sich nie und ihm ging es immer gut. Er trat nie jemandem auf die Füße, eckte nirgendwo an. Er lebte für seine Erleuchtung und folgte seinem geheiligten indischen Vorbild. Er konnte vielen Menschen in den Gruppen mit seinem gütigen Rat auf den Weg helfen. Auch wenn wir uns im Mitarbeiterteam trafen, änderte sich an seinem Sein nichts. Alle schätzten ihn. Keiner aber kannte ihn wirklich. Einige behaupteten, er kenne sich selbst genau so wenig. Als er uns verließ, um in Indien bei seinem Lehrer zu leben, war keiner traurig, weil keiner ihm jemals nahegekommen war. Um eine Verbindung in Liebe aufzubauen, hätten wir etwas von dem, der er war, spüren müssen. Dem Wesen, das er uns gezeigt hatte, konnte man nicht nahe kommen. Wenn er da war, bemühten sich alle andern auch, korrekt zu sein. Sobald er die Teamrunde verließ, wurde es erst gemütlich. Geschichten und Witze wurden erzählt und kleine und große Schwächen ausgebreitet. Es wurde menschlich und es wurde nah.

Ich kann nur Liebe leben, wenn ich damit beginne, mich zu lieben. Das kann ich aber nur, wenn ich alle Seiten an mir wahrnehme und sie liebevoll akzeptierend in den Arm nehmen kann. Wenn ich nur die „guten", vorzeigbaren Seiten liebe, muss ich die anderen Seiten unterdrücken. Mit einem erfolgreichen Optimierungsprogramm mag das klappen, dabei entferne ich mich jedoch von meinem Wirklich-Sein. Ich habe Menschen getroffen, die das perfekt hinbekommen haben. Sie waren religiöse oder moralische Führer, Gurus oder Erleuchtete. Man konnte ihre Weisheit sehen und ihr folgen, aber man konnte ihre Menschlichkeit nicht fühlen. Liebe ist Akzeptanz von allem, nicht nur von den „guten" Seiten. Viele Menschen, die diesen Führern folgen, wollen auch so sein. Sie wollen genau so richtig sein, wie ihr jeweiliges Vorbild und entfernten sich dadurch von sich. Genauso wie diese Menschen sich nur nach ihren guten Seiten ausrichten, wollen sie auch, dass andere das Gleiche tun. So entstehen ganze Bewegungen für ein persönliches Verbesserungsprogramm. Wie kann ich einem Menschen mit bedingungsloser Liebe begegnen, wenn ich nur einen Teil von seinem Wesen akzeptiere, einen anderen Teil aber verbessern möchte, weil ich ihn ablehne? Wenn ich meine „dunklen" Seiten ablehne, werde ich dies bei anderen Menschen auch tun und mich von der Liebe entfernen.

Übung

Suche dir jeden Tag eine Situation, bei der du deine ungeliebte Seite entdeckst. Das kann ein „böser" Gedanke sein, eine Handlung, die nicht grade vorbildlich ist, Wut, Verachtung oder sonst etwas. Erlaube sie dir für diesen Augenblick! Du darfst dich ruhig auch dafür schämen, aber akzeptiere es jetzt, ohne dagegen anzukämpfen!

- Versuche, dich mit dieser ungeliebten Seite zu verstehen.
- Warum tust du das, was du wahrgenommen hast?
- Wofür ist es wichtig?
- Kannst du deine Not hinter deinem Verhalten entdecken?
- Was brauchst du wirklich?
- Gib dir eine liebevolle Geste für diese ungeliebte Seite an dir! (Vielleicht berührst du dich so, wie du jemand anderem akzeptierenden Trost zusprechen würdest.) Kann es sein, dass du diese Seite in Zukunft weniger brauchst, weil du jetzt verstehst, warum du sie brauchst?

Diese Seite darf da sein! Du kannst entscheiden, ob und wann du sie lebst, und du bist deshalb kein schlechter Mensch. Du bist menschlich und liebenswert mit ihr!

Es geht in diesem Absatz und in dieser Übung nicht darum, alle negativen Seiten hervorzuzerren und das „Schlechte" in die Welt zu werfen. Wir können uns immer entscheiden, ob wir dieses oder jenes jetzt in eine Handlung bringen oder ob wir es für uns behalten. Aber wenn sich ein Gedanke in uns entwickelt, hat er, ob heimlich oder offen, eine Auswirkung auf unser Handeln. Über die wahrgenommenen Gedanken haben wir jedoch eine Handhabe. Wir können uns entscheiden, wie wir damit umgehen wollen.

Als der Dalai Lahma auf einer Veranstaltung in meiner Heimatstadt gefragt wurde, was er denn tun würde, wenn jemand gemein zu ihm wäre, machte dieser Mann, der für seine Friedensapelle weltweit bekannt ist, spontan und nicht ganz ernst gemeint, die Geste einer Ohrfeige. Dann lachte er und sagte, er würde versuchen zu verstehen, statt in Aggression zu verfallen. Dieser Mann kennt durchaus auch ganz menschliche Abwehrgesten. Dennoch entscheidet er sich für etwas anderes. Darauf kommt es an!

Scheinkontakt oder Komakommunikation

Ein kleines Kapitel möchte ich noch einem großen Phänomen unserer Gesellschaft widmen, und zwar der Unterhaltungs- und Kommunikationsgesellschaft. Das Angebot an Unterhaltungsmöglichkeiten hat erheblich zugenommen. Die Massenmedien wie Zeitschriften, Fernsehen, Computer und mobile Kommunikationsgeräte haben sich einen großen Anteil unseres Lebens erobert. Feste, Partys und Events werden täglich angeboten. Das Angebot an leichter Unterhaltung ist rund um die Uhr zugänglich und wird auch rund um die Uhr genutzt. Sich ab und zu mal zu amüsieren, ist eine schöne Ablenkung. Wir laufen in unserer Gesellschaft jedoch Gefahr, unsere seelische Berührbarkeit unter einem Schleier belangloser Ablenkung zu ersticken. Soziale Netzwerke im Internet und die dahinter stehenden Konzerne gaukeln eine Verbundenheit und Freundschaft vor, die überhaupt nicht existiert. Oft konsumieren wir Unterhaltung, bis unsere seelischen Gefühle erstickt sind! Nach einem Fernsehabend mit mehreren Krimis, Talkshows und Spielfilmen stumpft jeder Mensch so sehr ab, dass er kaum noch was empfindet. Wir lassen unsere Gefühle unter einem Teppich von Informationen und Eindrücken verschwinden. Ein Mord ist in der Realität ein so ungeheurer Eindruck, dass wir lange Zeit brauchen würden, um ihn zu verarbeiten. Ich habe an einem einzigen Fernsehabend allein 23 Morde gezählt. Je neuer die Filme waren, umso detaillierter und brutaler waren die Darstellungen. Dabei stumpfen wir ab! Wir schützen uns vor den überfließenden Eindrücken. Das Gleiche geschieht in jedem dauerhaften Unterhaltungskonsum. Gedanken, Empfindungen und seelische Gefühle ziehen sich in einen Schutzraum zurück und hinterlassen ein Vakuum von Gefühllosigkeit. Und das wiederum suchen wir dann mit noch mehr Unterhaltung zu füllen. Die Wahrnehmung, die wir für die Liebe brauchen, bleibt dabei auf der Strecke. Unsere Seele kommt gegen die Masse an Eindrücken und den Lärm der Informationen nicht an. Mit der Seele zieht sich auch die Liebe zurück und hinterlässt eine Ödnis, die kaum auszuhalten ist.

Übung

Schalte ab! Komm in deine Stille! Dafür musst du vielleicht jenes Vakuum aushalten, das die ständige Ablenkung durch Unterhaltung und Informationen in deinem Leben verursacht hat. Fass deinen Mut zusammen und halte diesem Vakuum so lange stand, bis du die dröhnende Belanglosigkeit der ständigen medialen Zerstreuung losgeworden bist. Sei ganz für dich! Meditiere! Such die Natur! Lenk dich nicht ab! Halte dich so aus, wie du bist! Lass dich aufs wirkliche Leben ein. Höre auf zu planen! Sei im Hier und Jetzt! Male! Tanze! Singe! Schreibe! Schreie! Weine! Lache! Was auch immer. Erst dann geh wieder in Kontakt mit anderen. Vielleicht erzählst du jemandem von deinen Erfahrungen.

Die neueren Phänomene der Kommunikationsformen im World Wide Web sind auch eine Herausforderung die Wirklichkeit von der Illusion zu unterscheiden. Oberflächliche Kontakte von Menschen, die sich oft nicht einmal gesehen haben, werden zu Freundschaften erhoben. Belanglosigkeiten fließen in solcher Masse hin und her, dass davon alles Wirkliche zugedeckt wird. Ein nettes Gespräch ohne tiefen Hintergrund kann durchaus auflockern und sogar einen tieferen Kontakt anbahnen. Manchmal jedoch finden wir uns in einem Scheinkontakt wieder. Wir reden mit unserem Gegenüber, aber es fließt nichts Wirkliches hin und her. Versuche doch in Zukunft, in einer solchen Situation auf deinen Gesprächspartner liebevoll und tief einzugehen. Vielleicht findet ihr dann aus der Oberflächlichkeit zur Nähe. Vielleicht nur für einen kurzen Moment – oder für mehr. Wenn es nicht funktioniert, kannst du dich immer noch etwas anderem zuwenden, oder dich auf die Oberflächlichkeit einlassen und sie bewusst genießen.

All diese Fallgruben sind ein herrliches Feld, sich auszuprobieren, sich zu erleben und über sich hinauszuwachsen. Nimm sie wahr und lebe mit ihnen. Akzeptiere, dass es sie gibt und begib dich immer wieder zurück auf deinen Weg zur Liebe.

7 Die Liebe zurückbringen

Was tun, wenn die Liebe erst einmal verschwunden ist?

Nach all den Experimenten und Betrachtungen in diesem Buch ist die Liebe nun kein vager Begriff mehr. Du hast dir vielleicht dein eigenes Bild von ihr gemacht und weißt, was sie für dein Leben bedeuten kann. Du hast acht Schritte kennengelernt, mit denen du Liebe herstellen und in dein Leben einbinden kannst. Aber auch wenn die Liebe ein bedeutsamer Teil des Lebens geworden ist, kommt sie uns hin und wieder abhanden. Das geschieht jedem Menschen.

Vielleicht hast du dich mit deinem Partner gestritten. All deine Liebe ist wie weggeblasen! Wo vorher noch eine vertraute Geste den Tag verzauberte, tauscht ihr jetzt grimmige Blicke aus. Jeder ist verletzt, wütend, enttäuscht. Jeder steckt im Rückzug oder Vorwurf fest. Keine Nähe mehr, nur noch offene Wunden. Wie kommt ihr wieder zusammen?

Vielleicht läuft dein Leben an dir vorbei. Du funktionierst, machst deine Arbeit und erledigst alle anfallenden Dinge. Aber dein Herz ist nicht richtig dabei, nicht bei der Arbeit, nicht in der Partnerschaft und nicht im Familienleben. Grauer Alltag ohne Seele. Keine Tiefe. Keine Liebe. Nichts bewegt dich. Begegnungen mit Menschen berühren dich nicht. Wie kommst du aus diesem Sumpf wieder heraus?

Vielleicht stehst du mit dem Rücken zur Wand und betrachtest alles um dich herum als Bedrohung. Jeder will etwas von dir, hat Erwartungen, könnte dich verletzen oder ist auf eine andere Art bedrohlich. Du schützt dich, wo du kannst, und hast dennoch den Eindruck, nie genug aufpassen zu können, um sicher zu sein. Neue Kontakte fallen dir schwer, weil du sie so lange überprüfst, bis alle Gelegenheiten für Nähe verschwunden sind. Du bleibst in deiner Einsamkeit gefangen. Wie kannst du eine Brücke zum Nächsten bauen?

Vielleicht hast du dich verrannt. Deine Arbeit, deine Pflichten sind dir über den Kopf gewachsen. Es gibt keinen Raum zum Ausruhen. Du bist im Dauerstress. Sobald du einen Posten auf deiner Aufgabenliste erledigt hast, rücken zwei weitere nach. Es ist nicht zu schaffen, und alles läuft aus dem Ruder! Deine Lebendigkeit ist hin, du schleppst dich Schritt für Schritt durch den Tag. Wie findest du zurück zu deiner Schaffensfreude und Lebensfreude? Wie bringst du die Liebe wieder zurück in das, was du tust?

Vielleicht ist da Verzweiflung, tiefe Sinnlosigkeit, Depression. Die Welt ist stumpf und grau. Du bist antriebslos und ohne Hoffnung. Alles erscheint dir sinnlos. Wie kannst du von dort noch zur Liebe kommen?

Vielleicht stehst du in der Fülle der Welt, aber du fühlst nichts! Die Begeisterung, die Lebensfreude, die dich sonst dort erfüllt, sie stellt sich nicht ein. Du fühlst das Meer nicht, du atmest den Himmel nicht und du riechst den Wald nicht. Alles sieht aus wie sonst, aber dein Herz ist taub, deine Seele blind. Wie kommst du ins Leben zurück?

Fast jeder Mensch ist schon einmal in einem dieser Zustände gelandet. Keiner mag sie und dennoch passiert es jedem von uns immer mal wieder. Um das vollkommen zu verhindern, braucht es Zeit und Mut für große Lebensveränderungen. Aber wir müssen nicht so lange warten. Hier gebe ich dir noch ein paar kraftvolle Werkzeuge an die Hand, um die Liebe immer wieder in dein Leben und deine Beziehungen zurückzubringen.

Wahrnehmung – Akzeptanz – Verständnis, der wundervolle Dreiklang

Das wichtigste Werkzeug, um die Liebe immer wieder in dein Leben zurückzubringen, ist der Dreiklang aus Wahrnehmen, Akzeptieren und Verstehen. Ich nehme meine Situation wahr. Ich akzeptiere, wie sie für den Moment ist. Ich verstehe, warum sie im Moment genau so ist und nicht anders. Dann kann ich mich dafür entscheiden, meine augenblickliche Wirklichkeit auch so zu wollen, wie sie ist. An folgendem Beispiel wird dies deutlich.

Es gab einen heftigen Streit zwischen den beiden. Wo vorher noch ein liebender Blick eine Verbindung leicht machte, ist nun eine eisige Distanz. Beide sind verletzt und auf Abwehr eingestellt. Beide leiden unter der fehlenden Verbindung. Jeder für sich ist in den Gründen und Argumenten für sein Verletzt-Sein verstrickt. Ob sich beide als Opfer erleben oder einer die Rolle des Schuldigen übernimmt, ist ohne Bedeutung. Beide leiden unter der abhanden gekommenen Liebe.

Jetzt könnten sie das Ruder herumreißen, wenn sie mit der ehrlichen Wahrnehmung beginnen. Dazu müssen beide die Verantwortung nicht mehr an den anderen delegieren und sich der Realität stellen.

Wahrnehmung: Was geschieht gerade mit mir? Was mache ich gerade? Welche Ängste, Schmerzen, Erinnerungen bekämpfe ich gerade? Wie wehre ich all das ab?

Akzeptanz: Ich darf diese Gefühle, Gedanken, Ängste, Erinnerungen usw. haben, aber es sind meine. Ich lasse sie für diesen Moment nur bei mir. Sie sind schwer auszuhalten, aber es sind meine Gefühle, Gedanken, Ängste oder Erinnerungen.

Verstehen: Woher kommen diese schmerzhaften Gefühle, Gedanken, Ängste oder Erinnerungen? Warum muss ich sie so sehr abwehren? Was mache ich damit hier und jetzt?

Nach dieser Betrachtung kann sich jeder der beiden ohne Bewertung der Wahrnehmung des Anderen widmen.

Wahrnehmung: Was geschieht gerade mit meinem Gegenüber? Was steigt wohl bei ihm oder ihr gerade so unangenehm hoch und wie wird es abgewehrt?

Akzeptanz: Mein Gegenüber hat auch bedrohliche Gefühle, Gedanken, Ängste oder Erinnerungen. Er oder sie darf jetzt so sein.

Verstehen: Auch die schmerzhaften Punkte meines Gegenübers kommen aus der Vergangenheit und liegen jetzt bloß. Auch mein Gegenüber möchte sich schützen. Was mag wohl hinter all der Abwehr stehen?

Wenn beide Seiten in einem Streit jeweils diese drei Schritte miteinander gehen, wandelt sich fast jeder Konflikt. Aus Distanz wird wieder Nähe!

Aber auch in Situationen, in denen du allein mit dir in einem Spannungsfeld stehst, dich verurteilst, oder Selbstzweifel dich entzweien, kann dich dieser Dreiklang wieder zur Selbstakzeptanz zurückführen.

Meine Frau und ich haben uns gestritten. Ich habe einen Fehler gemacht und meine Liebste ist wütend auf mich. Im Auto, auf der Rückfahrt von einer anstrengenden Veranstaltung, hatten wir eine sehr angeregte Unterhaltung mit Bekannten, die mit uns im Wagen saßen. Das Gespräch war vertrauensvoll und nah. Meine Frau bat mich um ein konkretes Beispiel, um einen Gedanken von mir zu erläutern. Ohne lange nachzudenken erwähnte ich ein sehr persönliches Ereignis aus unserer Beziehungsgeschichte. In dem Moment, als ich es aussprach, merkte ich erst, was ich da machte. Das hätte ich niemals erzählen dürfen! Jetzt war es raus und ich hatte ein Versprechen gebrochen! Eingefrorene Gesichtszüge bei meiner Frau. Peinliches Schweigen im Auto. Die restliche halbe Stunde Fahrt dauerte länger als mein halbes Leben. „Mann! Warum denke ich Idiot nicht nach, bevor ich losquatsche!" Ich wäre am liebsten vor Scham unter den Sitz gekrochen. Nach einer flüchtigen Verabschiedung von unseren Mitfahrern kamen wir endlich zu Hause an. Ich fühlte mich mies, schuldig, dumm. Ich wappnete mich schon vor dem Sturm, der jetzt gleich losbrechen würde. In eisiger Atmosphäre luden wir die Taschen aus und traten ins Haus. Jetzt wechselte die Gesichtsfarbe meiner Frau von schneeweiß zu feuerrot: „Was hast du dir dabei gedacht!? Du hast mir hoch und heilig versprochen, niemals über diese Geschichte zu sprechen! Das ist nicht wieder gutzumachen! Man kann dir einfach nicht vertrauen! Ich bin so wütend und enttäuscht! Dies Ereignis habe ich nur dir anvertraut und du quatschst im ersten besten Moment darauf los!" Es ging noch eine ganze Weile ohne Punkt und Komma so weiter. Sie hatte ja recht! Das sagte ich ihr auch recht kleinlaut. Ich versuchte, sie zu beruhigen. Aber das machte sie nur noch wütender. Ich versuchte, mich zu entschuldigen. Sie blieb wütend und unversöhnlich. Ich zog mich mit meiner Scham in mein Schnecken-haus zurück. Das machte sie noch wütender. Dann explodierte ich! Jetzt schrie ich, sie solle mich einfach mit ihren Schuldzuweisungen in Ruhe lassen! Ich wollte nur weg! Raus aus dieser Situation. Raus aus unserem Haus. So stand ich an der Tür, bereit zu gehen. Irgendwohin! Nur weg von hier! Weg von ihr! Weg von diesen schlimmen Vorwürfen!

„Mein Gott! Wenn ich jetzt in diesem Zustand gehe … „‚ schoss es mir mit Schrecken durch den Kopf. Mit dem Türgriff schon in der Hand kam ich zum ersten Mal aus meinen Reaktionsmustern wieder in meine Wahrnehmung. Ich erinnerte mich an den „Dreiklang" – wahrnehmen – verstehen – akzeptieren.

„Was passiert gerade bei mir?"

Ich konnte meine Not spüren. Ich achtete darauf, was die Schuld in meinem Magen anstellte. Ich nahm den Drang wahr, mich in Sicherheit zu bringen. Ich konnte fühlen, wie bedrückt ich darüber war, mich so sehr von meiner Liebsten zu entfernen. Da waren mein Schmerz und auch die automatischen Schutz-mechanismen.

Es war schwer, aber ich entschied mich für die Akzeptanz. Ich wollte mich diesen Gefühlen stellen! Sie durften da sein.

So war es jetzt grade! Ich war traurig über die Situation.

„So will ich nicht gehen", war mein klarer Entschluss. Ich drehte mich um und ging zurück zu meiner Frau. Sie kam mir auch schon entgegen. Wir hatten beide Tränen in den Augen. Sie schaute mich an: „Ich will nicht, dass du jetzt gehst. Ich will dich gar nicht so in Grund und Boden verdammen!" Das half mir, mein Herz wieder zu öffnen und ich sagte: „Und mir tut es leid, was ich gesagt habe, aber ich kann so viel Wut von dir nicht aushalten!" Wir fielen uns in die Arme, um gemeinsam über uns zu weinen, über die alten Schmerzen, die diese Geschichte bei jedem von uns aufgewirbelt hatte. Es ging nicht mehr um richtig und falsch, um Schuld oder Verletzung. Es ging um unsere uralten Ge-fühle und es ging darum, sie wieder spüren zu müssen. Wir hatten beide ent-schieden, sie wieder zuzulassen. Wir konnten uns wieder mit unserem eigenen Schmerz und dem Schmerz des anderen in den Arm nehmen. Unsere Herzen fanden neu zueinander. Ich konnte ihren Ärger verstehen und meine Angst vor dem Schuldigsein. Sie konnte meine Angst verstehen, ohne ihren Ärger zu ver-lieren. Mein verbaler Ausrutscher blieb ein saudummer Fehler, aber er wog kei-ne zehn Tonnen mehr auf meiner Brust. Jeder war bei sich und dennoch waren wir verbunden. Wir konnten es als das sehen, was es war: ein Auslöser und zwei Geschichten, die aufeinander prallten. Ohne in diesem Moment tiefer in die Hintergründe unserer Geschichten einzudringen, konnten wir zueinander finden. Unsere Liebe war wieder da, weil wir in unseren schützenden Verhal-tensmustern innegehalten und uns für die Wahrnehmung der Wirklichkeit ent-schieden hatten. Dadurch wurde es leichter zu akzeptieren, was da gerade passierte. Wir mussten nur noch den Willen zum Verständnis aufbringen. Sich dann wieder verletzlich und offen voreinander zu zeigen war nur noch ein selbstverständlicher nächster Schritt.

Es ist für mich unglaublich bewegend, nach so einem Riss wieder zusammenzufinden und die Liebe zu wählen. Die Tiefe der Liebe zu meiner Frau beruht auch auf vielen dieser schwierigen Momente. Wir haben uns immer wieder für die Liebe entschieden. Mit dem Mittel der Wahrnehmung, der Akzeptanz und des Verstehens finden wir wieder und wieder dazu, den Anderen so zu akzeptieren, wie er ist, und ihn in seinem Sein anzunehmen. Das ist Liebe. Das ist Heilung. Ich kann mich immer für den Weg zur Liebe entscheiden, wenn ich den Mut aufbringe, meine Wirklichkeit und die meines Gegenübers wahrzunehmen, zu akzeptieren und zu verstehen. Es lohnt sich immer! Es ist heilender und lebendiger, als im Leid steckenzubleiben, denn Leid entsteht immer aus dem nicht akzeptierten Schmerz.

Verstehenwollen statt Bewertung

Dieser Mann ist schon faszinierend. In dem kleinen Urlaubsort am Meer, wohin ich mich zum Schreiben zurückziehe, kennt ihn jeder. Zumindest redet jeder über ihn. Ich nenne ihn heimlich „Bürste", weil mich sein Haarschnitt an eine Spülbürste erinnert. Seine Kleidung würde einem Sechzehnjährigen auf der Höhe seiner pubertären Rebellion den passenden Ausdruck verleihen, mit seiner deutlichen Nähe zur 60 wirkt dieses Outfit eher ungesund. Aber was ihn so bemerkenswert macht, ist sein Verhalten. Tagsüber paradiert er die Uferpromenade auf und ab, bis alle Menschen ihn beachtet haben. Am Strand dann noch einmal die gleiche Prozedur. Auf diesen Touren tut er alles, um gesehen zu werden. Er selbst vermeidet mit steif aufgerichtetem Rücken und hoch erhobenem Haupt jeden Blickkontakt. Wenn einer der Cafegäste auf der Uferpromenade ihn nicht beachtet, dreht er eine Ehrenrunde um dessen Tisch, scheinbar zufällig, als suche er etwas. Es ist ein faszinierendes Spiel, schon seit vielen Jahren. Abends spricht er allein reisende Touristinnen mit seltsamen Sprüchen an. Sollte eine dieser Frauen am nächsten Tag jedoch versuchen, ihn anzusprechen, wird er sehr schroff und abweisend, ja durchaus auch beleidigend. Er hat etwas von einem gekränkten König, den niemand als die unerreichbare Majestät anerkennt, die er zu repräsentieren glaubt. Viele nennen ihn den Spinner, den Grapscher, oder noch Schlimmeres. Egal welcher Spitzname auch fällt, alle im Ort wissen sofort, wer gemeint ist. Er macht es den Menschen leicht, ihn zu bewerten und zu verurteilen. Er gibt sich regelrecht Mühe, nicht gemocht zu werden. Aber warum reagieren alle Menschen mit der gleichen Faszination auf ihn? Auch ich könnte mich noch weiter mit Wonne über ihn auslassen. Doch warum? Wenn ich ehrlich bin, muss ich feststellen, dass mein Blick an ihm haftet, sobald er auftaucht. Ich bin magnetisch angezogen. Warum muss ich ihn dann mit negativen Urteilen von mir fernhalten?

So stolpere ich über diese ehrliche Selbstwahrnehmung in eine Entscheidung hinein. Will ich weiter in meiner Bewertung bleiben oder wähle ich einen liebevolleren Weg? Bei Letzterem müsste ich mich dem Verstehen zuwenden! Was bringt ihn dazu, sich so zu verhalten? Was bringt mich dazu, ihn so fasziniert abzulehnen? Wenn ich verstehen würde, warum er so handelt, müsste ich ihn nicht weiter verurteilen. Aber ich weiß nichts von ihm, und sein Handeln ist mit normalen Maßstäben kaum zu verstehen! Was kann ich da tun? Ich könnte damit beginnen, meine Reaktionen zu verstehen, aber mein Verstand hilft mir da nicht!

Sich selbst und ein Gegenüber in der ganzen Tiefe wirklich zu verstehen, ist in einer aktuellen Situation oft nicht möglich. Wir alle schleppen unverarbeitete Geschichten und Schmerzen mit uns herum, die wir nicht so einfach durchschauen und hinter uns lassen können oder wollen. Stattdessen schimpfen wir, fällen Urteile, tratschen und verbreiten Abneigung und Distanz. Der Mann mit den seltsamen Verhaltensweisen ist dabei nur eine Randerscheinung. Wie groß dagegen ist die Auswirkung unserer Urteile auf den Kontakt mit Menschen, mit denen wir täglich bei der Arbeit oder im Privatleben zu tun haben!

Wir müssten uns auch mit der eigenen Geschichte beschäftigen! Das fordert eine noch mutigere Entscheidung. Wenn wir unsere eigene Geschichte verstehen, begreifen wir auch unsere Reaktionen auf andere Menschen besser und bürden anderen nicht unsere Bewertungen auf. Oft braucht es sehr viel Zeit und sehr tiefe Arbeit, um die eigene Vergangenheit wirklich aufzuarbeiten. Das ist bei jedem Menschen so. Das tiefe Verstehen ist ein sehr heilsamer, aber langwieriger Prozess, in dem wir Abgespaltenes wieder akzeptierend in unser Leben aufnehmen. Darauf können wir nicht immer warten! Wir brauchen die Verbindung, die Nähe und die Liebe jetzt!

Im aktuellen Moment reicht die einfache Entscheidung: Ich will verstehen.

Das ist die Entscheidung, sich mit aller Ehrlichkeit dem eigenen Sein, den eigenen Schmerzen und Ängsten und all seinen Gefühlen zu stellen. Es ist auch die Entscheidung, den Anderen in seiner Wahrheit zu sehen. Diesen Entschluss kann jeder im aktuellen Moment treffen. Die Frage lautet also: „Will ich mich meiner Wahrheit stellen?, Will ich mich der Wahrheit des Anderen stellen?" Oder noch einfacher ausgedrückt: „Will ich jetzt Verständnis investieren?"

Ein JA ist somit eine klare Absage an den oft benutzten Satz: „Ich kann dich nicht verstehen". Auch wenn ich glaube, mich oder den anderen im Augenblick nicht verstehen zu können, allein die Einstellung, verstehen zu wollen, bringt mich in eine Tiefe mit mir und oft in eine nähere Begegnung mit dem Anderen.

Gönnen wir uns und der Welt diese Entscheidung, verstehen zu wollen! Das reicht für den Moment. Wenn ich Herz und Augen offen halte, zeigt mir meine Erfahrung, dass sich dann mit der Zeit auch ein tieferes Verstehen einstellt. Das Leben schickt mir Hilfestellungen für mein Verstehen. Menschen begegnen mir, die dabei helfen können. Mir fallen Bücher in den Schoß, die mich weiterbringen oder ich habe plötzlich eine Eingebung, die mich begreifen lässt. Ich bin nicht allein auf meinem Weg! Aber ich muss mich für das Verstehenwollen entscheiden. Verstehen heißt hierbei nicht, sich eine Meinung zu bilden, oder Wissen anzuhäufen! Verstehen bedeutet in diesem Zusammenhang, sich mit dem Herzen zu verbinden, die Zusammenhänge zu fühlen, das unglaubliche Zusammenwirken von Ursache und Wirkung, von Erfahrungen und Reaktionen, von Angst und Liebe in sich und in der Welt zu begreifen. Unser logisch arbeitender Verstand ist dafür oft viel zu klein und viel zu sehr an unseren Ängsten und Vermeidungsstrategien ausgerichtet. Wir können jedoch mit unserer Seele in eine Tiefe vordringen, die unser Verstand nicht erreichen kann. Künstler nennen es Intuition, andere sprechen von Eingebung oder dem göttlichen Funken. Aber es kommt nicht von außen. Unsere Seele ist mit uns verbunden, wenn wir es wollen und unsere Seele ist mit allem anderen verbunden, wenn wir sie lassen. Die seelische Intelligenz, über die wir verfügen könnten, ist so unfassbar groß, dass es mich immer wieder mit Staunen und Ehrfurcht erfüllt, wenn ich mit einem Zipfel davon in Kontakt komme. Um diesen Kontakt herzustellen, muss ich mich entscheiden, über den Schatten meiner Ängste und Beschränkungen hinauszutreten und mich meinen seelischen Gefühlen anzuvertrauen: dem Schmerz, der Trauer, der Freude und der Liebe. Tun wir es, dann wachsen wir mit unserm Verstehen weit über unseren Verstand hinaus. Jedes Mal, wenn ich das erlebe, bin ich erfüllt von einem wundervollen Glücksgefühl von Verbunden-Sein und Weit-Sein. Ich trete aus der Enge meines Verstandes hinaus in die Größe der Welten, in denen sich mein Leben abspielt. Ich liebe es! Es ist einen Versuch wert!

Jeder trifft seine „Bürste". Du kannst dich jetzt dem Verstehenwollen in einer praktischen Übung zuwenden:

Übung

- Stell dir einen Menschen vor, den du mit deinen Bewertungen ablehnst.

Mit dem Verstehenwollen kannst du ehrlicher wahrnehmen und deine Bewertung als das erkennen, was sie ist: eine Abwehr!
- Was magst du an dem anderen Menschen nicht?
- Was willst du abwehren?
- Was kannst du in dir nicht akzeptieren?

Mit diesen Fragen kommst du zu deiner eigenen Wahrheit. Dieser andere Mensch lebt seine Wahrheit vielleicht anders als du.
- Was könnte ein Grund für das Verhalten deines Gegenübers sein?

Mit der Haltung, dich und den anderen verstehen zu wollen, kannst du dir auf jeden Fall klar machen, dass dieser andere Mensch einen (Hinter-)Grund für sein Verhalten hat, auch wenn du nichts weiter über ihn weißt oder ihn noch nicht verstehst.

„Bürste", den ich jetzt lieber den „bemerkenswerten Mann" nenne, macht mir bewusst, wie ich tagein tagaus bemüht bin, ein gutes Bild von mir abzugeben, um allen Menschen zu zeigen, wie liebenswert ich bin. Oft werde ich trotzdem nicht damit gesehen. Der „bemerkenswerte Mann" macht das Gegenteil. Er bemüht sich, abgelehnt zu werden und damit wird er von allen wahrgenommen! Jeder kennt ihn, und er verhindert dennoch sehr erfolgreich Nähe. Ich aber will Nähe und strampele mich manchmal dafür ab. Kein Wunder, dass mich sein Verhalten verwirrt! Ich habe ein kleines Stück von mir besser kennengelernt! Und ich kann ihn jetzt mit Interesse und etwas mehr Akzeptanz betrachten. Mein Herz ist freier dabei, auch wenn ich dadurch noch keinen neuen Freund in ihm gewonnen habe.

Jede Abwehr durch Bewertungen und die Kontrolle meines Verstandes loszulassen, kann eine mutige Entscheidung sein. In manchen Augenblicken ist es leichter als in anderen. Wenn ich mich fürs Verstehenwollen entscheide, ist die Auswirkung immer intensiv und lebendig. Was geschieht da erst im Kontakt mit Freunden oder Arbeitskollegen, die wir bisher immer bewertet haben? Die Welt wird durch das Verstehenwollen liebevoller und weiter! Die engen Begrenzungen der Bewertung lösen sich auf. Der Blick wird offener für viele neue Erfahrungen.

Toleranz – ein Schuhanzieher für die Liebe

Toleranz ist ein hilfreicher Hebel im engen Zusammenleben mit andern Menschen. Je enger wir zusammenleben, desto mehr ecken wir mit der Andersartigkeit der Nachbarn an. Toleranz ist ein dann ein Werkzeug, um gelassen zu bleiben und den anderen Menschen so zu akzeptieren, wie er ist. Das macht den Schritt zur Liebe leichter. Die Toleranz hilft als grundsätzliche Einstellung im Zusammenleben dort, wo ein tieferes Verstehen des Gegenübers nicht möglich ist.

In den dicht bevölkerten Niederlanden ist dies für mich gut zu spüren. Diese Nation hat sich meines Erachtens die Toleranz in ihre Fahne gewebt. Hier ist ein Zusammenleben auf engstem Raum noch mit einer Freundlichkeit möglich, die ich in anderen Ländern selten gespürt habe. Ich liebe diese Atmosphäre, wenn ich durch die engen Gassen einer holländischen Stadt spaziere. Menschen können hier auch in enger Nachbarschaft gelassen miteinander auskommen. Amsterdam beispielsweise ist eine Stadt, in der die verrücktesten Gestalten anzutreffen sind. Aber keiner regt sich darüber auf, schaut vielleicht kurz hoch und geht dann gelassen weiter. Toleranz ist die wundervolle Fähigkeit, den anderen Menschen so zu nehmen, wie er ist. Toleranz greift dort, wo Verstehen und Liebe noch nicht möglich sind. Toleranz bedeutet: „Du bist anders als ich. Ich verstehe dein Anders-Sein nicht, aber ich akzeptiere es, solange es mich nicht behindert."

Toleranz ist noch keine Liebe, aber sie ist ein Schuhanzieher für die Liebe, weil sie den Zugang zum anderen erleichtert. Statt Verteidigungsgräben zu ziehen, bauen wir mit ihr eine Brücke.

Diese Fähigkeit hat bei mir leider Grenzen. Wenn ich im Flugzeug sitze, übermüdet, weil ich schon in der Nacht (und mal wieder viel zu früh) zum Flughafen gefahren bin und in der Reihe hinter mir zwei Kinder tyrannisch kreischen, so verfliegt meine Toleranz so schnell, wie Wasser auf der heißen Herdplatte verdampft.

Meine Frau, für die ich in solchen Situationen ein offenes Buch bin, beugt sich zu mir und flüstert ihre machtvollen Zauberworte in mein Ohr: „Sei doch kein Schuster!" Augenblicklich werde ich aufmerksam und komme in meine Wahrnehmung. Neben ihr wissen nur mein Sohn und ich um diesen Geheimcode. Ein Nachbar dieses Namens hat besonders meinem heranwachsenden Sohn mit ständigen Beschwerden über angeblichen Lärm, das Leben schwergemacht. Wir hatten niemals das Gefühl, laut zu sein. Stühle machen eben ein Geräusch auf dem Boden. Schritte sind zu hören, und wenn Jugendliche zusammensind, lachen sie, Gott sei Dank. Für uns war das nichts Störendes. Lebendige Geräusche eben. Aber da empfindet jeder Mensch anders. In seinem Ärger wurde unser Nachbar immer kleinlicher. Schließlich regte er sich über Fahrräder auf, die seiner Meinung nach falsch herum abgestellt wurden. Dieses Kleinlichpedantische setzte bei mir im Flugzeug auch ein. Die Kinder hinter mir waren aber einfach nur Kinder, die schlecht gelaunt waren. Kein Wunder bei den engen Plätzen, der schlechten Luft und dem Reisestress. Ich hätte zur Akzeptanz übergehen können. Aber da ist dieser Ärger!

Was kann ich tun, wenn der Ärger sich breitmacht, wo Toleranz gefragt wäre? Ich kann die Situation nutzen, um mich besser kennenzulernen und tiefer zu verstehen. Was macht mir denn da Ärger? Was kocht da in mir hoch? Ich entscheide mich für ein Verstehenwollen. Dazu muss ich mir erst einmal darüber klar werden, was genau hinter meinem Ärger steht. Ich brodele vor mich hin, weil ich etwas von mir fernhalten will, was grad in diesem Moment nicht fernzuhalten ist. Der Ärger entspringt aus einer Empfindung der Machtlosigkeit. Bei intensiven Erfahrungen von Machtlosigkeit und Ausgeliefertsein bricht sich – und das hat mit meiner Lebensgeschichte zu tun – der Ärger stärker und schneller seine Bahn. Mit ihm versuche ich, meine Machtlosigkeit auszugleichen und Energie für Gegenmaßnahmen zu bündeln. Ärger und, in seiner Steigerung, Wut geben mir die Illusion von selbstbestimmten Handlungsmöglichkeiten.

Ärger und Wut vertreiben die Erinnerung an meine Machtlosigkeit. Ich kann der Situation nicht ausweichen. Ich habe ein starkes Ruhebedürfnis, kann aber dem Kreischen der Kinder nicht entkommen. Ich bin ihrem Geschrei ausgeliefert! Aber die Turbinen sind mindestens genauso laut! Auf sie bin ich nicht ärgerlich! Warum? Mein Verstehen ist gefragt! Ich weiß, dass die Turbinen mich an mein Ziel bringen. So nehme ich diesen Lärm in Kauf, weil ich es verstehe.

Das Geschrei der Kinder dagegen macht mich ärgerlich und wütend, weil ihr Stress mir gerade sehr nahe ist. Ich will diesen Stress aber gar nicht an mich herankommen lassen und weigere mich innerlich, es zu verstehen. Aber ich muss es dennoch wahrnehmen! Es geht also wieder mal um meine Entscheidung: Lasse ich mich von etwas berühren oder versuche ich, es weiterhin abzuwehren, obwohl es sich nicht abwehren lässt.

Ich nehme mein Taschentuch, mache einen Knoten hinein und stecke es mir auf den Finger. Zwei Rosinen vom grässlichen Bordfrühstück bilden die Augen. So entsteht eine primitive Stoffpuppe. Ich drehte mich irgendwie im Sitz um und lasse die Puppe auf der Rückenlehne tanzen. Dann erzählt sie den Kindern eine witzige Geschichte über eine blöde Flugreise, wo alles eng und langweilig ist. Es ist nicht schwer, die Aufmerksamkeit der Beiden zu bekommen. Auch einige Erwachsene haben ihren Spaß. Ich aber bin mit den Kindern im Kontakt, statt innerlich gegen sie anzugehen. Und ich kann ihnen durch die Puppe mitteilen, dass sie nicht die einzigen Menschen sind, die genervt vom Fliegen sind. Die Puppe hat Verständnis und ich kann auch wieder toleranter sein.

Das Spiel mit der Puppe hilft vielleicht nicht im schwelenden Nachbarschaftskonflikt aber Toleranz bedeutet, den Anderen in seiner Andersartigkeit zu akzeptieren. Verstehen und Toleranz ergänzen sich dabei.

Beides bringt mich wieder in Kontakt, statt den Ärger zu steigern. Es ist ein Akt des Loslassens meiner eigenen Anspannung und Abwehr. Es ist eine Hinwendung zu meiner eigenen Person, mit meinen Schwächen und Menschlichkeiten.

Versuche es mit einem nahen Menschen!

Übung

Wenn du etwas nicht ertragen kannst und deine Toleranzgrenze überschritten ist hilft ein Vergleich.
- Suche dir zu der Störung, die dich aufregt etwas Ähnliches, was dich nicht aufregt. Bei dem Getöse des Laubbläsers des Nachbarn nimm ein anderes, Geräusch wie es dein Auto oder der Staubsauger produziert, irgendetwas, was dir näher und akzeptabler erscheint.
- Vergleiche deine Einstellung zu beiden Geräuschen.
- Aus welcher Quelle in dir werden diese verschiedenen Einstellungen gespeist?
- Jetzt stelle dir einfach das störende Geräusch als das akzeptierte Geräusch vor.
- Registriere auch all deine Einwände und lächele über deine Menschlichkeit.

So wirst du Toleranz finden. Versuche es mit allem, was dich stört. Bei einigen Dingen wirst du es vielleicht schaffen, auf diese Art, etwas gelassener und toleranter zu werden.

Verzeihen – der Schlüssel zu mehr Frieden in dir

Ich habe in meiner Arbeit mit so vielen Menschen zu tun, die oft durch nahe Verwandte schlimme Qualen erleiden mussten. Eine Tochter, die von ihrer Mutter geschlagen und beschimpft wurde, ein Sohn, der durch den Vater in seiner Männlichkeit verletzt wurde, ein Bruder, der von der älteren Schwester missbraucht wurde, alles Geschichten mit fürchterlichen Auswirkungen auf das Leben der Betroffenen. Nachdem all diese Menschen ihre leidvollen Erinnerungen hochgeholt und ihre Trauer, ihren Ärger und ihren Schmerz ausgelebt hatten, kam der Punkt, das alles loszulassen. Dazu mussten sie lernen, zu verzeihen. Es ging dabei nicht darum, die verletzenden Handlungen zu entschuldigen. Dennoch war es für die Heilung wichtig, den Menschen, der diese Schmerzen verursacht hatte, aus der einengenden Verbindung zu entlassen. Das war aber nur möglich, wenn auch die Verantwortung für das aktuelle Leben nicht mehr abgegeben wurde. Erst dann konnten die Opfer aus ihrer Opferrolle schlüpfen und wieder ein selbstverantwortetes, unabhängiges Leben führen.

Verzeihen lohnt sich für den, der verzeiht! Verzeihen heißt loslassen. Verzeihen heißt frei werden. Verzeihen heißt verbinden, was vorher getrennt war. Verzeihen öffnet Tore zur eigenen Seele, zu den eigenen seelischen Gefühlen, zur eigenen Tiefe, weil man sich selbst aus der engen unheilvollen Verbindung entlässt. Die Seele hat wieder Luft zum Atmen. Verzeihen öffnet wieder den Weg zur Liebe.

Jeder Mensch erlebt viele schmerzhafte Situationen durch andere. Den Auslöser für diese Schmerzen nennen wir Verletzung. Den Urheber der Verletzung nennen wir Täter. Vor der Bedrohung durch den Täter schützen wir uns, indem wir eine Wand zwischen ihm und uns errichten. Die Wand besteht aus Verurteilung, Wut, Schuldigmachen, Bestrafung, manchmal sogar Rache, oder Verbannung aus unserem Leben. Wir wollen die Bedrohung dieser Verletzung für immer aus unserem Leben verschwinden lassen. Wir wollen die Erinnerung an diesen Schmerz loswerden und ihn auf keinen Fall erneut erleben. Dafür stellen wir den Menschen, der diesen Schmerz auslöste, in ein Abseits und markieren ihn mit dem Etikett „böse". Wir trennen uns damit von diesem Menschen und von unserem Schmerz. Das bedeutet aber auch immer eine Trennung von einem Teil in uns. Wir spalten uns von Gefühlen und Erinnerungen und Kontakten ab, die eigentlich dazugehören. Es besteht ein großer Unterschied, wie und von wem der Schmerz verursacht worden ist. Wenn ich mir mein Knie an einer Tischkante stoße, kann das sehr schmerzhaft sein. Aber nur ein kleines Kind würde sagen: „böser Tisch". Für uns Erwachsene wäre es eben „Pech" oder „selbst nicht aufgepasst". Man hört von Kulturen, in denen es möglich ist, einen Restaurantbesitzer dafür zu verklagen, dass er nicht mit einem Schild vor der Tischkante warnt. Es scheint also einen Vorteil zu haben, jemand anderen für den eigenen Schmerz verantwortlich zu machen. Ganz deutlich wird es, wenn ein anderer Mensch Verursacher meines Schmerzes ist. Jemand hat mit einem Holzbrett hantiert und mir damit vor mein Knie geschlagen. Dann schreie ich nicht nur „Aua!", sondern beschwere mich, oder schimpfe los. Natürlich will ich den anderen damit auch auf die Folgen seines Handelns aufmerksam machen, damit das nicht noch einmal passiert. Aber es gibt noch eine weitere Komponente. Ich möchte ihn verantwortlich machen. Ich möchte, dass er meinen Schmerz mitträgt. Ich möchte, dass auch er unter den Auswirkungen meines Schmerzes leidet. So wähne ich mich sicherer davor, dass sich eine solche Situation nicht wiederholt.

Geht es um einen seelischen Schmerz, ist dieses Verhalten um ein vielfaches intensiver. Oft wollen wir dann gar nicht, dass der Verursacher unseres seelischen Schmerzes überhaupt mitbekommt, wie tief wir betroffen sind. Im Unterschied zum körperlichen Schmerz schützen wir uns dann, in dem wir unseren Schmerz verbergen. Ihn zu zeigen würde eine Offenheit verlangen, die uns noch ungeschützter und ausgelieferter machen würde. Stattdessen nutzen wir die Wut, um wieder in eine machtvollere Position zu kommen, oder wir begeben uns in die Opferrolle, um ein Schuldgefühl beim Verursacher zu erzeugen. Wenn der Verursacher sich tatsächlich schuldig fühlt, verleiht es dem Opfer durch die Macht des moralischen Urteils wieder die bessere Position des guten und richtigen Menschen, gegenüber dem bösen Täter. Wir wollen mit allen Mitteln vermeiden, wieder mit diesem seelischen Schmerz konfrontiert zu werden. Und schon gar nicht wollen wir dem Täter die Macht überlassen, uns gegen unseren Willen erneut mit diesem Schmerz zu konfrontieren. Wir sind dem „Täter" böse, wir verurteilen ihn, bestrafen ihn entweder mit Ausgrenzung oder wollen ihn selbst für die uns zugefügten verursachten Schmerzen leiden sehen.

Die Frage ist nur, ist es wirklich das, was wir wollen? Denn all das hilft uns kaum, den eigenen Schmerz einzudämmen oder zu verdrängen. Wollen wir wirklich den Schmerz aus unserem Leben ausgrenzen und damit auch einen großen Teil aller anderen Gefühle? Ist es das, wofür wir uns entscheiden? Wählen wir die Verbannung des Schmerzes aus unserem Leben, oder wollen wir uns mit unserm Sein und als Ganzes erfahren? Wollen wir die unglaubliche Weite unserer seelischen Erfahrungsmöglichkeiten erleben?

Jeder Mensch ist für die Auswirkungen seiner Handlungen verantwortlich. Jede Entscheidung hat eine Auswirkung. Beim Verzeihen geht es nicht darum, den Täter oder die Täterin aus der Verantwortung zu entlassen. Es geht auch nicht darum, aus mildtätiger Selbstlosigkeit alles großherzig zu vergeben, um selbst besser dazustehen. Vielmehr heißt Verzeihen, von der Wut, den Rachegedanken, dem Wunsch nach Wiedergutmachung, der Bestrafung, der Distanzierung und der Trennung abzulassen. All das nämlich trennt uns von uns selbst und von der Nähe zum anderen Menschen. Klar, all das schafft auch Abstand von den unangenehmen Erfahrungen, aber grade diese Erfahrungen helfen mir beim Verstehen meiner Selbst, beim Heilen und beim Wachsen. Ich selbst entscheide, welchen Weg ich gehe. Halte ich fest oder kann ich verzeihen?

Ein Streit, eine Verstimmung entsteht schnell. Ein Wort, eine unbedachte Handlung und schon fühlst du dich verletzt. Du wehrst dich auf deine Art gegen die Kränkung und schon bist du in deinen Schutzmustern. Manchmal muss der Ärger erst mal heraus, die abwehrenden Gedanken müssen erst mal zu Ende gedacht werden. Dann steht eine Entscheidung an! Möchtest du auf diesem Weg weitergehen, oder willst du dich wieder der Liebe zuwenden? Auch hier helfen die Wahrnehmung, die Akzeptanz und das Verstehen. Wenn du dich und die Gegenseite verstehst, fällt es dir leichter, zu verzeihen. Wenn du verzeihst, kannst du deine Abwehrmechanismen leichter loslassen und dich wieder öffnen. Vielleicht bringst du den Mut auf und gewährst deinem Gegenüber Einblicke in deine seelischen Gefühle und deine Lebensgeschichte, anstatt dich noch mehr zu schützen. Dann wird dein Gegenüber dich leichter verstehen und begreifen, warum du so und nicht anders auf seine oder ihre Handlungen reagierst. Das schafft Nähe.

Ein Gedanke kann dir dabei helfen:

Das, was dich verletzt, ist oft nicht als Verletzung gemeint. Es ist ein Wort oder eine Handlung, die dich an eine alte Wunde erinnert und sie wieder schmerzhaft fühlbar macht. Was dich wütend macht, ist oft nur die Tatsache, dass du nicht darüber entscheiden konntest, ob dieser Schmerz erneut hochkommen darf. Entscheide dich doch dafür, dass diese Wunde zu dir gehört und du sie fühlen willst.

Aber natürlich hast du jedes Recht der Welt, dich auch dagegen zu entscheiden und weiterhin zu versuchen, diese Wunde von dir fernzuhalten. Du hast die Wahl! Es gibt Situationen und Menschen, bei denen auch mir Verzeihen nicht möglich scheint. Dann versuche ich, mich weiterhin mühsam zu schützen.

Ich habe eine Frau wiedergetroffen, mit der ich vor langer Zeit in einer Partnerschaft lebte. Wir konnten uns freundlich begegnen, aber ich erinnerte mich noch sehr gut an all die schmerzhaften Erlebnisse, die damals zu einer Trennung geführt hatten. Nach all den Jahren waren die schwerwiegenden gegenseitigen Erwartungen verschwunden. Jetzt konnte ich zu ihr gehen und ihr mitteilen, was die damaligen Begebenheiten in mir ausgelöst haben. Der Schmerz und die Trauer, als sie sich immer mehr von mir zurückzog und die harschen Worte zum Schluss. Ich konnte ihr von meiner Angst berichten und von meinem Schutz. Ich konnte sie aus der Verantwortung für meinen Schmerz entlassen und ihr alle bösen Worte verzeihen. Ich konnte ihrer Seite der Geschichte zuhören und ihr Verzeihen für meine bösen Worte in mein Herz lassen. Es war ein wundervoller Moment der Heilung und Verbindung. Wir konnten uns nach all den Jahren mit einem liebenden Herzen weiterziehen lassen.

Übung

Verzeihen lohnt sich! Es kettet los von alten, ungesunden Bindungen, von Wut, Enttäuschung, Schuld und Hass. Wenn du weiterhin all dieses mit dir herumträgst oder versuchst, es einem anderen Menschen anzuhängen, trägst du weiterhin an dieser Last. Um diese Last auch körperlich spürbar zu machen, brauchst du jetzt einen großen Klumpen Modellierton. Es sollten mindestens zweieinhalb Kilo sein. Das ist in etwa so viel, wie ein kleiner Kinderkopf groß ist.

- Wer hat dir etwas angetan? Lass ein Bild dieser Person vor deinem inneren Auge entstehen.
- Nimm dir 20 Minuten Zeit, all dass, was du dieser Person vorzuwerfen hast in den Ton zu modellieren. Lass den ganzen Klumpen dabei immer in deinen Händen. Setze ihn nicht ab und benutze kein Werkzeug.
- Betrachte dein Werk jetzt. Das ist es also, was du ständig mit dir herumträgst und versuchst, an die andere Person abzugeben. Egal, ob sie es nimmt oder nicht, du behältst es doch ständig in deiner Hand oder bildest dir so einen Klumpen immer wieder neu.
- Stell dich mit dem modellierten Tonklumpen hin und schließe die Augen.
- Halte das Gewicht deiner Figur und spüre es sehr bewusst.
- Denke an all die Situationen, in denen deine Vorwürfe an diese Person dich belastet haben.

Wie wäre es, all dies loszuwerden, das Gewicht nicht mehr tragen zu müssen? Du müsstest dich dafür entscheiden, den Schmerz, den die Verletzung durch diese Person wachgerufen hat, in deinem Leben zu akzeptieren. Der Schmerz gehört dann zu dir. Du brauchst ihn dann nicht mehr abzuwälzen oder zu verdrängen.

Du befreist dich durch das Verzeihen. Du entscheidest, ob du weiter mit diesen trennenden Zuständen leben willst, oder ob du dein Leben in Liebe verbringst. Was willst du? Was ist die größte Vorstellung von deinem Leben? Wähle!

- Lass einen Satz in dir entstehen wie z. B.: „Ja, ich verzeihe dir, dass du in mir etwas sehr Schmerzhaftes ausgelöst hast."
- Sprich den Satz laut aus und lass dabei den Klumpen Ton fallen.
- Was spürst du jetzt? Was passiert in dir?
- Öffne die Augen und betrachte die Welt als liebender Mensch.
- Schreibe einen Verzeihensbrief an diese Person. Du kannst ihn nur für dich schreiben, oder ihn auch abschicken. Du hast die Wahl.

Anstelle des Modelliertons kannst du auch einen schweren Stein nehmen und die Übung genauso machen. Das Modellieren entfällt dann natürlich. Dafür stell dir dann eine Weile deinen Kontakt mit dieser Person vor. Und Vorsicht!! Wenn du den Stein fallen lässt, achte auf deine Füße!!

Wem kannst du noch verzeihen?
Was kannst du dir verzeihen?

Es gibt noch eine Übung für dein Verzeihen:
Schließe deine Augen und stell dir den Verursacher deines Schmerzes vor. Was hat dieser Mensch dir angetan? Lass ihn in deiner Fantasie vor dir stehen und schicke den folgenden Gedankengang zu diesem Menschen:
„Du bist nicht mehr für mich und mein Leben verantwortlich. Der Schmerz, den ich durch dich erlebt habe, ist nun mein Schmerz. Er gehört zu mir, egal wer ihn verursacht hat. Ich bin bereit mit ihm zu leben. Deshalb kann ich dir verzeihen, dass du ihn in mir ausgelöst hast (oder verursacht hast)."

Vertrauen – eine neue Weise, die Welt zu sehen

Maria begegnet Karl zum ersten Mal. Er ist ihr sympathisch in seiner offenen und unverstellten Art. Doch bald schon fragt sie sich: „Kann ich ihm vertrauen?"

So stellt sie ihn insgeheim auf den Prüfstand. Alles, was er ab jetzt tut und sagt, kann gegen ihn verwendet werden, so kennt man es aus den Krimis. Hinter der Frage nach Karls Vertrauenswürdigkeit verbirgt sich Marias Angst, er könne sie mit ihren Schmerzen in Kontakt bringen. Um das zu verhindern, muss sie ihn kontrollieren. Ein schwerer Anfang für einen neuen Kontakt. Wir stellen die Vertrauensfrage oft, wenn wir Menschen begegnen. Wir übertragen die Verantwortung für dieses Vertrauen dem Anderen. Erweist Karl sich als würdig genug, um Marias Vertrauen zu bekommen? Oder, anders formuliert: Kann Maria sichergehen, dass Karl sie nicht verletzt? Gibt Karl genügend Garantien, ungefährlich für Maria zu sein?

Dahinter stehen Marias alte Erfahrungen aus ähnlichen Begegnungen. Vielleicht fühlte sie sich früher einmal enttäuscht oder verletzt. Sie hatte sich einem Menschen in der Gewissheit geöffnet, dass sie keine schmerzhaften Erfahrungen mit ihm machen würde. Nur so wollte sie sich auf die Nähe einlassen und dazu ihr Schutzschild beiseitelegen. Doch ihr Vertrauen hat sie scheinbar getrogen. Sie empfand es, als hätte dieser Mensch sie betrogen.

Tatsächlich verhielt es sich anders.

Wenn ich mich für Nähe entschließe, begegne ich immer irgendwann auch meinen beiseitegeschobenen unangenehmen und schmerzhaften Gefühlen. Ich bin schon tieftraurig geworden und habe bitter geweint, weil meine Frau mich mit einer liebevollen Geste überraschte. Einfach nur, weil mir bewusst wurde, wie sehr ich diese Liebe in meiner Kindheit vermisst habe. Wenn wir uns nahe kommen, berühren wir auch immer schmerzhafte Punkte des Anderen. Meine Frau und ich wissen das und können deshalb auch nach einer schmerzhaften Begegnung zurück in das Vertrauen gehen.

Die Frage ist also nicht, OB mein Gegenüber meine verletzten Stellen berührt, sondern nur wann. Geschehen wird es auf jeden Fall. Ich muss mir dann wieder und wieder klar machen, dass es keine böswillige Absicht war. Ich bin nur an meine alten Schmerzpunkte erinnert worden.

Jetzt kann ich die Vertrauensfrage ganz neu stellen!
– Traue ich mir zu, die Gefühle zuzulassen, die von diesem Menschen aufgewühlt werden könnten?
– Will ich die Gefühle in mein Leben lassen, die dieser Mensch in mir aufwecken könnte?
– Kann ich MIR vertrauen, die Auswirkungen dieses Kontaktes tragen zu können?

Vertrauen heißt jetzt, sich selbst zutrauen, die Auswirkungen eines offenen, liebenden Kontaktes tragen zu können. Es ist keine Versicherung dahingehend, dass der andere nichts tun wird, was mich mit meiner Angst oder meinem Schmerz in Kontakt bringen könnte.

Diese Vertrauensfrage lässt die Verantwortung bei mir. Sie gibt mir die Souveränität über mich zurück, statt die Sicherheitsfrage auf den Anderen zu übertragen. So brauche ich nicht alle Menschen zu überprüfen und zu kontrollieren. Ich kann mich meinen Gefühlen widmen und in Nähe sein. Es lohnt sich, das auszuprobieren!

Übung

Versuch es zuerst mit Erfahrungen aus der Vergangenheit.
Wem hast du vertraut und wem nicht?
Warum hast du einem Menschen nicht vertraut?
Was hätte passieren können und welche Gefühle hätte dieser Mensch dann bei dir geweckt?
Was möchtest du mit diesen Gefühlen in deinem Leben in Zukunft tun?
Du darfst dich entscheiden, wie du möchtest. Es gibt kein Richtig und Falsch, aber deine Entscheidung hat ihre Auswirkung. Wähle, was du leben möchtest!

Jetzt wende dich deiner Gegenwart zu.
Bei welchem Menschen zögerst du, ihm dein Vertrauen zu geben?
Mit was könntest du hier konfrontiert werden?
Willst du diese Konfrontation in deinem Leben und vertraust du dir, sie tragen zu können?

Wie stehst du diesem Menschen jetzt gegenüber? Hat sich etwas verändert?

Noch entscheidender ist die Frage, ob sich deine Einstellung zum Vertrauen und damit auch deine Einstellung zu anderen Menschen verändert.

Dankbarkeit – den Reichtum des eigenen Lebens entdecken

Dankbarkeit bedeutet, meine Freude darüber zu zeigen, was ich erleben kann. Wenn ich etwas geschenkt bekomme, freue ich mich über die Großzügigkeit, über das, was ich mit diesem Geschenk alles erleben kann und darüber, dass der andere Mensch mich verstanden hat mit meinem Wunsch. Ich freue mich über die Natur, ich freue mich über eine gelungene Arbeit, ich freue mich über einen schönen Anblick, eine herzöffnende Melodie, mein eigenes Sein oder einen neuen erkennenden Gedanken. Ich freue mich, zu leben und tief empfinden zu können. Wenn ich meinen Dank darüber ausdrücke, lasse ich meine innere Freude nach außen in die Welt. Ich mache mir das Wunder meiner Erfahrungen und meine eigene Größe damit bewusst. Ich öffne mir damit auf wundervolle Weise mein Herz für die Welt und alles, was existiert. Alles hat Platz in meinem Herzen und ich kann mich mit allem verbinden.

Manchmal wird Dankbarkeit mit „in der Schuld stehen" verwechselt. Wenn wir glauben, in einem Tauschhandel zu stehen und das Gegenüber hat uns mehr gegeben, als wir zurückgeben konnten, so kann der Gedanke, „ich habe nicht genug gegeben", schnell entstehen. Ich kenne den Gedanken, beschämt zu sein, weil ich ein Geschenk bekommen habe, dass ich nicht erwidern kann. Das kann auch bei Menschen geschehen, denen wir viel zu verdanken haben, wie Eltern, Gönnern oder Freunden. Sogar in Partnerschaften kann dieser Gedanke aufkommen. Viele Dankesgesten fallen dann wie eine Art Schuldenausgleich aus. Sie trennen eher, als dass sie eine Brücke bauen.

Ohne den Hintergedanken des „In-der-Schuld-Stehens", kann Dankbarkeit viel herzlicher zeigen, wie sehr ich mich freue. Dank verbindet mich mit dem Anderen. Dank teilt meine Freude mit dem Anderen. Dank öffnet mich für die Welt.

- Der Regen trommelt auf das Dach meiner kleinen Holzhütte in den Bergen. Ich sitze gemütlich im Trockenen. Durch die beschlagenen Fenster sehe ich, wie sich draußen die blauschwarzen Unwetterwolken entladen. Ich werde nicht nass und kann dem Toben der Naturgewalten – dankbar für dieses Schauspiel – zuschauen.
- Ich komme nach vielen Tagen heim und mein Sohn begrüßt mich mit einer herzlichen Umarmung. Ich bin so dankbar, Vater sein zu können.
- Ich habe einen Beruf, für den ich dankbar bin, eine Partnerschaft, Freunde, Kolleginnen, meine Gefühle und das Leben selber. Ich liebe all das in Dankbarkeit und kann dann über alle Probleme, Schmerzen und Unbilden lächeln. Ich sehe auf das Wunder, das ich erleben kann und nicht auf das, was ich nicht habe oder haben will. Mein Leben ist so unglaublich reich, wenn ich bereit bin, es zu sehen! Dankbarkeit hilft mir dabei, diese Sicht auf die Welt zu schärfen.

Vor einer Woche sah das ganz anders aus. Meine finanziellen Sorgen machten mich mürbe. Alles drehte sich um die Arbeit. Ich fuhr auf meinem Motorrad über eine Landstraße, um mal für einen Moment aus diesem Stress herauszukommen. Die Landschaft war nicht wirklich da und ich war nicht wirklich da. Ein Auto aus dem Gegenverkehr überholte plötzlich einen Lastwagen. Ich versuchte noch auszuweichen, doch das Auto krachte etwa zehn Zentimeter hinter meinem Bein in mein Hinterrad und ließ mein schweres Motorrad viele Meter durch die Luft wirbeln. Ich wurde heruntergeschleudert und flog in den Straßengraben. Ich hatte nur ein paar Blessuren abbekommen. Mein altes, geliebtes Motorrad, der Traum aller großen und kleinen Jungs, war nur noch ein Haufen verbogenes Metall. Aber ich war am Leben! Mir war nichts passiert! Ich hatte einen Schock, aber ich atmete frische Luft, ich sah die Wolken am blauen Himmel, ich konnte meine Frau anrufen und ihre geliebte Stimme hören, ich konnte mein Leben leben und auf meinen gesunden Beinen hingehen, wohin ich wollte! Ich war dankbar! Ich war erfüllt von einer unbändigen Lebensfreude! Ich hätte wütend oder traurig sein können, über das schlimme Ende meiner Motorradfahrt, über den Verlust meiner so lange gehegten Maschine. Ohne zu zögern entschied ich mich in diesem Moment auf der Landstraße zur Dankbarkeit für mein Leben.

Diese Dankbarkeit hielt auch nach diesem Unfalltag noch an. Sie machte mein Erleben für einige Wochen so viel intensiver. Sie ließ mich jedes Geräusch wie ein Wunder erleben, jeden Geruch wie eine Sensation und jede Berührung wie ein aufregendes Ereignis. Einfach, weil ich dankbar war. Dankbar für alles, was ich erleben konnte. Und das war so viel! Die finanziellen Sorgen standen nicht mehr im Zentrum meines Lebens, sondern das Leben selbst war wieder in den Mittelpunkt gerückt. Ich bin dankbar für so viel Leben!

Über die Freude meines Seins konnte ich wieder mit mir selbst in Verbindung kommen. Dankbarkeit macht mir bewusst, wie groß mein Leben ist. Meine Dankbarkeit steigert meine Liebe und stärkt mein Verbundensein. Statt auf die Freude zu warten und dann zu danken, kann ich auch den Dank nutzen, mir der großartigen Möglichkeiten des Lebens gewahr zu werden und so wieder in die Liebe und die Verbindung mit der Welt zu kommen.

Im Zusammenleben mit anderen Menschen kann ich diese Dankbarkeit durch Lob und Komplimente ausdrücken. Ich mache mir bewusst, wie wundervoll das Geschenk ist, mit diesem Menschen mein Leben, die Arbeit oder einfach nur den Bus zu teilen. Mit dem Kompliment gebe ich etwas von meiner liebenden Sicht auf die Welt ab. Aber ich stärke gleichzeitig auch meine liebende Einstellung. Ich gebe etwas ab von meiner Größe und nehme damit meine eigene Größe besser wahr. Wenn Lob und Komplimente nicht zur Manipulation eingesetzt werden und als aufrichtige Geschenke sind, zaubern sie auch in kleinen Begegnungen für einen Moment ein Liebesleuchten auf unsere Gesichter. Lobe deine Kinder! Lobe deine Mitarbeiter oder Kollegen! Mache deiner Partnerin oder deinem Partner ein Kompliment! Schenke deinem Chef ein Kompliment, der Verkäuferin, dem Friseur, dem Postboten, dir selbst! Gib den Menschen deine Dankbarkeit für ihr individuelles Sein! Du zauberst damit Liebe in deine Welt!

Danken ist Liebe leben, Loben und Komplimente sind eine Möglichkeit, etwas von der Liebe abzugeben ...

> **Übung**
>
> Nutze dein Handy einmal für die Liebe. Stelle an einem Tag alle zwei Stunden die Weckfunktion ein. Jedes Mal, wenn du ein Signal bekommst, halte inne und spüre etwas auf, für das du jetzt dankbar sein kannst. Sprich diesen Dank aus! Schick eine Nachricht an Freunde, Familie, Kollegen. Freue dich, sei dankbar und liebe! (Vielleicht entwickelt mal jemand eine Dankbarkeits-APP)

Aufrichtigkeit und Offenheit – sich selbst als ganzen Menschen erleben

Keine Spiele mehr spielen, keine Verstellung mehr, keine Anstrengung mehr, ein besserer Mensch sein zu müssen, sondern so zu sein, wie du wirklich bist. Authentisch, ehrlich, unverstellt. Du wohnst in dir, ohne dich zu verleugnen. Deine hellen und dunklen Seiten haben ihre Lebensberechtigung. Deine innere Haltung ist dabei aufgerichtet und selbstbewusst. Im Kontakt mit Anderen zeigst du deine Wahrheit und siehst ihre Wahrheit. Die Klarheit zwischen dir und deinem Gegenüber sprüht Funken in deiner Beziehung, in Freundschaften und im Beruf. Du bist frei, der Mensch zu sein, der du bist.

Aufrichtigkeit ist ein mächtiges Werkzeug, um zu dir und zur Liebe zu kommen! Wenn du sie wählst, wirst du dein blaues Wunder erleben! Sie kostet Mut aber sie bringt dir ungeheure Lebendigkeit, Nähe und auch Liebe. Aufrichtigkeit trennt dich von allem Oberflächlichen, von allen vorgespielten Fassaden und allen Verstellungen. Das kann beängstigend sein. Du brauchst deinen ganzen Mut für deine Wahrheit.

Es geht nicht um tugendhafte Ehrlichkeit oder moralische Werte, es geht um eine innere Haltung, die aus einem inneren Verstehen geboren wird. Aufrichtigkeit bedeutet, dass du wirklich du selbst sein kannst. Mit dem, was dann alles sichtbar wird, läufst du möglicherweise Gefahr, abgelehnt zu werden, aber du hast nur mit deiner Aufrichtigkeit die Chance, als der Mensch verstanden und geliebt zu werden, der du wirklich bist. Wenn du nur für das gemocht wirst, was du leistet oder darstellst, hast du selbst auch nie die Gewissheit, nur um deiner selbst willen geliebt zu werden. Entscheidend ist die

Aufrichtigkeit mit dir. Aufhören zu können, sich etwas vorzumachen ist unabdingbar für die eigene Selbstfindung. Nur wenn du dir die Chance gibst, nicht mehr uneins mit dir zu sein, kann dich die Aufrichtigkeit zur Liebe tragen. Was nützt es dir, wenn andere deine Schokoladenseite bewundern, du aber wesentliche Anteile deiner selbst vor ihnen und dir selbst verstecken musst? Was nützt es dir, wenn du deine Energie dafür verausgabst, etwas darzustellen, was du gar nicht bist? Dein Innerstes weiß, wer du wirklich bist, auch wenn du noch so geschickt im Verdrängen und Verstecken bist. Nur in deiner ganzen Wahrheit kannst du Liebe an dir erleben. Wer also bist du? Sei dir gegenüber aufrichtig. Wenn du einen Grund hast, anderen etwas vorzumachen, – bitte schön –. Aber beende um Gottes Willen die Verleugnung vor dir selbst! Du bist es wert, von dir ganz gesehen zu werden und auch mit all deinen Seiten geliebt zu werden! Gib dir eine Chance!

Übung

- Setze dich für zehn Minuten vor einen Spiegel und formuliere ohne Pause Aussagen darüber, wer du bist. Sei mutig und aufrichtig dabei, aber bewerte nicht.
- Beginne jeden Satz mit: „Ja, ich bin ..." oder „Ja, ich habe, tue, denke, fühle ..."

Die meisten Handys haben auch ein Mikrofon, das du für die Aufnahme deiner Worte nutzen kannst. Danach solltest du sie dir noch einmal anhören.
Wenn du einen Menschen deines Vertrauens hinzuziehen kannst, so
- setzt euch nah gegenüber und führt jeweils zehn Minuten lang immer wieder den Satzanfang weiter: „Ich möchte, dass du von mir weißt, dass ich ... bin, tue, denke, fühle..."
- Du beginnst ohne Pause sofort wieder einen neuen Satz mit diesem Anfang. Das Gegenüber hört kommentarlos zu und bedankt sich hinterher für die Sätze.
- Nach zehn Minuten wechselt ihr.
- Anschließend könnt ihr miteinander über die *eigenen* Gefühle reden, die nur die *eigenen* Sätze ausgelöst haben.

Erwartungsfreier Raum – Platz schaffen für die Seele

Picasso soll einmal gesagt haben: „Ich suche nicht, ich finde! Alles ist schon da! Ich sehe es vor mir und brauche es nur aufzuheben. Dann weiß ich, was ich damit mache." Diese Einstellung hat zu seiner genialen Kunst beigetragen.

Diese Einstellung kann dich zu einem genialen Leben führen, wenn du bereit bist, von deinem Suchen nach erwarteten Ergebnissen abzulassen. Du brauchst nur zu sehen, was jetzt gerade für dich bereitsteht. Es ist so viel zu jeder Zeit! Du kannst deine Angst, nicht genug zu bekommen, loslassen und dich stattdessen auf das einlassen, was da ist. So siehst du die Welt, wie sie ist, deine Beziehungen, wie sie sind und dich so, wie du bist!

Nimm wahr, was du hast und bist. Deine Möglichkeiten sind ungeheuer groß. In der Meditation beziehe ich mich für eine Weile nicht mehr auf das, was ich nicht habe, sondern auf das, was ich jetzt gerade finde. In meinen ersten Erfahrungen mit der Meditation, in einem Zen Kloster, habe ich versucht, mich besonders zu konzentrieren, besonders still zu sitzen, oder besonders tief loszulassen, alles in dem Bestreben, entweder die Erleuchtung zu erlangen, oder wenigstens besonders gut zu meditieren. Das habe ich sehr lange so betrieben, bis ich schließlich genug von den besonderen Erwartungen an mich selbst hatte und einfach nur gesessen habe. Alles durfte sein und alles durfte wieder verschwinden. Ich musste für diese Zeit der Meditation nichts mehr bewirken, erreichen, versuchen. Meine Seele konnte wieder aufblühen.

Nenn es, wie du willst, Meditation oder zur Ruhe kommen oder Versenkung oder auch Loslassen. Wenn du deine Erwartungen beurlaubst, machst du Platz für neue Erfahrungen. Du musst nicht mehr dich und die Welt nach den Lücken und Fehlern, nach den Unzulänglichkeiten und dem Mangel absuchen. Du kannst die Bewertungen loslassen und alles unvoreingenommen wahrnehmen. Mit dieser Art der Wahrnehmung gelangst du leichter zur Akzeptanz und von dort zur Liebe. Nimm dankbar wahr, was du findest.

Sieh deine Kinder so, wie sie sind. Sieh deinen Partner oder deine Partnerin so, wie sie ist. Sieh deine Kollegen so, wie sie sind. Sieh deine Beziehungen und Freundschaften so, wie sie sind. Sie dich selber so, wie du bist. Sieh die Männer so, wie sie sind und auch die Frauen. Sieh die Welt um dich herum und dein Leben so, wie es ist. Stoppe für eine Weile das Verändern-wollen. Stoppe deine Erwartungen an die Welt und die Menschen und sieh das Besondere in allem, das Wundervolle, das, was dich reich macht an Erfahrungen. Schaff dir jeden Tag einen Raum dafür. Das können eine bestimmte Zeit und ein bestimmter Ort sein, aber übe es jeden Tag! Dehne es auf weitere Bereiche deines Lebens aus und lass dich vom Finden deiner Möglichkeiten zur Liebe tragen, statt immer weiter das zu wollen, was grade nicht da ist.

Übung

Ein Platz für Stille ist hilfreich. Such dir diesen Platz und diese Zeit. In der Meditation versenkst du dich ganz in das, was gerade jetzt ist. Nichts muss mehr geschehen. Nichts ist jetzt wichtig. Nichts ist zu erreichen. Nicht einmal deine Gedanken sind mehr wichtig. Lass sie einfach kommen und gehen, wie Wolken am Himmel. Du nimmst sie wahr, aber du hältst sie nicht fest. Du kannst nichts falsch machen. Sei einfach nur da mit dem, was du jetzt gerade bist. Wenn du kannst, setze dich aufrecht hin. Es muss kein Lotussitz sein, aber du solltest mit gradem Rücken sitzen können und gleichzeitig noch 20 bis 30 Minuten entspannt bleiben. Bei einem graden Rücken bleibst du eher aufmerksam und wach, alles in deinem Körper kann besser zirkulieren und deine Atmung bleibt frei. Es gilt, eine Haltung wie im Fernsehsessel zu vermeiden, da die zu schnell in einen Dämmerzustand führen würde. Stille hilft dabei, nicht durch die gewohnten Dinge abgelenkt zu werden. Eine störungsfreie Zeit erleichtert das Loslassen. Vielleicht suchst du einen stillen Platz im Haus oder in der Natur. Mit geschlossenen Augen sind die Ablenkungen von außen reduzierter. Einige schauen auch ins Kerzenlicht oder auf einen beliebigen Punkt. Du brauchst diese meditative Zeit nicht als eine religiöse Handlung sehen, sondern kannst es ganz nach Belieben für dich nutzen. So ist dieser Freiraum für deine Seele auch mit nichts befrachtet.

Diesen erwartungsfreien Raum kannst du vielleicht auf irgendeine Art sogar auf deine Arbeit übertragen. Arbeit als Meditation zu erleben, kann dich zu neuen Erlebnissen bringen. Du kannst bestimmte Meditationstechniken ausüben, aber du kannst auch einfach nur so in diese innere Stille gehen, wo immer du es möchtest.

Probiere dein Leben ohne Erwartungen für einen Moment aus und nimm wahr, was geschieht. Wiederhole das einige Male. Dann entscheide, ob du diesen erwartungsfreien Raum in deinem Leben weiter ausbreiten möchtest. Das geht in einigen Situationen und mit einigen Menschen besser, als mit anderen. Beginne immer da, wo es dir leicht fällt. Erst wenn du damit Fuß gefasst hast, ist es Zeit, es weiter zu tragen.

Hingabe statt Ausliefern – die Perspektive verändert dein Leben

In der Hingabe gehen wir Menschen eine tiefe Verbindung mit dem Leben ein. Wenn wir Rückhalte und Sicherheitsbeschränkungen loslassen, können wir eher auf Trennendes verzichten. Es ist die Hinwendung zum Einssein in jedem Moment. Es ist Liebe in reinster Form. Wir können uns einem Menschen hingeben, oder einer Idee, aber auch einer Tätigkeit oder einem Empfinden. Wir können diese tiefe, rückhaltlose Verbindung mit unserer Arbeit eingehen, oder mit dem Hobby. Wenn wir uns mit jeder Faser unseres Seins in den Moment hineingeben, wird die Begegnung mit einem anderen Menschen zu einem absichtslosen Verschmelzen in Liebe. Das ist bei einem nachbarschaftlichen Gespräch über den Gartenzaun möglich, oder in der intimsten Umarmung einer Partnerschaft.

Wir erleben eine beglückende Erfüllung, wenn wir mit unserer ganzen Leidenschaft bei der Sache sind. Unsere Hingabe an das, was wir tun, bestimmt dann unser Sein. Wir sind erfüllt mit dieser Verbundenheit und strahlen diese liebevolle Hinwendung in die Welt. Lebensmomente dieser Art verändern unser Sein. Sie lassen uns in der Liebe unser Einssein deutlicher fühlen.

Ein Kellner, der mit ganzem Herzen bei seiner Aufgabe ist, lässt mich mein Essen doppelt genießen. Meinen Klienten mit offenem Herzen zuzuhören, erfüllt die Situation mit tiefem Verstehen und oft auch mit Heilung. Wenn ein Musiker sich seinem Instrument hingibt, berühren die Töne jeden Zuhörer. Die körperliche Hingabe lässt uns mit einem anderen Menschen verschmelzen. Diese hingebungsvollen Momente sind Liebe.

✎ Nur wer sich traut sein Herz zu verschenken, weiß, was Liebe ist.

Nur wenigen Menschen fällt das leicht! Viele von uns haben eher Angst vor dem Ausgeliefertsein. Bedrückende Lebenserfahrungen lassen uns befürchten, jemand könnte von unserem ureigenen Innersten Besitz ergreifen. Wenn die eigenen Grenzen oft verletzt wurden, verfestigt sich die Erfahrung, dass die Seele ungeschützt ist. Das ist eine große Bedrohung! Es kann sich so anfühlen, als ob jemand anderer gegen meinen Willen über mein tiefstes Innerstes bestimmt. Als würde ich mir selbst nicht mehr gehören. Diese Angst kann einen Menschen das ganze Leben begleiten. Ständige Kontrolle und harte Grenzen sind die Folge. Nur so, glaubt das ängstliche Kinder-Ich, wird seine Seele nicht gestohlen. Aber so wird auch die Erfahrung von Liebe und Einssein verhindert. Das ist eine traurige Koexistenz!

✎ Hingabe ist etwas anderes als Ausliefern!

In der Hingabe erlaube und begrüße ich es, dass sich jemand oder etwas in mir ausbreitet.

In der Hingabe verbinde ich mich von mir aus zu einem Einssein mit dem Außen, einem anderen Menschen, einer Tätigkeit, einem Gefühl oder einem Gedanken. Ich bin dann nichts anderes als diese Verbindung. Ich bin das, was ich schon immer war und sein werde! Ich kann es in der Hingabe als Liebe spüren. Ich bin Zuhause!

Doch wie komme ich von der Angst vor Auslieferung und Selbstverlust zur liebenden Hingabe?

Übung

Beginne, wie bei allem neuen Erlernen so einfach wie es geht. Suche dir eine Verbindung zu einem Menschen oder einer Tätigkeit, die du ohne Angst vor dem Ausliefern oder dem Selbstverlust eingehen kannst. Es sollte dich nicht unter Erfolgsdruck stellen. Also wähle etwas, das keine Absicht im Hintergrund mitschleppt. Schreibe auf:
- Mit welcher Person kannst du Hingabe am ehesten erleben? (Das muss nichts Sexuelles sein.)
- Bei welcher Tätigkeit/Handlung kannst du Hingabe am ehesten erleben? (Das muss nichts Sinnvolles sein.)

– Beschreibe dir selbst in sehr klaren Worten, was für dich Hingabe in dieser gewählten Situation bedeutet. (Halte es schriftlich fest.)

Wähle dann eine Tätigkeit oder eine Person für diese Hingabeübung. Solltest du diese Übung mit einem Gegenüber machen, ist es wichtig, dass auch diese Person das Buch und die Übung kennt. Du kannst die Übung aber auch gut alleine machen.

Schaffe dir zu Anfang einen Zeitrahmen von mindestens einer halben Stunde, aber nicht mehr als zwei Stunden..

Begebe dich an einen Ort, an dem du garantiert ungestört sein wirst, kein Telefon, keine Unterhaltungsmedien. Kappe die Verbindung zur Außenwelt.

Widme dich nun ganz dem, was du dir ausgesucht hast. Plane nichts! Erwarte nichts! Sei einfach nur ganz da mit dem, was auf deine Hingabe wartet. Sei einfach nur da und tue nur das, was jetzt nahe liegt. Lasse alle Grenzen fallen. Wenn ablenkende Gedanken kommen, bemerke sie, sprich sie sogar aus und lass sie dann unbewertet weiterziehen. Widme dich wieder ganz der Hingabe an die Begegnung oder Tätigkeit. Ich kann das gut, wenn ich im Garten arbeite oder mir mit meiner Frau einen Nachmittag freinehme und wir uns ohne irgendein Vorhaben einfach treiben lassen. Dann liegen wir vielleicht in der Hängematte oder auf dem Bett und reden über alles, was uns in den Sinn kommt. Auch beim Sex erlebe ich manchmal Hingabe, wenn keine Erwartungen, Fantasien und Gedanken uns ablenken, sondern nur der Moment zählt.

Wiederhole das, sooft du kannst! Die Fähigkeit zur Hingabe erlangst du nicht in kurzer Zeit!

Hier noch ein sehr konkreter Übungsvorschlag als Einstieg in die Hingabe:
Du brauchst keine Hilfsmittel oder Vorkenntnisse. Begebe dich einfach in die Übung. Such dir dazu einen Platz, an dem du ungestört laut sein kannst. Das kann draußen in der Natur sein, im Keller, im Garten oder im Badezimmer.

Stell dich bequem und aufrecht hin. Steh möglichst ohne Anspannung und schließe die Augen. Atme dreimal tief ein und lass die Luft jedes Mal mit einem hörbaren Seufzer wieder aus dir herausfließen. Beim vierten Mal, lässt du deinen Atem über die Stimmbänder ausströmen, sodass ein Ton entsteht. Das wiederholst du ein paar Mal. Finde den passenden Ton für dich.

Dann lässt du bei den nächsten Ausatmungen diesen Ton länger werden. Er begleitet jetzt jedes Ausatmen.

Lass diesen Ton mit deinem Atem in die Welt! Lass dich hören! Lass dich erfüllen von diesem Ton, immer wieder, bei jedem Atemzug.

Sei einfach nur Atem und Ton! Lass dein Herz und dein Zwergfell in diesem Ton schwingen. Lass deinen Verstand mittönen und deinen Bauch auch. Lass dich durchdringen und verströme dich in die Welt. Halte nichts mehr zurück. Gib dich hin. Nur noch der Ton ist da und du bist der Ton! Gib dich dem Tönen hin.

Sei nicht enttäuscht, wenn du nicht gleich beim ersten Mal deine Hingabe vollkommen erreicht hast! Du brauchst eine Weile dazu. Wiederhole die Übung immer wieder, ohne dir dabei ein Ziel zu setzen. Wenn dir das Tönen nicht zusagt, suche dir eine andere Möglichkeit. Es gibt so viele Wege. Manchmal blockieren auch sehr verletzende Erfahrungen aus der Vergangenheit die Hingabe in der Gegenwart. Dann macht es Sinn, sich therapeutische Hilfe bei der Bearbeitung der alten schmerzhaften Erlebnisse zu suchen.

8 Ein Tag für die Liebe, ein Fest für die Seele

Es wartet ein Tagesablauf auf dich, mit vielen kleinen und großen Möglichkeiten, dich selbst, die Anderen und die Liebe intensiver zu spüren. Im Angebot sind: Besinnung, Spaß, Fühlen, Lebenslust, Begegnung, Kommunikation, Verzeihen (sich selbst und anderen), Komplimente und Lob verteilen (an sich selbst und an andere) und Verstehen.

Schenk dir einen Tag nur für dich und für die Liebe. Mach dich von allen Erwartungen frei und von allen Verpflichtungen. Lass dich von diesem Tag überraschen. Es muss nichts Spektakuläres passieren, aber der Tag könnte auch deine Welt verändern. Sei einfach nur offen, für das, was da kommen mag. Du bekommst einen Fahrplan mit Vorschlägen, die dir besondere Erfahrungen eröffnen können. Lies ihn dir vorher durch. Du kannst dich daran halten, oder davon abweichen. Du kannst nur einen Teil davon umsetzen oder dir deinen eigenen Plan machen, ganz wie es dir gefällt. Lass weg, was dir nicht passt oder webe deine eigenen Ideen mit ein. Finde zwischen den Anleitungen deinen Weg. Du brauchst während des Tages ein paar Kleinigkeiten, die du am besten vorher organisierst:

Schwimmsachen, Schreibzeug, eventuell zwei Verabredungen, Kleidung, in der du dich feiern möchtest, vielleicht eine Tischreservierung in deinem Lieblingsrestaurant – möglicherweise besorgst du dir auch einen dich berührenden Film. Wenn du dich an diesem Tag mit Menschen verabredest, wähle für dich eine passende Begegnung! Dieser Tag ist nicht dafür da, Beziehungen zu klären, menschliche Hindernisse zu überwinden oder die Liebe deines Gegenübers zu gewinnen. Wähle jemanden, mit dem du leicht Liebe teilen kannst, Erwartungen sollten auf beiden Seiten nicht erschwerend im Wege stehen.

Der Tagesablauf:

Morgens
Genieße die Zeit zwischen Schlafen und Aufwachen.
Stell deinen Wecker auf eine Zeit kurz vor Sonnenaufgang. Wenn du wach wirst, bleibe noch zehn Minuten im Bett liegen, ohne etwas zu tun. Die Phase zwischen Schlaf und Wach-sein kann sehr köstlich sein. Lass deinen Schlaf bewusst abebben und die Erinnerungen und Gedanken aus den Tiefen deiner Träume in dein

Bewusstsein fluten. Du bist auf dieser Schwelle näher an deiner Seele. Lass dich von ihr berühren und nehme es bewusst wahr.

Erst dann stehst du auf, ohne dich aber zu waschen oder zu duschen. Steh schweigend auf und sprich mit niemandem. (Dafür ist es gut, allein zu sein, oder die Menschen vorher zu informieren.)

Tagesanbruch
Begib dich nach draußen, um den Tagesanbruch gut zu erleben. Vielleicht ist es dir möglich, die Sonne aufgehen zu sehen. Sollte es bewölkt sein, kannst du das Farbenspiel in dir aufnehmen, wenn die Dunkelheit dem Licht weicht. Lass dich beeindrucken. Lass dich erfüllen vom erwachenden Tag. Höre die Geräusche des Morgens, fühle das taunasse Gras, rieche und sieh dich satt an diesem jungen Tag.

Je nach Lust und Jahreszeit, kannst du dich dann wieder ins Bett kuscheln. Wenn es schon deine Zeit ist, bleibst du auf.

Geh schwimmen. Im Schwimmbad, im See, im Meer, gerade da, wo es für dich möglich ist. Lass dich umfangen von der Frische des Wassers. Bewege dich einfach nur in dieser Frische oder schwimme deine Bahnen, aber spüre, wie das Wasser kühl um deinen ganzen Körper strömt, wie sich deine Haut zusammenzieht und dein Kreislauf in Schwung kommt. Atme den Geruch des Wassers ein, lass deine Sinne wach werden. Nimm wahr!

Besteht keine Gelegenheit fürs Schwimmen, dann laufe, geh spazieren oder bewege dich, wie du kannst. Tu es bequem, ohne Leistungsdruck. Streng dich nicht an. Finde einfach nur die Freude an der Bewegung, die Lust an deinem Körper und genieße die Begegnung mit den Elementen.

Das erste Kompliment des Tages. Du kaufst für dein Frühstück ein. Such dir dein Lieblingsgeschäft. Kaufe etwas Außergewöhnliches, das du gerne essen würdest. Überrasche dich selbst mit ungewohnten Entscheidungen. Dieser Tag wird anders!

In dem Geschäft siehst du dir den Verkäufer oder die Verkäuferin heute genauer an. Schalte deine Wahrnehmung ein. Verschenke dein erstes Kompliment. Trau dich, deine Grenze zu überschreiten und mit diesem Kompliment in Kontakt zu deinem Gegenüber zu treten. Es geht nicht ums Flirten oder Manipulieren. Vergib etwas von deiner Aufmerksamkeit an einen Fremden, ohne Absicht und Hintergedanken. Nimm die Reaktion des anderen und nimm dein Empfinden wahr!

Heute wirst du noch weitere fünf Komplimente an Menschen verschenken, denen du begegnest. Bewerte nicht zu viel dabei, sondern teile ihnen mit, worüber du dich bei diesem Menschen freust. Verfolge keine Absicht damit, außer der, dich zu verschenken.

Frühstück! Frühstücke nicht einfach nur wie sonst auch. Bereite dir ein besonderes Mahl, so, als wäre eine Königin oder ein König zu Besuch! Du selbst bist dieser hohe Besuch! Gebe dir die liebevolle Vorbereitung. Der fertig gedeckte Tisch ist ein Geschenk an dich. Nimm dieses Geschenk mit deiner ungeteilten Aufmerksamkeit an, lenke dich nicht mit einer Zeitung oder Anderem ab. Bevor du etwas zu deinem Mund führst, schließe die Augen, befühle es, rieche es und dann schmecke es. Nimm die ganze Fülle in dir auf. Danke dir dabei selbst für dieses Erlebnis, oder danke dem Universum, Gott, oder wem du magst.

Das Abräumen des Tisches wird zu einer kleinen Meditation. Säubere jeden Teller und jede Tasse mit liebevoller Achtung und freue dich an dem Ergebnis.

Du hast jetzt anderthalb Stunden Zeit, die du nur deinen Bedürfnissen widmen wirst. Tu nichts automatisch. Verhalte dich so bewusst, wie du kannst. Nimm dein Bedürfnis wahr. Sprich mit niemandem, sei ganz bei dir. Atme! Wenn du nicht sofort ein Bedürfnis wahrnimmst, atme einfach weiter! Du musst jetzt nichts von deinem Bedürfnis umsetzen, aber du darfst leben, was du möchtest. Doch führe dein Bedürfnis erst einmal auf dich zurück! Was ist dein ureigenstes Bedürfnis darin? Wie könntest du es jetzt leben? Tu es, wenn du magst! Lass andere diesmal aus dem Spiel, bleib für dich.

Wenn das nicht klappt, nutze die Zeit für etwas, dass du dir schon lange einmal vorgenommen hast. Setze dir kein Ziel, erwarte kein Ergebnis. Lenk dich nicht mit einer anderen Geschichte ab. Diese Zeit ist nur deinem Bedürfnis gewidmet.

Begib dich für fünfzehn Minuten in die Stille. Zieh dich an einen ruhigen Ort zurück. Wenn es möglich ist, setze dich in eine aufrechte Meditationshaltung und atme die Stille ein. Das kann sehr ungewohnt sein. Es macht nichts, wenn du dich von allem Möglichen ablenken lässt. Komm einfach immer wieder geduldig in die Stille. Es ist einfach nur eine Zeit für Nichts. Innere Stille. Streng dich nicht an, hör nicht auf dein weiteres Planen, auf deine Gedanken, auf deine Sorgen.

Stille. Frieden. Einfach nur sein.

Du kannst deine Augen offen halten und dabei einen beliebigen Punkt im Blick behalten, oder du schließt die Augen. Du kannst nichts verkehrt machen. Nimm einfach nur wahr, was ist und begrüße es. Dann lass es wieder los. Es geht um Nichts.

Nach fünfzehn Minuten reckst du dich und streckst du dich und machst weiter in deinem Tag für die Liebe.

Gerade ist eine wundervolle Zeit für die Dankbarkeit angebrochen. Geh in dich. Wem oder was bist du jetzt dankbar? Wie kannst du das im Augenblick ausdrücken?

Ein Jauchzer oder ein Glücksseufzer aus deinem Herzen könnte passen! Eine SMS per Handy an eine Person, der du jetzt einfach deinen Dank ausdrückst, öffnet dein Herz noch weiter. Ein kurzer Brief oder eine Notiz kann auch eine Dankbarkeit ausdrücken. Es geht nicht um Verpflichtungen oder Schuld, die abzutragen sind, sondern um die reine Freude, über das, was du als Geschenk an dich erleben kannst.

Es ist Zeit fürs Mittagessen. Verbringe deine Essenszeit so, wie du es gerne tust, aber mache nichts selbstverständlich. Sieh alles neu, auch wenn du das Gleiche isst wie sonst, am gleichen Ort bist wie immer und die gleichen Menschen siehst wie an allen anderen Tagen auch. Stürz dich in ein neues Abenteuer: dein Mittagessen! Du kannst währenddessen für dich sein, aber wenn du eine Begegnung in dieser Zeit hast, vertraue auf die Liebe und sei so offen und ehrlich, wie du kannst. Verschenke deine Liebe an andere Menschen, sieh das Wunderbare an ihnen und halte deine liebevolle Wahrnehmung nicht zurück, aus Angst etwas Ungehöriges oder Peinliches zu tun. Tu es absichtslos, dann kannst du auch in einer Warteschlange vor der Kasse in herzlichem Kontakt mit Unbekannten sein. Wenn du dein Mittagessen zu Hause einnimmst, mach es dir ganz genau so, wie es für dich am besten ist. Lenk dich beim Essen nicht durch etwas ab, sondern widme deine ganze Aufmerksamkeit ganz dem, was du tust, was du isst, was du fühlst, was du schmeckst.

Verzeihen oder einen Kontakt wieder graderücken, geht nach einem zufrieden-stellenden Essen besonders gut. Suche dir einen ruhigen Ort, an dem du einen Verzeihensbrief schreiben kannst, der möglicherweise deine Gefühle bewegt. Wenn du etwas Briefpapier bei der Hand hast, atme tief durch und lehn dich zurück.

Konzentriere dich auf eine dir nahestehende Person, gegen die du einen Groll hegst, von der du dich verletzt fühlst oder die dich enttäuscht hat. Es kann auch jemand sein, der sich schon aus deinem Leben verabschiedet hat. Erinnere dich an entsprechende Situationen mit diesem Menschen.
– Welche deiner Wunden hat das berührt?
– Was hätte diese Berührung bei dir für Gefühle geweckt, wenn du sie zugelassen hättest?
– Oder welche seelischen Gefühle hast du zugelassen?

Schreibe diesem Menschen von deinen seelischen Gefühlen (Schmerz, Trauer, Freude, Liebe), oder den alten Wunden, die durch ihn wieder aufgeweckt wurden. Schreibe ohne Schuldzuweisung und Anklage. Schreibe nur von dir. Entlasse diese Person aus deinem Groll, verschenke dein Verzeihen, wenn du magst und übernimm die Verantwortung für deine alten Gefühle wieder selbst.

Wenn der Brief geschrieben ist, lies ihn dir noch einmal laut vor. Du darfst jedes Gefühl haben, was jetzt kommt! Konntest du verzeihen? Akzeptiere! Sei mit deinem Gefühl, es bringt dich in Nähe zu dir.

Erst jetzt entscheide, ob du diesen Brief abschicken möchtest. Du hast schon bei dir eine Auswirkung erlebt. Das ist bereits viel! Entscheide, ob du den Schritt zu diesem Menschen jetzt noch machen möchtest.

Ein Spaziergang in der Natur kann jetzt genau das Richtige sein. Dein Lieblingsort irgendwo da draußen ruft nach dir. Du wirst von diesem Ort in diesem Moment angezogen. Du planst nicht mehr, du gibst dich einfach nur dieser Anziehung hin. Dein Spaziergang durch die Natur wird eine einzige Hingabe. Du siehst einen Weg, dein Blick fällt auf eine Blume, auf einen Baum, eine Felsformation – lass dich dort hinziehen. Geh deinen „Traumpfad". Alles, was dir auffällt, ist dein Wegweiser auf diesem traumhaften Spaziergang. Du kannst alles Planen loslassen. Sei ohne Absicht. Lass dich treiben. Nimm wahr! Dein Unbewusstes leitet dich. Vertrau dich deiner Seele an. Die Eindrücke der Natur füllen dich aus. Wenn ein Grashalm dich fasziniert, setz dich auf den Boden und sieh und fühle und rieche! Lass auf diesem Traumspaziergang alle Konventionen hinter dir. Geh, wenn es dich weiterzieht. Verweile, wenn es dich zur Ruhe einlädt. Beurlaube alle „vernünftigen" Gedanken und tu nur das, was deine Eingebung dir sagt. (Sollten andere Menschen in der Nähe sein, hat das sicher engere Grenzen.) Du bist Teil dieser Natur. Nimm diese Verbundenheit in dir auf.

Schließe einmal, irgendwo auf sicherem Grund, die Augen und konzentriere dich nur auf dein Riechen. Geh ein paar Schritte mit geschlossenen Augen, geh nur deiner Nase nach. Bemerke den feinen Wechsel der Gerüche.

Du kannst das Gleiche mit den Geräuschen um dich herum erleben. Entdecke die Fülle, die dich umgibt. Nimm sie in dir auf. Sie ist ein Geschenk an dich. Nimm deinen Reichtum wahr!

Begib dich wieder auf den Rückweg, sodass du nach zwei Stunden deine nächste Verabredung mit der Liebe wahrnehmen kannst.

Wenn dir unterwegs ein Mensch begegnet, der dir bemerkenswert erscheint, übe doch einmal das Verstehenwollen. Nimm diesen Menschen in seiner Einzigartigkeit wahr, in den Bewegungen, den Gesten, der Mimik. Was drückt diese Person damit aus? Was mag sie fühlen, denken, erleben? Welche Empfindungen und Gedanken weckt sie in dir?

Lass diese Gedanken und Gefühle in dir zu und ergründe, woher sie kommen. Schließe Frieden mit dir und diesen Gedanken und Gefühlen. Stell dir vor, wie ein liebevoller und akzeptierender Gedanke von dir zu diesem Menschen herüber leuchtet. Es gibt nichts weiter zu tun für dich, als nur in dieser Liebe zu sein und dein Leben weiterzuleben.

Lass dir eine Badewanne einlaufen. Verwöhne dich mit Schaum oder Ölen, die du in dein Badewasser gibst. Zünde dir Kerzen im Bad an, höre Musik, die deine Gefühle beflügeln und lass dich dann vom warmen Wasser umschmeicheln. Berühre dich dabei und fühle deinen Körper. Deine Haut weicht in dem warmen Wasser auf – und vielleicht auch deine Grenzen. Erlaube dir einen liebevollen Kontakt zu deinem Körper. Alle Selbstkritik löst sich jetzt im Wasser auf. Es wäscht alle Sorgen, alle Schuld und alle Bedenken von dir ab. Wenn du genug hast, steig aus der Wanne und stell dich vor den Spiegel.

Wagst du es, dich nackt vor dem Spiegel zu betrachten, ohne in deine Angst oder deine Bewertung zu verfallen? Dann tu es! Sonst lege dir etwas um und betrachte dich dann. Wenn Kritik in dir hochsteigt, lass sie einfach abfließen und beachte sie jetzt nicht. Lass einfach los. Nimm wieder wahr und begrüße jeden Körperteil mit Achtung und Respekt. Schenke dir durch deinen Körper Freundlichkeit statt Verachtung, Verstehen statt Verurteilen. Sprich wirklich jeden Körperteil laut an, sag etwas Liebevolles zu ihm, auch wenn sich das ungewohnt oder verrückt anfühlt.

Creme dich danach genussvoll ein, wenn du magst. Zieh dich so an, dass du dich in der Kleidung gebührend feiern kannst. Schmücke deinen Körper mit dem, was dir am besten gefällt. Der Abend und die Welt liegen dir zu Füßen!

Du bist mit dir und der Liebe zum Essen verabredet! Du gehst aus, in ein Restaurant deiner Wahl. Wähle es, als hättest du ein Rendezvous. Du kleidest dich so und bereitest dich auch innerlich so darauf vor. Wenn du jemanden kennst, der offen für deine Erfahrungen mit diesem Buch ist, kannst du dich auch mit diesem Menschen zum Essen verabreden. Du kannst von deinem Tag berichten und dein Gegenüber wird dir erzählen, wie es ihm geht. Hört euch gegenseitig zu, gebt euch keine Ratschläge, sondern freut euch gemeinsam an eurer Offenheit füreinander. Genießt den Abend!

Wenn du den Abend allein mit der Liebe verbringst, hast du intensiver die Gelegenheit, das Essen mit all deinen Sinnen zu erfahren. Genieße dein Essen, als wäre es das erste Mal! Nur du bist jetzt der Mittelpunkt deiner Aufmerksamkeit und der Welt. Erwarte nichts und lass dich erfüllen von all dem, was da kommt.

Der Ausklang des Abends … Ein ganz besonderer Film wartet auf dich zu Hause, wenn du heute Abend für dich gewesen bist. Du hast ihn dir schon vorher ausgesucht, als einen „Herzöffner". Jeder Geschmack ist verschieden. Du kannst dir deinen Film aussuchen, der dein Herz bewegt. Egal, auf welchen Film deine Wahl trifft und was dich daran berührt, beziehe es auf dein eigenes Leben. Deine Gefühle gelten dir, auch wenn sie von den Schauspielern und der Handlung ausgelöst werden. Einer meiner Lieblingsfilme ist ein schwedischer Film mit dem Titel: „Wie im Himmel". Aber ich bin sicher, du findest deinen eigenen Film, jenseits vom lähmenden Unterhaltungsbrei.

Bevor du schlafen gehst, lass den Tag noch einmal Revue passieren und lobe dich für deinen Mut.

Den nächsten „Tag für die Liebe" kannst du bestimmt selbst planen. Bediene dich gerne immer wieder bei den Anregungen aus diesem Buch.

Erlebe die Liebe!

9 Ausblicke

WEGBEGLEITER

Du bist auf dem Weg der Liebe und du bist nicht allein auf diesem Weg! Alles Leben ist intensiver, wenn du es teilen kannst. Es ist unbeschwerter, die Liebe mit Menschen zu teilen, die offen dafür sind. Wenn wir Ungewohntes ausprobieren, ist es wichtig, nicht mit den schwierigsten Bedingungen zu beginnen, sondern mit den leichten. Keiner springt ins aufgewühlte Meer, um Schwimmen zu lernen. Das machen wir im flachen Wasser, mit möglichst viel Unterstützung. Suche dir für deinen Weg der Liebe die Menschen und Situationen, bei denen es dir leichter fällt zu lieben. Liebende Begegnungen zu haben bedeutet nicht zwangsläufig, auch Sexualität oder Partnerschaft miteinander zu teilen. Liebe lässt sich mit vielen Menschen teilen. Du kannst immer die Website www.liebesovielduwillst.de im Internet aufsuchen, um mit Gleichgesinnten auf diesem Weg Kontakt aufzunehmen und dich auszutauschen. Wenn du dich bereit machst für die Liebe, findest du sicher auch viele andere Möglichkeiten. Manchmal begegnen dir auch unverhofft unterstützende Weggefährtinnen und Weggefährten.

DER WORKSHOP

Es ist wundervoll, mit anderen Menschen die acht Schritte zur Liebe ganz praktisch und direkt auszuprobieren. In einem Workshop kannst du an einem Wochenende alle acht Schritte ganz real erleben. Die Menschen, die du dort triffst, sind genauso wie du auf diesem Weg. Es sind Menschen, die sich ebenso wie du nach mehr Liebe im Leben sehnen. Sie sind wie du interessiert an Austausch und Kontakt und wollen entdecken, wie die acht Schritte tatsächlich lebbar sind.

Du wirst bei jedem dieser acht Schritte von einem erfahrenen Leiter oder einer erfahrenen Leiterin begleitet. Sie helfen dir über deine Hindernisse liebevoll hinweg, wenn du es möchtest.

Wenn du dich für die acht Schritte entschieden hast, bist du am Ende dieses Wochenendworkshops garantiert mit deiner Liebe verbunden!

Aber selbst wenn du einen dieser Schritte (noch) nicht gehen magst, wirst du einen großen Nutzen aus dem Workshop mit nach Hause nehmen. Du weißt dann, woran es liegt, wenn es mit der Liebe in deinem Leben manchmal nicht klappt. Mit diesem Wissen kannst du dich sehr gezielt um dich kümmern und die Entscheidungen treffen, die dich wieder mit dir selbst verbinden.

Alle Menschen dieses Workshops werden mit dir in berührender Weise ihre Erfahrung von Liebe teilen und sie mit dir feiern. Nach dieser Erfahrung kannst du mit gut genährter Seele in deinen Alltag zurückkehren. Auch wenn diese Liebesnahrung nicht für immer reicht, erhältst du genügend Anregungen, um dich selbst immer wieder zurück in die Liebe zu bringen.

Die Veranstaltungsorte und Termine für diese Seminare findest du im Internet auch auf der Website www.liebesovielduwillst.de .

Du bist nicht allein! Nutze deine Möglichkeiten zur Verbindung und Unterstützung!

Das Umfeld einbeziehen

Du teilst deinen Alltag und deine Arbeit mit Menschen, die diesen Weg zur Liebe nicht kennen. In deinen Freundschaften und Beziehungen sind nicht alle Menschen sofort von deinen neuen Ideen begeistert. Dennoch wird die Liebe nur zur Wirklichkeit, wenn du diese Menschen mit einbeziehst.

Mach dir ein paar Gedanken zu diesen Menschen. Wie erleben sie die Liebe? Wie erleben sie dich in der Liebe? Deine Veränderungen und neuen Ideen könnten sie neugierig machen. Selbst dir nahestehende Menschen könnten sie aber auch als bedrohlich empfinden. Sprich mit ihnen darüber!

Die Sprache in diesem Buch und in Selbsterfahrungszusammenhängen ist nicht jedermanns Sache. Manche Ausdrücke und Redewendungen, die hier normal sind, wirken auf andere verrückt oder zu „gefühlig". Auch gute Freunde sind bisweilen über meine „geschwollene" Ausdrucksweise befremdet. Wenn du dich mitteilen möchtest, bedenke, wem du gegenüberstehst! Finde eine verständliche und annehmbare Sprache für dein Gegenüber. Männer haben eine andere Sprache als Frauen, Menschen aus technischen Berufen drücken sich anders aus als Menschen aus sozialen Berufen. Du hast eine Weile gebraucht, um auf diesen Weg zu kommen, und du wolltest es! Wie schwer ist es dann für jemanden aus deinem Umfeld, dies ohne Anleitung sofort zu verstehen.

Es gibt mehr, als nur einen Weg zur Liebe. Du gehst den deinen. Andere gehen ihren, oder gar keinen. Du kannst deine Begeisterung für diesen Weg teilen, versuche aber nicht, zu missionieren oder durch Diskussionen zu überzeugen. Manche Menschen wollen ihre Lebenseinstellungen beibehalten und fühlen sich schon allein dadurch angegriffen, dass es einen anderen Weg, als den ihren geben könnte. Kämpfe nicht mit ihnen. Verstehe!

Religionen und Weltanschauungen haben eine feste Vorstellung von Richtig und Falsch. Lass diese Vorstellungen bestehen. Versuche nicht, sie umzustoßen. Es ist nur ein anderer Weg. Der Weg, der in diesem Buch beschrieben wird, ist keine Weltanschauung oder Religion, sondern der Versuch, das Leben und die Liebe zu verstehen und sich mit beidem zu verbinden. Dieser Weg klappt recht gut, was jedoch nicht bedeutet, dass es der einzige Weg ist! Er ist angreifbar, bestimmt mit irgendeiner Theorie widerlegbar, aber er kann dich zur Liebe bringen. Auf diesem Weg gibt es weder richtig noch falsch. Die entscheidende Frage aber ist: Kannst du es verstehen und kannst du es nachvollziehen, oder nicht?

HILFE AUF DEM WEG

Dieses Buch bringt dir viel, wenn du es zum Leben erweckst. Dein Leben ist für die Liebe bereit. Du kannst sie in dein Leben bringen. Es ist schwer, selbst gegrabene Gräben zu überspringen, immer wieder von Neuem mit den eigenen Schutzmustern konfrontiert zu sein und immer wieder die vermeintliche Sicherheit loszulassen, um sich der Liebe zuzuwenden.

Du musst das nicht allein tun!

Die acht Schritte zur Liebe werden nicht alle Probleme lösen, aber sie eröffnen dir einen anderen Blickwinkel auf deine Probleme. Wenn du durch sie eine verständnisvollere Einstellung zu deinem Leben bekommst, öffnen sich Türen, die du vorher noch gar nicht gesehen hast.

Dein tief verwurzeltes Schutzbedürfnis kann dich auf deinem Weg massiv aufhalten. Dahinter stehen schmerzhafte alte Erlebnisse. Es lohnt sich für dich, diese Erlebnisse zu bearbeiten.

Viele Probleme und Hindernisse auf deinem Weg lassen sich mit geeigneter Hilfe wesentlich schneller überwinden. Professionelle Hilfe hat dabei den Vorteil, dass die Helfer zum einen mit der Tiefe deiner Probleme umgehen können und zum anderen nicht in deine Lebenszusammenhänge verstrickt sind wie Freunde und Partner. So nehmen sie von außen wahr und werden dich wohlwollend begleiten. Wenn du auf deinem Weg zu dir eine Unterstützung für die Liebe suchst, erwarte dies nicht von jemandem, der selbst Angst vor Nähe, Liebe und Offenheit hat.

Wähle mit deiner ganzen Wahrnehmungsfähigkeit das passende Gegenüber für dich. Eine liebevolle Begleitung hilft dir, die Liebe für dich und andere zu finden. Besonders dann, wenn du Schwierigkeiten hast, dich mit deinem Körper oder deiner Sexualität anzunehmen, kann dir eine professionelle Unterstützung einen leichteren Weg zur Liebe verschaffen.

Du brauchst dich nicht dafür zu schämen, dir Hilfe zu holen. Sei stolz darauf, dass du beschlossen hast, für dein Recht auf Lebendigkeit einzutreten!

Eine aktuelle Liste von Hilfsmöglichkeiten, Personen und Seminaren kannst du dir zuschicken lassen oder auf oben genannter Website finden.

WAS ES NOCH ZU ENTDECKEN GIBT ...

In welchen Lebensbereichen kannst du die Liebe ausbreiten?

Die Liebe bleibt nicht ohne Folgen! Sie verändert dein Leben! Überall da, wo du sie lebst, entsteht Verbindung, im Kleinen wie im Großen. Beim Spazierengehen, bei der Arbeit, in der Partnerschaft, in der Familie und in Freundschaften öffnen sich neue Wege. Oft begegnen uns auch neue Menschen. Es entstehen neue Freundschaften, während alte sich verlieren. Das kann auch verwirrend sein. Betrachte daher alle Veränderungen auch einmal von einem etwas entspannteren Standpunkt.

Veränderungen in der Partnerschaft

In einer Partnerschaft kann eine Veränderung viel Unruhe in Gang setzen. Wenn beide in diese lebendige Unruhe einwilligen, werden sie ein spannendes Stück Weg miteinander gehen. Die Beziehung verändert sich und wächst daran. Will sich einer der Partner nicht bewegen, kann schnell eine anspannende Zerreißprobe entstehen. Dann steht nicht das Wachsen im Fokus der Beziehung, sondern das Bewahren auf der einen und das Befreien auf der anderen Seite.

Gib deinem Partner oder deiner Partnerin Raum und Zeit für ein Verstehen. Bleibe trotzdem auf deinem Weg und triff deine Entscheidungen. Akzeptiere es, wenn dein Gegenüber einen anderen Weg einschlägt, und freue dich, wenn ihr gemeinsam mit Gefühlen, Verstehen und Lieben tiefer gehen könnt.

Liebe geht durch den Körper

Dein Partner auf der Liebesreise ist auf jeden Fall dein Körper! Mach die Bekanntschaft mit ihm! Damit meine ich nicht, benutze ihn für Arbeit, Pflichten, biologische Funktionen oder auch Vergnügungen. Ich meine, geh eine Verbindung mit deinem Partner, dem Körper ein. Gib ihm den Respekt, das Verständnis, die Liebe, die er verdient, egal ob und wie sehr er deinen Erwartungen entspricht! Liebe beginnt bei dir selbst. Wenn du dich nicht liebst, wie willst du dann andere lieben, und wie sollen andere dich dann lieben können? Dich selbst zu lieben, ohne auch deinen Körper zu lieben, ist unmöglich. Schließe Frieden mit ihm. Freunde dich mit ihm an. Lerne ihn kennen. Nimm ihn wahr, akzeptiere ihn, sei ihm gewogen, verbinde dich mit ihm und liebt euch!

Nimm jede Gelegenheit wahr, diese Liebe mit deinem Körper zu feiern und auszuleben. Schaff dir deine Möglichkeiten, nimm dich wichtig. Kümmere dich um deinen Körper und leiste dir jede Unterstützung, um in die Liebe zu deinem Körper zu kommen.

Dein Körper ist die unmittelbarste Verbindung zu deinen Gefühlen und zu deiner Seele. Ohne ihn kannst du Nähe nur unter den größten Schwierigkeiten leben. Den eigenen Körper anzunehmen und gar zu lieben ist vielen Menschen nur schwer möglich. Mit Hilfe geht das besser! Es gibt professionelle Hilfe, um in einen liebevolleren Kontakt zum eigenen Körper und damit zu sich selbst zu kommen. Hilfe findest du dazu z. B. auch unter www.sexualtherapie-muenster. de. Sicher kannst du auch noch andere liebevolle Hilfestellungen finden, wenn du dich dafür öffnest, beispielsweise ein Buch zum Thema Liebe und Körper. Häufig aber bedarf es mehr Unterstützung, als ein Buch geben kann, um den tiefen Vertrauensverlust zum eigenen Körper wieder zu heilen. Eine geübte Begleitung für die Heilung des eigenen Körpers hat sich jeder Mensch verdient. Der Körper ist zu wichtig für die Liebe, als dass wir ihn vernachlässigen könnten.

MIT LIEBE BEI DER ARBEIT

Mit dem Lebensbereich Arbeit verbindet man Liebe wohl am wenigsten. Doch wie viel Zeit verbringen wir mit unserer Arbeit und damit vielleicht ohne Liebe! Es scheint wie ein allgemeiner Konsens, dass Liebe und Arbeit nicht miteinander zu vereinbaren sind, so als hindere die Liebe uns daran, in Konkurrenz und Arbeitskampf zu bestehen.

Was aber wäre, wenn wir offen, unterstützend und liebevoll zusammenarbeiten würden?

Was wäre, wenn wir unsere Arbeit aufrichtig, mit Liebe und ganzem Herzen tun würden? Was wäre, wenn unsere Arbeitsbedingungen liebevoll gestaltet wären und nicht kalt und nüchtern?

Stell dir vor, du freust dich auf deine Arbeit, auf deine Kolleginnen und Kollegen, deine Aufgaben und die Chance, deine Fähigkeiten unter Beweis zu stellen. Du bekommst Unterstützung und Mitempfinden wenn etwas nicht klappt. Du erfährst, was rund um deinen Arbeitsplatz geschieht und fühlst dich bei Entscheidungen, die dich betreffen weder ausgeschlossen noch übergangen. Die Menschen sind offen und achtsam. Sie versuchen, einander zu verstehen, anstatt sich gegenseitig schlecht zu machen. Wenn du etwas herstellst oder kaufst und verkaufst, geschieht das in Aufrichtigkeit und Respekt. Du brauchst keine Angst mehr davor zu haben, betrogen oder hintergangen zu werden. Du kannst dich auf das konzentrieren, was du gern tust und gut kannst.

Es gibt reale Möglichkeiten, dies am kleinen Arbeitsplatz und in der großen Firma umzusetzen. Auch für unsere Weltwirtschaft gäbe es Möglichkeiten, nach den Ideen der Liebe eine funktionierende und blühende Verbindung einzugehen. Funktionierende Modelle und Strukturen für Firmen gibt es schon.

Du kannst im Kleinen anfangen. Alles hat eine Wirkung!

Wenn ich morgens ins Büro komme und meine Mitarbeiter treffe, umarmen wir uns und nehmen uns Zeit, darüber zu sprechen, wie es uns persönlich geht und was uns beschäftigt. Nach diesen Begrüßungen läuft die Zusammenarbeit doppelt so gut. Ich sage meiner Sekretärin, wie sehr ich mich freue, dass sie für mich arbeitet. Es gibt Lob und Komplimente unter den Mitarbeitern und manchmal klären wir auch in großer Offenheit unsere Unstimmigkeiten.

Probiere es bei deiner Arbeit aus und nimm wahr, wo die Menschen, mit denen du zusammenarbeitest stehen und wofür sie grade bereit sind.

Liebe für die Umwelt

Wahrnehmen und verstehen hilft nicht nur der Liebe. Es verhilft auch dir zu einer engeren Verbindung zur Umwelt, zur Natur und zum Begreifen universeller Zusammenhänge. Immerhin leben wir alle von und in der Natur. Wir sind ein abhängiger Teil von ihr. Wenn du sie mit Liebe siehst, wirst du anders mit ihr umgehen und sie wird anders mit dir umgehen. Ursache und Wirkung, so einfach ist das! Bewusstheit ist auch der Schlüssel für ein Leben in Liebe mit deiner Umwelt. Lass diese Bewusstheit zum Teil deines Lebens werden, dann siehst du mehr und erlebst du mehr!

Wenn du dieses Erleben mit anderen Menschen teilst, erreichst du sie mit Bewusstheit. Das ist oft wirkungsvoller, als eine ermahnende Ansprache. Feiere die Liebe zur Natur und feiere sie mit anderen.

Geh deinen eigenen Weg weiter. Es gibt wirklich viel zu lieben. Benutze dieses Buch und vielleicht einige Workshops als Sprungbrett, aber finde immer wieder deinen eigenen Weg. Du weißt am Besten, was passend für dich ist! Vertraue deiner Wahrnehmung. Mach nicht dieses Buch zu deinem Weg, lass es irgendwann wieder los. Ich wünsche dir von ganzem Herzen Liebe.

🐾 Liebe, was du kannst!

10 Nachwort

Alle Berichte und Beispiele in diesem Buch dienen dem besseren Verständnis des Themas. Sie sind so verfremdet, dass Einzelne nicht wiedererkannt werden können, oder sich viele wiedererkennen können. Klientenberichte habe ich nur dann verwendet, wenn die Betreffenden einer Veröffentlichung zugestimmt haben. Ich bedanke mich besonders bei all den Menschen, die mich auf dem Weg zur Liebe begleitet haben und mir über so manche meiner Ängste und Hindernisse hinweggeholfen haben. Besonderer Dank gilt dabei meiner Frau, die mich mit ihrer Akzeptanz, mit ihrem Verstehen und ihrer Liebe durch schwere Zeiten begleitet hat. Sie hat immer dann, wenn ich mich zum Schreiben zurückzog, meine Arbeit mit übernommen und alles von mir ferngehalten, was mich hätte ablenken können. Sie war kritische Erstleserin und aufmunternde Unterstützerin. Sie war Trösterin, wenn ich heftige Kritiken einstecken musste oder an meinem Weg gezweifelt habe. Ohne sie wäre dieses Buch nicht entstanden.

Ich danke auch allen anderen, die durch ihre konstruktive Kritik an dem Entstehen des Buches mitgewirkt haben. Ingrid Langer, Julika Jungehülsing, Heinrich Wickinghoff, Lore Messarosch, Bernd Niemann, Professor Matthias Grundmann, Axel von Villebois und Barbara Held haben mir geholfen, Klarheit in die Gedanken zu diesem Buch zu bekommen. Aber auch der Familie Sandhill in Kalifornien und Familie Pieper auf meiner Atlantikinsel, die mir während des Schreibens ein Zuhause geboten haben, gilt mein Dank. Nicht zuletzt bedanke ich mich auch bei Dr. Jens Seeling, der mir durch die Tücken des Verlagswesens geholfen hat und Katharina Gerwens, die als Lektorin diesem Buch den letzten Schliff gegeben hat. Ohne all diese Menschen wäre mir diese Arbeit nicht gelungen. Ganz besonders aber bedanke ich mich bei dir, meiner Leserin und meinem Leser für die Geduld und den Willen, die Ideen dieses Buches zu verstehen und aufzunehmen. Ich freue mich auf mehr Liebe in der Welt!